連訪
初
102.6

約翰·科茨——著
John Coates

洪慧芳——譯

犬狼之間的時刻

冒險、直覺及
市場起落的生理學之謎

THE HOUR
BETWEEN
DOG AND WOLF

RISK-TAKING, GUT FEELINGS AND
THE BIOLOGY OF BOOM AND BUST

財信出版

╱各界推薦╱

華爾街交易員和神經科學家,這是百年難得一見的組合,如今現身說法,以精彩的故事和論述,從本能、直覺、預感、思考,一直談到回饋機制與風險,為投資行為理論開了一扇窗。

——林茂昌(財經作家)

投資市場是由10%理性的投資贏家和90%感性的投資輸家組成,我原本以為感性操作是被每個投資人的個性、星座、血型影響,現在才知道原來是因為他的身體反應,讓他不得不做出一些不理性的錯誤操作。從這本書可以學到如何避免不理性亂操作,進而慢慢成長為那10%的贏家。

——楚狂人(玩股網執行長暨知名財經部落格站長)

恐懼與興奮單純只是人腦中的不理性面向嗎?這本書讓你發現身體與荷爾蒙對思考與投資行為的影響,可能遠超過你的想像。

——綠角(綠角財經筆記部落格格主)

「承擔風險的時候，最能明顯意識自己有個身體。」換言之，當你投入股市的時候，你才體會到什麼叫作風險。而風險喚起了強大的「非戰即逃」反應，面對風險的方式，決定一個人到底適不適合當個專業投資人。

《犬狼之間的時刻》精準地敘述了這些反應背後的生理因素、召喚交易員「盤感」的來源來自於大腦區域的藍斑。類固醇激素啟動了我們的身體，讓我們有充足的自信面對可能的市場變化，因應變化，充實了直覺的資料庫。

波瀾靜止的時刻，才會暗藏黑天鵝，就是像「西線無戰事」的敘述一樣，當市場貌似平靜，卻感受到可能的風險發生時，交易員的直覺不只是一種真實的存在、更是投資成功的要素。

在昏暗到只能看到輪廓的光線中、犬狼之間的時刻，只有你才知道自己是蛇還是龍。

——雷浩斯（知名財經部落客）

謹獻給Ian、Eamon、Iris與Sarah

／目次／

犬狼之間的時刻，亦即黃昏，是犬與狼難分難辨的時候。
這個詞也意指這時間以外的很多事情……例如每個人變成
自己的影子、不像自己的時候；人既好奇又擔心狗變成狼
的時候；這時刻遠從中世紀初流傳至今，鄉下人認為在此
刻，轉變可能隨時發生。

——尚・惹內（Jean Genet），《愛之囚》（*Prisoner of Love*）

（1986年，芭芭拉・布雷〔Barbara Bray〕英譯）

第一部

金融市場中的身心狀況

──導言──

　　承擔風險時，最能明顯意識到自己有個身體，因為風險本質上是一種威脅，可能對你造成傷害。駕駛人沿著蜿蜒的道路疾駛；衝浪者乘著大浪而起，浪濤在珊瑚礁的上方剛好達到波峰；暴風雪逼近，登山者依舊向上攀爬；士兵衝過無人之境等等，這些人受傷、甚至喪命的機率都很高。這種受害的可能性讓人的大腦敏銳了起來，喚起一種強大的生理反應：「非戰即逃」（fight-or-flight）。事實上，你的身體對風險非常敏感，即使當下沒有立即的生命威脅，你也可能陷入這種生理風暴中。打球或是在看台上的觀賽者都知道，雖然那只是球賽，我們還是全身參與了風險。邱吉爾曾冷靜地指揮最慘烈的戰爭，他也發現這種非致命的風險深深掌控著我們的身心。他撰寫早年的生涯時，提到曾在印度南部打過一場馬球，最後一局打成平分，「我鮮少看到兩隊的面孔如此緊繃，」他回憶道：「你光看大家的臉，完全不會想到那僅是一場比賽，而是一場殊死戰。更嚴重的危機所引發的情感，反而沒那麼激烈。」

　　另一種非致命的風險：金融風險，也可能引發那樣強烈的情緒與生理反應。除了偶爾傳出經紀人自殺的消息之外（這可能

是迷思居多，而非事實），專業交易員、資產管理者、散戶投資客，鮮少在交易中面臨死亡威脅，但是那些金錢賭注可能威脅到他們的工作、房產、婚姻、聲譽和社會地位。金錢以這種方式對我們的人生產生特殊的影響，它就像一種強大的象徵，濃縮了我們億萬年來進化所面臨的許多威脅和機會，所以賺錢或賠錢都可能啟動我們體內古老又強大的生理反應。

金融風險中有個面向其所衍生的後果，甚至比短暫的身體風險還要嚴重。收入或社會地位的改變通常會持續一段時間，所以我們在金融市場中承擔風險時，體內會陷入生理風暴好幾個月，甚至在交割後依舊影響我們好幾年。人類先天的生理結構並不適合因應那樣長期的生化干擾，我們的防衛反應是為了在緊急狀況下啟動，然後在幾分鐘或幾小時後就關閉，頂多只延續幾天。但是，當我們在市場上經歷超乎尋常的獲利或損失，或是連賺或連賠好幾次時，可能會徹底改變我們，像化身博士（Jekyll and Hyde）一般，讓我們前後兩個樣。連續獲利多次時，我們興致高昂，膽子變大，一頭狂熱，覺得不可一世。連續虧損多次時，我們陷入恐懼，噩夢連連，壓力荷爾蒙持續殘留在腦內，產生病態的風險規避心理，甚至開始憂鬱；荷爾蒙也會在血液中循環，導致病毒感染一再復發、高血壓、腹部脂肪囤積、胃潰瘍。承擔金融風險跟面對灰熊攻擊一樣，都是生理活動，都對身體有很大的影響。

以上有關生理學和金融市場的說法，聽在經濟學家的耳裡，或許會覺得很詭異。經濟學家通常把金融危機的衡量視為單純的智識，需要計算資產報酬率、機率、最佳資產配置等等，主要是一種理性的行動。但我想把直覺也納入這種不帶感情的決策計算中，因為神經科學和生理學的最新發展顯示，當我們承擔風險時

（包括金融風險），不單只是思考而已，身體也會跟著準備。我們的身體會預期行動發生，啟動生理的緊急網絡，產生大量的電流和化學活動，反過來把訊息傳回大腦，影響大腦的思考方式。身體和大腦如此合而為一，一起因應挑戰。這種身體與大腦的融合，通常會讓我們產生冒險所需的迅速反應和直覺。但有些狀況下，化學反應的激增可能會凌駕一切，交易員和投資人出現這種情況時，會出現非理性亢奮或悲觀，造成金融市場動盪，破壞更廣大的經濟。

　　為了讓大家概略知道這種生理活動是如何運作的，我將帶領各位到一家華爾街的投資銀行交易廳。在那裡，我們會看到高風險的世界，年輕的銀行家光靠一季的獎金就可以晉升到另一個社會階層，光靠一年的紅利就可以在知名的度假區漢普頓（Hamptons）買棟濱海豪宅；但是隔年萬一不幸吃鱉，又不得不把孩子轉出貴族私校。所以，大家可以試想以下的情境：一則出乎意料的重要新聞，在原本毫無戒心的交易廳裡掀起了動盪。

來襲！

　　有人說，戰爭是在長時間的無聊等待中穿插短暫的恐怖，其實金融交易也不遑多讓。在交易廳裡，往往有很長的時間毫無動靜，只有業務員帶進幾筆零星生意，或許只夠讓坐不住的交易員有點事做，有錢支付帳單。在缺乏重大消息下，市場往往交投清淡，日益遲緩，直到價格變動戛然而止。於是，交易廳的人悄然溜去處理私事：業務員跟熟稔的客戶打屁哈拉，交易員趁著交易空檔去支付帳單，規劃滑雪之旅，或是跟獵才顧問洽談，以了解自己在市場上的身價。羅耿是交易抵押擔保債券（mortgage-backed bond，簡稱MBB）的交易員，史考特則屬於走道另一端的套利交易桌，他們倆來回地互拋著網球，同時也注意球向，以免擊中任何業務員。

今天下午聯準會將召開管理委員會，通常這種會議的舉行也會伴隨著市場動盪，因為聯準會在會中將決定是否升降息，萬一要調息，會在下午2點15分宣布。即使現在經濟成長的步調穩健，股市異常活絡，甚至不太理性，但聯準會幾乎沒暗示要升息，所以大家普遍預期利率會維持不變。接近中午的時候，交易廳裡的多數人都沒什麼好擔心的，大家腦子裡想的不外乎是中午要吃壽司還是義大利麵。

不過，就在正午之前，價位突然出現輕微的改變。交易廳裡的多數人並未意識到變化，不過隱約的顫動確實進駐了。也許是呼吸加快了一點，肌肉繃緊了一些，又或者是血壓稍微升高了。此外，交易廳的聲音也變了，從斷斷續續的輕聲閒聊，變成有點興奮的喋喋不休。交易廳就像一大片拋物面反射鏡，透過上千位交易員和業務員的身體，收集遠處的資訊，記下未來事件的早期徵兆。交易廳的主管本來在閱讀報告，這時也抬起頭來，走出他的辦公室，像獵犬嗅著空氣一般，打量著交易廳。經驗老到的管理者光從交易廳的景象和聲音，就能察覺到市場的變動，判斷出發生了什麼事。

羅耿正要把球拋出去，他轉過頭看看肩後的螢幕，史考特已經把椅子移回桌邊了。他們的螢幕上顯示數千個價位，不斷地閃著新聞訊息。對門外漢來說，那些數字方陣看起來雜亂無章，令人費解，想從這些混亂的價位及看似無關的新聞中找出重要的資訊，就像在銀河中挑出一顆星星那樣無從下手。說那是預感也好，直覺也好，慧根也好，總之這天早上史考特和羅耿都在不知

道原因以前，就察覺到價格模式出現了微妙的變化。

大腦中負責這種預警系統的區域是藍斑（locus ceruleus，因為其細胞是蔚藍色或深藍色），它位於腦幹（大腦中最原始的部位），座落在脊椎之上。藍斑會因應新奇事物，啟動激發（arousal）❶狀態。當事件之間的相關性出現異動或顯露出新型態，有任何東西看起來不太對勁時，大腦這個原始部位在意識覺醒以前，會先記下改變，使大腦進入高度戒備，把我們推進高度警戒狀態，降低感覺閾值，讓我們聽到最細微的聲音，察覺最渺小的動靜。體驗過這種效應的運動員說，整個人融入球賽時，可以聽到球場裡的每個聲音，看清楚地面上的每片草葉。今天，當原本穩定的資產價格相關性出現異動時，藍斑啟動了警訊，促使史考特和羅耿注意到令人不安的資訊。

史考特和羅耿的身體不自覺地記下這些改變，不久他們得知，華爾街上有一、兩個人聽說或懷疑聯準會可能在今天下午升息。對原本不知情的金融圈宣布這樣的決定，勢必會在市場上掀起一陣波瀾。不久前華爾街還期待今天能提早下班，現在接獲消息並了解其意涵後，整個華爾街動了起來。在倉促召開的會議中，交易員考量聯準會的可能決策：究竟會維持利率不動？還是升息0.25%？升息0.5%？在各種情境下，債市會有什麼變化？股市呢？交易員確定看法後，連忙調整交易部位。有人預期升息，開始賣債券，市場因此跌了近2%；有些人覺得市場已經超賣，於是逢低買進。

市場是靠資訊活絡的，聯準會的宣布將會是一場盛宴，為市

譯注❶：又譯「喚起」，是心理學的專有名詞，意指個體警覺而準備反應的身心狀態。

場帶來波動性。對交易員來說，有波動性就有獲利的機會，所以今天下午多數的交易員都亢奮不已，很多人就等著靠後續那幾個小時，來賺取整週的獲利。世界各地的銀行從業人員熬夜等候消息，現在交易廳裡充滿了園遊會或球賽上常見的歡樂氣氛。羅耿欣然地面對挑戰，他吶喊一聲後，一頭鑽進熱絡的市場。他預期市場即將一路下滑，所以出脫兩億美元的抵押債券。

到了下午2點10分，螢幕上的交易萎縮，交易廳又靜了下來，世界各地的交易員都已經下注，現在正屏息以待。史考特和羅耿已經調整好交易部位，覺得自己在理智上已準備就緒。但是他們面對的挑戰不只是智力考驗，也是身體的考驗。想要有優異的表現，不只需要認知技巧，也需要反應迅速和足夠的耐力，才能因應未來幾小時的大幅波動。所以，他們的身體需要的是燃料（大量的葡萄糖），還有氧氣，以燃燒這些燃料。他們也需要增加血液流動，以便把燃料和氧氣傳送到全身需要能量的細胞。他們需要擴張的排氣管（支氣管和喉嚨），在燒完燃料以後，排放二氧化碳。

所以即使史考特和羅耿對身體機能大都一無所知，他們的身體卻已經處於備戰狀態。他們的新陳代謝加快，準備好在必要時分解肝臟、肌肉和脂肪細胞中儲存的能量。他們加速呼吸，以便吸入更多氧氣，促使心跳加快。免疫系統的細胞在身體比較脆弱的地點（例如皮膚）各就各位，像消防隊員一樣，準備好因應傷害和感染。從大腦到腹部的神經系統開始重新分配全身的血液輸送，縮減流往腸胃的血液，令他們忐忑不安；也縮減流往生殖器官的血液，畢竟這不是性愛時間；把血液轉往手臂和大腿的大肌肉群，以及肺臟、心臟和大腦。

當史考特和羅耿想像的獲利愈來愈大時，類固醇激素開始

為身體挹注大量能量，他們明確感受到能量激增。這些激素需要時間才能發揮效果，而一旦由腺體合成並挹注到血液後，就開始改變史考特和羅耿身心的每個細節，包括新陳代謝、成長速度、淨肌肉量、情緒、認知能力，甚至記憶力。類固醇是強大又危險的化學物質，使用上受到法律界、醫療圈、國際奧委會、下視丘（大腦的「藥物管制機構」）的嚴格規範，因為類固醇激素若不迅速關閉，會進而轉變我們的身心。

　　從謠言開始傳布的那一刻起，過去那兩個小時，史考特和羅耿的睪固酮濃度穩定上升，這種類固醇激素是由睪丸自然產生的，幫他們準備好因應眼前的挑戰，就像運動員準備比賽及動物沉著應敵一樣。睪固酮濃度提升也增加了史考特和羅耿的血紅素，使血液的含氧量劇增。睪固酮也提振了他們的信心，更重要的是，強化他們對風險的偏好。對史考特和羅耿來說，這是轉變的時刻，就是法國人從中世紀以來所謂的「犬狼之間的時刻」。

　　另一種激素是腎上腺素，是由腎臟頂端的腎上腺核心分泌，也大量挹注到血液中。腎上腺素會加速身體的反應和新陳代謝，運用體內的葡萄糖存量（主要是存在肝臟裡），把它大量釋出到血液中，讓史考特和羅耿有備用的燃料，支持他們因應睪固酮害他們陷入的任何麻煩。第三種激素是皮質醇（steroid cortisol）❷，俗稱壓力荷爾蒙，是從腎上腺的邊緣分泌，流向大腦，刺激多巴胺的釋放。多巴胺是一種化學物質，沿著名叫歡娛通道的神經迴路運作。壓力通常令人不快，但是少量的壓力反而令人振奮。不具威脅性的壓力源或挑戰，例如運動比賽、飆快車

譯注❷：又譯可體松。

或令人興奮的市場，會讓人釋放皮質醇，再加上多巴胺（最容易讓人類大腦上癮的藥物之一），給人強烈的迷醉感，精神為之一振，讓交易員相信這是世上最棒的工作。

現在是下午2點14分，史考特和羅耿傾身向前，凝視著螢幕，瞳孔放大，心跳減緩而穩定，呼吸深沉有韻律，肌肉收縮，身體和大腦合一，以便隨時採取行動，全球市場籠罩在一股期待的沉靜中。

內幕解析

在本書中，我將講述史考特、羅耿、馬丁、葛雯，還有一些交易廳配角的故事，描述他們身陷在牛市的浪潮中，後來又受到熊市衝擊的情況。他們的故事包含兩條主線：外顯的交易行為（專業交易者獲利與虧損的情況，伴隨其財富消長而產生的興奮和壓力，紅利獎金的計算等等）及行為背後的生理狀態。不過，這兩條主線會交織成單一故事。把兩者拼接起來，可看出冒險者在重要時刻，其大腦和身體是如何運作的。我們會探索意識發生前的大腦迴路，以及大腦迴路和身體的密切關聯，以了解交易員是如何迅速因應市場事件（那速度快到連大腦意識都跟不上），以及他們如何善用身體傳出的訊號（亦即傳說中的直覺），來改善風險承擔。

儘管這些交易者經常獲利，但這裡描述的是一齣悲劇，我點出了自負和失敗的殘酷道理，亦即古希臘人所謂的傲慢與天譴。人類的生理運作自有一套邏輯，交易員獲利和虧損時，幾乎都脫離不了興奮、過度冒險、失敗的反覆循環。這種危險的型態在金融市場中每隔幾年就會上演一次，美國聯準會的前主席葛林斯班

對這種周而復始的愚行百思不解，因此寫下「人類的先天反應，導致他們在興奮和恐懼之間不斷地擺盪，代代皆然」。同樣的型態也出現在體育、政治和戰爭中，那些大人物自以為不受自然法則和道德的羈絆，得意忘形，弄巧成拙，非凡的成果似乎都會衍生出樂極生悲的慘劇。

為什麼會這樣？我認為近來生理學與神經科學的研究，有助於解釋這種自古以來就有的悲劇行徑。人類生理學如今可幫我們分析自負和非理性亢奮，讓我們對金融市場的不穩定有更科學化的了解。

我之所以把生理學帶進故事裡，還有另一個更簡單的原因：因為生理學實在太有意思了。人類行為的故事搭配上生理學，更容易讓人頓悟事情的真相。「頓悟」（recognition）這個詞，常用來形容故事中某個讓我們突然明白事情原委、從而了解自我的關鍵點。那是亞里斯多德創造的概念，此後頓悟的概念大抵上都屬於哲學和文學的領域，但如今人類生理學對這方面的貢獻愈來愈多，因為當我們了解體內發生的狀況及其原因之後，常出現豁然開朗、茅塞頓開的感覺。這種恍然大悟的情境，有的很有趣，例如：「所以我興奮時會感到七上八下是那個原因啊！」或「原來我害怕時會起雞皮疙瘩是因為那樣啊！」（皮膚上的豎毛肌拉高毛皮，讓你看起來更大一點，就像貓受驚時會弓起身子那樣。由於人類的毛皮大都已經消失，所以是起雞皮疙瘩，這就是所謂的「寒毛直豎」。）有的則嚴肅，例如：「原來壓力那麼折磨人是因為那樣啊，難怪壓力容易讓人胃潰瘍、高血壓，甚至心臟病和中風！」

如今，人類生理學或許比任何主題都更能解開我們生活中的難解之謎。所以把生理學融入故事中，更能精確地描述承擔龐

大的金融風險是什麼感覺，也讓從未進入交易廳的人更加明白那是什麼狀況。其實我描述的生理現象不只出現在交易員身上，那是人類冒險時普遍都會出現的生理狀況，像是參與運動比賽、競選公職或是參戰的人，也都有類似的體驗。我之所以把焦點放在金融市場的冒險上是有原因的：首先，我自己在華爾街工作了12年，那是我熟悉的領域。第二個更重要的原因是，金融是全球經濟的神經中樞。運動員過於自負時，頂多只是輸了比賽；交易員得意忘形時，全球市場將為之崩垮。我們最近才赫然發現，金融系統的穩健竟然是建構在這些風險承擔者的心理健康上。

　　我一開始先帶領大家了解讓我們承擔風險的生理機能，以便為後續的故事提供背景資訊。接著，我以交易廳的故事，說明生理機能如何和鬆散的風險管理系統及獎金制度結合起來，獎勵過於冒險的賭注，導致銀行動盪，猶如不定時炸彈。我們會看到先天的生理反應和後天的系統相互加持下，如何造成可怕的災難，導致職業生涯受創，身體積勞成疾，金融體系毀損。接著，我們留在災難現場，繼續探討這齣悲劇造成的疲勞與慢性壓力——亦即摧殘職場的兩大病症。最後，我們會探討一些強韌性的初步研究：運動科學家和壓力生理學家設計了一些訓練機制，幫身體抗壓。那些訓練可以幫忙安撫風險承擔者不穩定的生理狀況。

1
——市場泡沫的生理學——

泡沫的感覺

我對金融市場的生理面開始感興趣是在1990年代,當時我在華爾街工作,先後在高盛(Goldman Sachs)、美林(Merrill Lynch)交易衍生性金融商品,最後在德意志銀行(Deutsche Bank)擔任交易桌的主管。那段期間當交易員特別有意思,因為紐約正處於科技狂潮的泡沫中,其實整個美國都是如此,而且那泡沫還不是普通的大!從1920年代的大牛市以來,市場就沒見過類似的奇景了,1991年那斯達克(許多新電子公司掛牌交易的電子證交所)的指數還低於600點,在那關卡徘徊了幾年後,開始上漲,1998年站上2,000點。後來亞洲金融危機來襲,壓抑那斯達克的漲勢近一年,下壓了約500點,但市場總算止跌回升,漲勢一飛沖天,才一年半,就從1,500點上衝到5,000多點,總報酬超過300%。

　　那反彈的速度和漲幅幾乎是前所未見，帶動牛市的網路股及高科技類股欠缺扎實的財務佐證也是史無前例。事實上，當時股價和基本面的落差極大，導致許多和這股趨勢對賭失敗的傳奇投資人就此飲恨，退出華爾街。例如，創立老虎避險基金（Tiger Capital）的朱利安‧羅伯遜（Julian Robertson）也認輸退場，他說市場可能瘋了，但他可沒瘋。羅伯遜和其他人可能猜對了市場應該會上演一齣大逆襲的戲碼，但他們也很清楚經濟學家凱因斯早在1930年代說過的名言：市場陷入非理性的時間，可能比投資人的本錢撐得還久。所以羅伯遜退出了市場，但他的個人名聲和資本大抵上完好無損。2000年初，那斯達克崩盤，才一年多一點的時間就回吐了3,000多點，跌至谷底時只剩1,000多點，回歸到幾年前的水準。這樣的波動幅度通常能讓一些人海撈一票，但在我認識的人裡面，當時沒半個人說市場這種爆炸性的飆漲已經漲到頂了。

　　除了急漲和暴跌的幅度驚人之外，泡沫的另一個特徵也值得注意，那特徵讓人聯想到1920年代（至少是我從小說、黑白電影和紀錄片裡了解的20年代）：股市滿溢著能量和興奮之情，文化中瀰漫著全民股市的氛圍。事實上，泡沫還沒破時，總是樂趣無窮，日後大家回想起當時普遍的愚行，也帶著幾分莞爾的心態。我想像那些親身經歷過1920年代大牛市的人，肯定對那個魯莽衝動的年代，懷有幾分思古幽情。畢竟，在當時，未來技術、樂觀精神、輕鬆致富似乎預示著新時代即將來臨，充滿了無限可能。當然，大崩盤之後的人生，肯定對他們造成更深遠的影響。據說在經濟大蕭條期間出生和成長的人，即使到了老年，依舊帶著史學家卡洛琳‧柏德（Caroline Bird）所謂的「無形疤痕」，對銀行和股市極端不信任，也對失業抱著過度的恐懼。

　　我對1990年代的回憶就像1920年代一樣，覺得那十年充滿了希望，也詭異至極。1990年代我們看到的是中年的執行長，穿著黑色的高領毛衣，試圖跳脫框架，主張另類思考；還有20多歲的年輕人戴著無邊的套頭帽和黃色的太陽眼鏡，藉由無限資金的撐腰，在市區的頂樓豪宅大開奢華派對，暢談鮮少人聽得懂──更少人質疑──的古怪網路計畫。你敢質疑就表示你「根本不懂」，不免招人訕笑，顯示你是個無法另類思考的大恐龍。有一點令我確實不解的是，網路該如何克服時間和空間上的限制。上網訂購的確很簡單，但是在送貨的實體世界裡，還有油價上漲及馬路壅塞的問題。當時以最大膽的方式對抗這項殘酷事實的網路公司，是總部設在紐約的新創公司Kozmo.com，它承諾只要送貨區在曼哈頓及其他十幾個城市內，即可在一小時內把貨送達。後來為這種愚行付出代價的人，除了投資人之外，還有上百位騎著自行車的快遞人員，他們為了趕在時限內送件，氣喘噓噓地闖紅燈。你可以看到這些一臉疲憊的小夥子在咖啡店外暫停休息（咖啡店的名稱也很貼切，例如噴射燃料〔Jet Fuel〕）。果不其然，那家公司後來破產了，只剩大眾對這家公司及無數類似的事業所留下的不解疑惑：投資人究竟在想什麼？

　　或許比較正確的問法是：他們有在想嗎？投資人有像許多經濟學家主張的那樣，理性評估資訊嗎？如果沒有，難道他們是以不同形式的推理，比較類似賽局理論的計算？例如他們可能心想，「我知道這是泡沫，但我想順勢操作，跟著買上去，只要比大家提早賣出就好了。」但是當我和那些把積蓄押在網路股的人閒聊時，幾乎看不到這類思考流程。多數投資人很難做到有紀律的線性推理，市場瀰漫的亢奮之情和蘊含的無限可能，似乎足以驗證其輕率的想法。想要他們做理性的討論幾乎不可能，對他們

來說，歷史一點也不相關，統計數據也沒多大的意義，如果你進一步追問他們理由，他們會開始掰下一些「聚合」之類的時髦概念，其實我一直搞不懂那個詞的確切意思，雖然我大概知道那是指世上的一切東西都會逐漸變得一樣：電視變成電話，汽車變成辦公室，希臘債券的收益率變得跟德國債券差不多等等。

投入這種瘋狂市場的投資人，除了幾乎沒做什麼理性選擇或賽局理論的思考流程之外，也鮮少展現一些大家常說的投資人愚行：恐懼和貪婪。一般認為，牛市愈漲愈多時，會產生超乎尋常的獲利，導致投資人的判斷力受到貪婪的影響，進而失常。這意味著投資人明知市場是泡沫，卻因貪婪而在市場中留連忘返，捨不得離場。

貪婪的確可能導致投資人貪圖獲利太久，但是這種說法忽略了網路狂潮和狂囂1920年代等泡沫的一項重要特質：投資人天真地以為他們是在投資未來，毫無憤世嫉俗與機巧詭詐的想法。此外，當牛市開始應驗投資人的想法時，獲利不只是帶來貪婪而已，也讓他們情緒亢奮，自以為無所不能。這時交易者和投資人感覺自己不再像凡人那樣綁手綁腳，而是有如超級英雄再世，開始想要大顯神通。這時他們內心的篤定感取代了風險評估——反正他們就是知道即將發生什麼事：極限運動看起來像小兒科，性生活愈來愈帶勁，甚至走起路來氣勢也不同了：比較挺直、威風，舉手投足間帶著一絲「少惹我」的危險感，他們的身體似乎在咆哮著「什麼事都難不倒我」。湯姆・沃夫（Tom Wolfe）把華爾街的紅人描述成「宇宙的主宰」，一針見血地點出這種妄想的行徑。

在網路狂潮期間，最令我印象深刻的就是這種行為，因為人的轉變非常鮮明，不只沒受過專業訓練的社會大眾如此，在華

爾街的專業交易員身上更是明顯。這些原本穩重、謹慎的交易員，慢慢地亢奮、狂妄了起來，腦中經常閃現許多想法，個人習慣也在改變：縮減睡眠（在夜店裡混到凌晨四點），性慾隨時都很強烈（總之就是比以前旺盛，從他們開黃腔，以及螢幕上色情照出現的頻率增加，可見一斑）。更令人不安的是，他們對自己的風險承擔變得愈來愈自負，賭注愈下愈大，風險報酬的權衡卻愈來愈糟。我後來得知當時看到的這些行徑都是「狂躁症」（mania）的臨床病徵（不過，這裡我提早透露後面的故事了）。

　　這些症狀並非華爾街獨有，其他圈子也屢見不鮮，例如政治圈。戴維‧歐文（David Owen）曾對政治圈的狂躁現象提出獨到的見解。歐文勳爵曾任英國的外交部長，是社會民主黨的創黨元老之一，一生中多數的時間都高居英國政壇的頂端。他原本是神經學家，最近寫下他在政商界領袖的身上看到的一些人格異常現象，他稱之為傲慢症候群（Hubris Syndrome）。這種症候群的特質包括魯莽、不注意細節、過度自負、藐視他人等等。他指出這些特質「可能導致毀滅性的領導，造成大規模的傷害」。他又補充說明這種症候群「是掌權失調的現象，尤其是因過人成就而掌權多年，幾乎不受拘束的權力」。歐文描述的症狀，聽起來和我在華爾街看到的異常現象很相似，他的描述更進一步地暗示了一個重點：許多交易員在連續獲利後出現狂躁症，那不光是新攢的財富造成的，更有可能是因為權力達到顛峰，讓他們覺得不可一世。

　　網路狂潮那幾年，我正好有機會近身觀察交易員的狂躁行為。一方面，我自己對矽谷及紐約矽巷（Silicon Alley）所散發的誘惑完全免疫。我對高科技向來了解不深，沒投資那個領域，所

以可用懷疑的眼光旁觀整齣鬧劇。另一方面，我了解交易者的感受，因為我自己在網路狂潮之前幾年也經歷過一、兩次牛市，除非你平時也關注財經版的新聞，否則你可能沒聽過那幾次牛市，因為那些牛市只侷限在債市或貨幣市場。那些日子，我的獲利超越了平均水準，也曾有那種亢奮感，覺得自己無所不能，變得驕傲自大。坦白講，如今回想起來，連我都忍不住打哆嗦。

所以在網路狂潮期間，我知道交易員經歷了什麼情況。我想主張的論點是：交易員在泡沫期間或連續獲利多次後所產生的自負與傲慢，感覺不像是理性評估機會所造成的，也不是貪婪造成的，而是好像有一種化學物質在驅動著他們。

交易員連續獲利好一段時間後，他們產生的亢奮感有強大的迷醉效果，那感覺就像激情或盛怒一般難以控制。任何交易員都知道那是什麼感覺，我們都很擔心它的後果。在那效應的影響下，我們常覺得自己所向無敵而做出愚蠢的交易，而且交易的規模大到賠光前面累積的連續獲利。大家必須了解，好運連連的交易員其實是受到化學物質的影響，那效應可以把他們轉變成截然不同的人。

不管那化學物質是什麼，或許就是那個東西導致泡沫期間的愚行和極端行徑，像仲夏夜之夢般上演，使人沉溺於妄想、多重身分、交換伴侶，直到冷冽的曙光讓世界重新聚焦，自然和道德法則重申主張，才讓一切恢復正常。網路狂潮的泡沫破滅後，交易員就像宿醉的狂歡者一樣，把頭埋在雙手之中，對於自己竟然把積蓄全賠進那些可笑的交易中，之前延續許久的現實竟然淪為一場錯覺，感到十分錯愕。1929年股市崩盤隔天，《紐約時報》的頭版報導最能貼切描述這種難以置信的震驚感：「華爾街是希望落空的街道，充滿詭異的無聲恐懼，有種無力的催眠感。」

非理性亢奮分子存在嗎？

　　我說過，多數的交易員都能認出前述的自負行為，也都在職業生涯的某個時點體驗過那種感覺。不過，我得補充一下，除了交易員的行為改變之外，網路狂潮那幾年另一個令我印象深刻的現象是，女性比較不會受到網路股和高科技股的狂熱所影響。事實上，我認識的多數女性不管是否在華爾街工作，都對那股狂熱存疑，所以她們常被視為「根本不懂」，甚至被當成掃興者。

　　我之所以講述這些華爾街的誇張故事，有個特殊原因。我不是在做第一線報導，而是想陳述一些大家忽視的科學數據。科學研究往往是從實地調查開始，實地調查會發掘一些詭異的現象，或與現有的理論迥異的反常現象。我描述的行為正是這種實地調查的經濟資料，只不過鮮少人會這麼看。事實上，所有解釋金融市場動盪的研究中，很少人觀察交易員處於泡沫或崩盤時的生理反應。這是很明顯的遺漏，就好像研究動物行為卻從未觀察野生動物，或投入醫學卻從未看過病患一樣。我認為我們應該注意交易員的生理狀態，認真看待交易員在泡沫中展現的自負和冒險行徑，那些可能是病態行為，需要做生理研究，甚至臨床研究。

　　1990年代正適合做這樣的研究，那十年給了我們網路狂潮，還有一個最貼切的形容詞彙：非理性繁榮（irrational exuberance，亦即非理性亢奮）。這個詞彙先是1996年葛林斯班在華府演講時首次提出，後來耶魯大學的經濟學家羅勃・席勒（Robert Shiller）讓這個詞彙流行了起來，基本上，它和另一個比較老的詞彙「動物本能」（animal spirits）的意思差不多。1930年代凱因斯自創動物本能一詞，用來標示某種驅動創業及投資人冒險的非理性力量。但究竟什麼是動物本能？什麼又是亢奮呢？

　　1990年代，的確有一、兩個人指出非理性亢奮可能是由化學物質驅動的。1999年，密西根大學的精神病學家藍道夫・奈斯（Randolph Nesse）大膽臆測，網路狂潮和之前的泡沫不同，因為許多交易員和投資人的大腦改變了，受到如今普遍使用的抗憂鬱藥物所影響，例如百憂解（Prozac）。「人性向來會促成榮景和泡沫，隨後導致崩盤和蕭條。」他主張，「但是萬一精神藥物抑制了投資人的謹慎心態，泡沫可能在破滅以前漲得異常龐大，釀成毀滅性的經濟與政治後果。」華爾街的其他觀察家也提出類似的觀點，不過他們把矛頭指向另一個原因：愈來愈多的銀行家吸食古柯鹼。

　　這種濫用古柯鹼的說法大都是誇大的傳言，至少在交易員和資產管理者之間是誇大不實的說法（至於業務部，尤其是帶客戶去脫衣舞吧玩到凌晨的業務員，那可能又得另當別論了）。至於奈斯，媒體對他的說法做了一些詼諧的報導，一年後他在紐約科學院主辦的會議上演講時，似乎很後悔當初講過那些話。但我覺得他的研究方向沒錯，在我看來，他的臆測指出另一種可能性：交易員的身體產生了一種化學物質，有迷醉效應，導致他們行為狂躁，這種牛市分子究竟是什麼呢？

　　我在偶然間發現一個可疑分子。網路狂潮的最後那幾年，我有幸在洛克菲勒大學的神經科學實驗室裡，觀察到一些非常有趣的研究。那是隱身在曼哈頓上東城的一所研究機構，我的朋友琳達・威柏瑞特（Linda Wilbrecht）在那裡攻讀博士學位。我跟洛克菲勒大學毫無關聯，但是市場交投清淡時，我會跳上計程車，跑一趟實驗室，去那裡觀察實驗或到卡斯帕利禮堂（一座網格球頂的建築，座落在布滿藤蔓的校園中央）旁聽下午的課程。在琳達的實驗室裡，科學家正在研究「神經生成」，亦即新神經元的

成長。以某些方面來說，了解神經生成就像大腦科學的終極目標，因為神經學家若能發現如何讓神經元再生，或許可以治癒或逆轉神經退化的疾病，例如老年癡呆症、帕金森氏症。神經生成的研究中，有許多突破都是在洛克菲勒大學發生的。

過去，洛克菲勒大學在神經科學的另一個領域：荷爾蒙研究也有貢獻，尤其是荷爾蒙對大腦的影響。科學家在這個領域的許多突破性發現，解決了神經科學裡的特定議題，不過那些研究結果如今也可以幫我們了解非理性亢奮，因為牛市分子很可能就是荷爾蒙。果真如此的話，1990年代末期，當華爾街正在問「什麼是非理性亢奮？」時，非常湊巧的，洛克菲勒大學裡的科學家剛好在研究那個問題的答案。

所以荷爾蒙（又稱激素）究竟是什麼？荷爾蒙是化學傳導物質，由血液運送，從體內的一個組織傳到另一個組織。人體內有數十種荷爾蒙，有的令我們感到飢餓，有的在吃飽時會知會我們；有的讓我們感到口渴，有的在解渴後會告訴我們。荷爾蒙在體內恆定（homeostasis）中扮演要角，幫我們維持生命徵象，例如維持血壓、體溫、血糖濃度在一定的範圍內，好讓我們持續感到舒適與健康。維持體內化學平衡的生理系統，大都是在意識發生前運作。換句話說，我們還沒發現以前運作就已經發生了。例如，我們對體內控制血液中鉀含量的系統一無所知。

但有時候我們無法透過這些沉靜的純化學反應來維持體內平衡，有時我們需要有所作為、需要參與某種活動，才能恢復體內恆定。例如血糖濃度下降時，身體會靜靜地從肝臟裡釋放葡萄糖存量。不過，葡萄糖存量很快就消耗光了，低血糖會以飢餓感（一種荷爾蒙訊號）通知我們的意識，驅動我們去覓食，所以

飢餓、口渴、疼痛、氧債❶、缺鈉、冷熱感覺叫做「體內恆定情緒」。它們之所以稱為情緒，是因為那是身體發出的訊號，不只是傳達資訊，也刺激我們去做某件事。

把我們的行為視為維持體內平衡的複雜機制，這想法頗具啟發性，但是在我們太深入探討生物化約論（biological reductionism）❷以前，我必須指出，我們的行為不是荷爾蒙引發的。荷爾蒙比較像遊說團體，在體內對我們提出建議與施壓，促使我們去做某種活動。以腦腸肽（ghrelin，又譯飢餓素）為例，那是管控飢餓與攝食的荷爾蒙之一，由胃壁細胞分泌。腦腸肽的分子傳訊給大腦說：「我們謹代表你的胃來催你吃東西。」但你的大腦未必會聽從那項訊息。如果你在節食，或是宗教齋戒，或是絕食抗議，可以選擇忽略那項訊息。換句話說，你可以選擇你的行動，並且自己負責。然而，隨著時間經過，那項訊息從一開始的低語，變成響亮的咆哮，難以抵抗。所以當我們看荷爾蒙對行為與冒險的影響時，尤其是金融風險，我們不考慮生物決定論（biological determinism）❸。我們會清楚討論這些化學物質在人生的極端時刻對我們產生的壓力，有時那壓力非常強大。

有一組荷爾蒙對我們的行為影響特別大，那就是類固醇激素。這群荷爾蒙包括睪固酮、雌激素、皮質醇，是產生壓力反應的主要荷爾蒙。類固醇的效果特別廣泛，因為我們體內和大腦幾乎每個細胞都有受體。然而，科學家直到1990年代才開始了解這些荷爾蒙如何影響我們的思考與行為。有關這方面的多數研

譯注❶：運動後的攝氧量高出同時間的安靜攝氧量，亦即運動後的過耗氧量。
譯注❷：只以生物學來解釋某種行為或現象，否定其他因果現象相互作用的可能。
譯注❸：把複雜的社會環境歸因於生理特徵的解釋。

究是在布魯斯‧麥克尤恩（Bruce McEwen）的實驗室進行的，麥克尤恩是洛克菲勒大學的知名教授，他和唐納德‧費夫（Donald Pfaff）、傑‧懷斯（Jay Weiss）等幾位同仁，不僅率先找出大腦中的類固醇激素受體，也研究類固醇如何影響大腦結構及其運作方式。

　　麥克尤恩開始研究之前，科學家普遍認為荷爾蒙和大腦是以下面的方式運作的：下視丘（大腦中控制荷爾蒙的區域）透過血液傳送一個訊號到分泌類固醇激素的腺體（睪丸、卵巢或腎上腺），叫它們增加荷爾蒙的分泌，於是荷爾蒙釋放到血液中，在體內擴散開來，對心臟、腎臟、肺臟、肌肉等組織發揮想要的效果。另外，它們也會流回下視丘，下視丘會感覺到荷爾蒙的濃度升高，於是告知腺體停止分泌激素。在下視丘和分泌激素的腺體之間，訊息的反饋機制像是房子裡的溫度調節器，感到冷時就啟動暖氣，感到熱時就關閉暖氣。

　　但是麥克尤恩和實驗室的夥伴研究後，發現了比上述情況更有趣的現象。腺體和下視丘之間的反饋機制的確存在，那是我們最重要的體內恆定機制之一。但是麥克尤恩發現，除了下視丘，大腦的其他區域也有類固醇激素的受體。麥克尤恩認為激素和大腦的運作模式如下：下視丘發送訊息到腺體，指示腺體分泌荷爾蒙，荷爾蒙在體內擴散開來，對身體產生效用，但也會回到大腦，改變我們思考和行動的方式。看來這是相當強大的化學物質，事實上，麥克尤恩和其他人的後續研究顯示，類固醇激素因為有廣泛的受體，幾乎可改變身體（成長、體型、代謝、免疫功能）與大腦（情緒和記憶）的任何功能，以及我們的行為。

　　麥克尤恩的研究成果是一大里程碑，因為那顯示身體的訊號如何改變我們的想法。他的研究也引發一連串的疑惑，有助於

我們探索身體和大腦的運作。為什麼大腦要發送訊號給身體，叫它分泌化學物質，然後讓那個化學物質來改變大腦的運作方式？這不是很奇怪嗎？假如大腦想改變思考的方式，所有的訊號都留在大腦內不就好了，何必那樣迂迴地透過身體，繞一大圈後再回來？

為什麼大腦會指派類固醇這種單分子負責那麼大的任務，同時改變身體和大腦呢？我覺得這些問題的答案可能是：類固醇激素在打鬥、逃離、覓食、狩獵、交配、爭取地位等原始的情境下演進，負責協調身體、大腦與行為。在這些重要的時刻，你需要所有的組織合作，一起完成手邊的任務，不想多工並行。如果心血管系統專注於打鬥，消化系統準備攝取火雞大餐，大腦卻想要漫步在水仙花園中，那誰搞得懂啊？類固醇就像軍事教官一樣，確保身體和大腦協調，一起執行單一功能。

古希臘人認為，在人生的原始時刻，神會來造訪我們，我們可以感覺到神的存在，因為這些時刻（戰鬥、相愛、生育等等）的感覺特別鮮明，我們會記住那是界定人生的關鍵時刻。在那些時刻裡，我們似乎享有特殊的力量。但是，哎呀，在那些時刻接觸我們的，其實不是古希臘神祇，而是我們的荷爾蒙。

在冒險、競爭獲勝、亢奮之際，有一種類固醇特別容易讓人感覺到它的存在，並指引我們的行動，那就是睪固酮。我在洛克菲勒大學看到一種睪固酮的行為模型，為交易員在市場泡沫中的行為提出了相當有趣的解釋。那種模型源自於一種動物行為，名叫「贏家效應」。

在這個模型中，兩隻雄性動物爭搶地盤或配偶。在預期競爭下，睪固酮的濃度會上漲，以提升血液的含氧量及淨肌肉量。

睪固酮也會影響大腦，提升動物的信心和風險接受度。戰鬥結束後，贏家的睪固酮濃度又更高了，輸家的睪固酮濃度則降低。如果贏家繼續投入下一場比賽，以較高的睪固酮濃度參賽，這種雄激素促發（androgenic priming）讓他享有優勢，幫他再贏一次。科學家在運動員身上做過這種實驗，他們認為這種睪固酮的反饋迴路，可以解釋運動場上的連贏與連輸現象。不過，在連贏的過程中，類固醇的濃度升高到某個時點以後，會對成功和生存產生反效果。當動物連連獲勝時，睪固酮的濃度愈來愈高，不久會看到牠們愈來愈常參與打鬥，在外頭的時間愈來愈長，因此死亡率跟著增加。睪固酮的濃度上升時，信心和冒險會轉變成自負和莽撞。

　　這種睪固酮濃度愈來愈高、驕傲自大又危險的行為，也會發生在金融市場嗎？這模型似乎完美地形容了1990年代牛市逐漸轉變成科技泡沫時的交易員行為。交易員大都是年輕的男性，他們獲利時睪固酮的濃度增加，提升他們的自信和風險接受度，最後牛市的連番獲利，使他們開始像不斷往外跑的動物那般狂妄、自負、冒險，無視於一切危險。我覺得贏家效應似乎可以合理地解釋，交易員的化學反應為什麼會把牛市擴大成泡沫。睪固酮的作用也可以解釋，為什麼女性似乎比較不受泡沫影響，因為女性的睪固酮濃度只有男性的10%～20%。

　　在網路狂潮期間，我思考這種解釋的可能性時，注射睪固酮的人對於睪固酮改善心情的描述，帶給我特別多的啟發。例如，癌症患者通常會注射睪固酮，因為那是合成代謝類固醇（anabolic steroid），可以增強肌力，幫助癌症患者增重。2000年4月，安德魯‧蘇利文（Andrew Sullivan）在《紐約時報雜誌》（*New York Times Magazine*）上描述的效應特別精彩，他生動地

描述自己每兩週把約三吋高的金黃色油狀物質注射到臀部的情況：「我幾乎每天都能實實在在地感受到它的力量，」他指稱：「有幾個小時，甚至一整天，我感到能量從深處泉湧而上，不像雙倍濃度的濃縮咖啡那麼猛烈，但一樣有勁。我的注意力縮短，注射那東西兩、三天後，我覺得比較難專心寫作，更想要運動。我的反應變得更機靈，腦筋也變快了，但判斷力更衝動。那種衝勁跟我上台演講前、第一次約會前或登機前的感覺很像，但不是突然充滿全身，而是持續好一陣子。換句話說，我老是覺得自己準備好要上場了，但究竟是為了什麼上場，那似乎無關緊要。」蘇利文的這番描述，其實也可以拿來形容交易員手氣超順時的感受。

非理性悲觀

如果睪固酮可能是造成非理性亢奮的分子，另一種類固醇：皮質醇，則可能是造成非理性悲觀的分子。

皮質醇是主要的壓力荷爾蒙，會對傷害或威脅產生全身的反應。皮質醇隨著腎上腺素一起運作，不過，腎上腺素是一種速效的荷爾蒙，幾秒內就能發揮效用，兩、三分鐘就在血液內進入半衰期；皮質醇則幫我們撐過長時間的折磨。如果你在林間健行，聽到草叢沙沙作響，你可能懷疑那是灰熊，所以腎上腺素的迅速分泌是為了帶你遠離危險。如果後來你發現那雜音只是樹葉在風中作響，你會放心下來，腎上腺素迅速消散。但是，如果你是被掠食者跟蹤了好幾個小時，那就換成皮質醇上場來管控你的身體了。它會要求體內太消耗代謝的長期功能全面停止，例如消化、生殖、成長、能量儲存等等，過一段時間後，連免疫功能也會停

止。在此同時，它會開始分解儲存的能量，把這些分解的葡萄糖釋入血液中。總之，皮質醇有個影響深遠的主要指令：現在就釋放葡萄糖！在這個人生的關鍵時刻，皮質醇其實是下令你的身體重新整裝，遠離休閒和消費品，改換戰備物資。

在大腦中，皮質醇就像睪固酮一樣，一開始有讓人更清醒、注意力更敏銳的優點，甚至讓人覺得挑戰有點刺激，但是隨著皮質醇的濃度持續增加，就會開始出現反效果（短期接觸與長期接觸荷爾蒙的差異，是本書探討的一大重點）：讓人感到焦慮，選擇性地想起一些令人不安的往事，容易在無風險的地方感到危險。當交易員和資產管理者面臨長期壓力，壓力荷爾蒙的濃度持續高漲時，可能導致他們非理性地趨避風險。

所以我看到的類固醇激素研究，讓我想到以下的假設：睪固酮的濃度可能在牛市中上升，讓人更加冒險，進而擴大漲幅，最後讓市場變成泡沫。相反的，皮質醇的濃度可能在熊市中上升，讓交易員非理性地趨避風險，擴大賣壓，最後變成崩盤。所以交易員和投資者體內累積的類固醇激素，可能會改變整個商業週期的風險偏好，導致市場動盪。

如果上述類固醇反饋迴路的假設是正確的，想要了解金融市場的運作，不只需要動用經濟學和心理學，也需要動用到醫學研究。我們需要認真看待一種可能性：在泡沫和崩盤期間，金融圈因長期處於類固醇濃度高漲的情況，可能衍生一群臨床病患。那個可能性深深地改變我們看待市場的方式，以及思考治療那些病症的方法。

最後，我在幾位同仁的鼓勵下，認為這個假設應該加以驗證。於是我從華爾街退休，回到我之前拿過經濟學博士學位的劍橋大學，開始接受四年神經科學和內分泌學的訓練，設計出一套

實驗方案，來驗證「金融市場中有贏家效應」這個假設。接著，我在倫敦市的某個交易廳裡連續做了幾個研究，這些實驗結果提供了扎實的初步資料，並且佐證了以下的假設：荷爾蒙，以及身體發出的訊號（更廣泛地說），會影響交易員的風險承擔。我們會在本書稍後看到這些實驗結果。

金融市場中的身心狀況

　　有關人體—大腦反饋的研究，即使在生理學和神經學，也是比較新的研究，在經濟學的發展相當有限，為什麼會這樣？為什麼我們長久以來忽略自己有個身體，忽略身體會影響我們的思維？

　　最有可能的原因是，我們對身心與行為的概念是由強大的哲學思想形塑而成，那概念源自於文化傳承，認為身心之間有明確的鴻溝。這種古老的概念根植於西方的傳統，近2,500年來，所有的身心討論都是以此為基礎。最早是源自於哲學家畢達哥拉斯（Pythagoras），因為他的「再生」學說需要靈魂不朽的概念。不過，身心分離的概念主要是由柏拉圖確立的，他宣稱在我們腐朽的肉體裡閃耀著神性的光芒，那是永恆、理性的靈魂。接著聖保羅也採納這個概念，把它推舉為基督教的教條，後來成了哲學難題，亦即所謂的「心物問題」（mind-body problem）。其後，唯物論者（例如虔誠的天主教徒兼熱血的科學家笛卡兒）苦思這種脫離肉體的心思如何和身體互動，最後得出一種令人難忘的形象：機器中有幽靈在觀看與下令。

　　如今，柏拉圖的二元論在哲學中引起廣泛的爭論，神經科學幾乎完全忽視那派論點。不過，在某個不太真實的領域裡，柏

拉圖和笛卡兒所主張的單純理性大腦依舊存在，那領域就是經濟學。

　　許多經濟學家，至少那些堅持「新古典經濟學」的經濟學家假設，我們的行為是有意志的（亦即在徹底思考後才選擇行為），是由理性大腦引導的。根據這派說法，人類是會走路的電腦，可以隨時分析各種行為的報酬，並且根據發生的機率，權衡報酬的優劣。在決定吃壽司或義大利麵、踏入航空業或銀行業、投資奇異公司（GE）或國庫券的背後，大腦就像電腦主機那樣，會做出最佳的運算。

　　提出上述主張的經濟學家知道，多數人常達不到那個理想。為了幫那嚴格的理性假設辯解，他們說一般人的行為是「彷彿」做過實際的運算。這些經濟學家也宣稱，當我們必須處理像金錢那樣重要的東西時，在生活中展現的不理性便會消失，因為那時我們最精明，很接近他們模型預測的行為模式。他們也補充，如果我們處理金錢時不理性，可能會破產，把市場拱手讓給真正理性的人，所以經濟學家可以繼續研究基本假設是理性的市場。

　　這種經濟模型很巧妙，通常看起來很出色，對世世代代的經濟學家、央行官員、政策制定者產生莫大的影響。然而，儘管新古典經濟學相當簡潔利落，卻日益受到實驗導向的社會學家所批評，他們耐心地記下業餘和專業投資者的決策與行為偏離理性選擇的方式。我想，新古典經濟學缺乏真實性的一個原因在於，它和柏拉圖主義有個共同的基本假設：經濟學應該鎖定的是純粹理性者的心思和想法，所以新古典經濟學大抵上忽略了身體，算是脖子以上的經濟學。

　　我的意思是說，類似柏拉圖的身心分離主張也存在經濟學裡，削弱了我們理解金融市場的能力。想了解我們如何做金融決

策、交易員和投資者如何因應市場波動、市場為何超漲或超跌，我們需要認清一個事實：身體會影響我們的風險承擔。很多經濟學家可能會重申，金錢的重要性讓我們面對在意的東西時特別理性，但或許正因為金錢太重要了，使我們產生強烈的身體反應。金錢可能是我們最無法冷靜面對的東西。

　　經濟學是強大的理論科學，但現在也出現愈來愈多的實驗結果。事實上，很多經濟學家開始質疑史巴克（Spock）❹的理性假設太過簡化，這些人當中有一群值得注意的學者開始另創學派，名叫行為經濟學，包括芝加哥的經濟學家理查·泰勒（Richard Thaler）和兩位心理學家丹尼爾·康納曼（Daniel Kahneman）和阿莫斯·特沃斯基（Amos Tversky）。行為經濟學家為我們處理金錢的行為，勾勒出比較切合實際的模式，他們的重要實驗如今可以輕易延伸套用到經濟行為背後的生理狀況。一些經濟學家也開始朝那個方向發展，例如康納曼研究注意力和激發（arousal）的生理學，他近來主張我們是以身體來思考。

　　他說的沒錯，想了解身體如何影響大腦，我們應該先認清一點：身體和大腦為了幫我們追求機會或逃離威脅，兩者是一起進化的。面對獲利機會（例如食物、地盤或牛市）或福祉遭到威脅時（例如掠食者或熊市），我們的大腦會讓骨骼肌和內臟產生大量的電流，促使荷爾蒙流到全身，改變新陳代謝和心血管功

譯注❹：《星艦迷航記》（*Star Trek*）裡的瓦肯人，瓦肯人與地球人一樣，有理性也有感性。不過他們不容許自己的感性發展，視感性的出現為不符合邏輯的行徑而鄙視感情。所以他們的一切行為皆符合邏輯。瓦肯人過著嚴格自律的生活以壓抑情緒的影響。他們依賴冥想技巧與心理原則，以避免感情影響判斷。但是瓦肯人也像人類一樣，無法完全擺脫情感，全按邏輯生活，所以他們精心設計詳盡的儀式，引導與安全釋放情緒與性慾。瓦肯人會定期回自己的星球參與戒備森嚴的年度儀式，做徹底的情緒淨化。

能，以維持身體的反應。接著，這些軀體和內臟訊號會傳回大腦，改變我們的思考（注意力、情緒、記憶），以便和當前的身體任務同步。事實上，我們不該再以「大腦」和「身體」等用詞來描述，彷彿兩者是分開似的，應該改以對事件的「全人反應」（whole-person response）來說明，雖然這樣說可能在語義上比較困難，但是在科學上比較精確。

當我們開始這樣看待自己時，就會發現經濟學和自然科學開始融合了。那前景看起來充滿了未來感，有些人覺得可怕，有點缺乏人性。的確，科學進步常預示著醜陋的新世界，脫離傳統的價值觀，把我們拖往不想去的方向。但是偶爾科學不會那麼做，它只是提醒我們一度知道但後來忘記的事情。我這裡講的情況就是一例，最近的神經科學和生理學暗示的經濟學類型，只不過是指引我們回顧西方思維中那些古老、常識性、可靠的傳統，那些傳統因年代久遠而被後來的想法層層掩蓋：那是亞里斯多德率先提出的思維，他是第一個生物學家，也是最偉大的生物學家之一，可能也是最深入、最廣泛研究人類狀況的觀察家。他和柏拉圖不同，他覺得身心不是分隔的。

亞里斯多德在道德和政治的作品中，努力讓思想變得更加踏實。亞里斯多德學派的名言是「思考凡人的想法」，他的政治和道德思想是以人類的實際行為、而非理想行為做為基礎。他不會對我們搖著手指，讓我們對自己的慾望與需求，以及實際行為和純理性生活之間的大幅落差感到羞愧，他覺得那是人之常情。他了解行為的方式比較人性，如今大家正重新發掘他的方法。從亞里斯多德學派，我們看到如何融合先天特質與後天培養的藍圖，如何設計體制以配合我們的生理狀況。

這種方式可以讓經濟學受益許多，因為經濟學需要把身體也

圖1　拉斐爾（Raphael）《雅典學院》（*School of Athens*）的畫作細節。左邊是柏拉圖，一手拿著《蒂邁歐篇》（*Timaeus*）對話集，一手指向天空。右邊是亞里斯多德，一手拿著他的《倫理學》（*Ethics*），一手指向周遭的世界，掌心向下，他似乎在對柏拉圖說：「老兄，腳踏實地一點。」

圖片來源：維基共享資源（Wikimedia Commons）。

放回經濟中。我們不該假設理性和效率市場（那假設的不幸結果是野蠻的交易圈），應該像行為經濟學家那樣研究交易員與投資者的行為，只不過我們也應該在研究中加入生理學的影響。如果交易員與投資人的生理狀況的確擴大了牛市和熊市，我們必須重新思考如何改變培訓計畫、管理方式，甚至是政府政策，以便加以反制。

　　不過，目前我擔心我們剛好兩頭空：不僅生理狀況不穩，我們的風險管理方式還會在泡沫期間促使我們更加冒險，在不景氣期間降低我們的冒險程度，此外獎金制度也獎勵高變異的交易。而今，先天的生理機制與後天的人為制度一起促成了經常性的災

難。更有效的政策必須想辦法管理市場的生理狀況，其中一種方式是鼓勵銀行招募人才時，在性別和年齡方面更平衡，因為每個性別和年齡層各有非常不同的生理狀況。

什麼讓我們身心合一？

在講述故事之前，我們需要先進一步了解大腦和身體如何合作以產生思緒和行為，促使我們承擔風險。最好的作法是觀察大腦的中央運作，那是什麼呢？根據文化傳承，我們可能很想回答大腦中央最關鍵的功能是純粹思考的能力，但神經學家發現，意識、理性思考在我們的心靈生活中只是小角色，現在很多科學家認為，大腦的基本運作其實是在協調移動。

這樣的說法或許令人震驚，我自己當初聽到時就是如此，甚至感到失落。但是如果我早點知道這個真相，可以幫我減少幾年的誤解。一般人開始研究神經科學時，通常會去找大腦中的電腦、找那驚人的推理能力，然而如果你研究大腦時也抱持這樣的目標，難免會大失所望，因為你發現的東西比預期的還要雜亂。在處理推理技巧的大腦區域裡，動力迴路糾纏不清。那架構一點也不簡單，常令人看了有點惱火；無法把單純的思緒獨立出來，也令人感到沮喪。不過，那沮喪是因為你一開始就假設錯了。

如果你觀察大腦、身體和行為時，把人類想成是為了移動而創造出來的東西。充分吸收這種簡單的觀念之後，我相信你以後再也不會以同樣的方式來看待自己了。你會開始了解為什麼你會感覺到那麼多東西；為什麼你的反應常快到連意識都跟不上；為什麼你會依賴直覺；為什麼你會在人生最鮮明的時刻（思緒、見解、關愛、冒險的滿意時刻，以及恐懼、憤怒、壓力的創痛時

刻）身心合一，感覺不到身心的分隔。想把自己視為身心合一的
個體，需要先改變你對自己的認知，而我相信那改變會令人豁然
開朗、茅塞頓開。

2
──以身體思考──

　　演化生物學家常回顧過往,想從中找出些許的演化跡象,發掘我們與同類動物之間的微小差異,那些差異或許可以解釋人類晉升到食物鏈頂端的原因。他們發現很多進化是發生在體內,例如聲帶的成長、對生拇指(使我們手指靈巧,可製作與使用工具)、直立身軀、缺乏毛皮等等。有人說,直立身軀是為了減少正午時身體曝曬的面積,缺乏毛皮是為了讓我們更容易降溫,兩者合起來,讓我們可以追捕移動更快、但身上覆著毛皮的獵物,直到牠們中暑昏倒為止。這個理論主張,在非洲大草原上,我們不需要跑得比獵物快或打贏獵物,只要比牠們更容易降溫就行了。

　　人類優於其他動物的進化中,的確有很多是發生在體內,讓我們變得更高大、更直挺、更快速、更容易降溫、更靈巧、更健談。其他同樣重要的進化則是發生在大腦中,一些進化史提到,人類史前時代的發展是由新皮質(neo-cortex)的成長所驅動,

亦即大腦中理性、有意識、最新、最外層的部分。隨著這個大腦結構的發展，我們培養出深謀遠慮及挑選行動的能力，因此不再有自動化的行為，不再像動物那樣需要馬上滿足身體的需求。這種有關大腦演化及大腦思考日益抽象的說法，大致上是正確的。不過，那是演化故事的次要情節，最容易讓人產生誤解，因為那說法很容易讓人以為身體對人類的進化愈來愈不重要。在科幻小說中可以看到這種觀點的極端例子，未來的人類常被描述成萎縮的軀體上頂著球根狀的大頭。在科幻小說及某種程度的大眾想像中，身體是野蠻的史前時代留下的遺跡，能一舉拋開最好。

　　大眾普遍抱持這種看法，由此可見古代身心分離的概念至今仍在，大家覺得身體在生活中扮演的是次要角色，惡作劇的成分居多，讓我們偏離理性。不用說，那種看法當然太簡化了。身體和大腦是一起演化的，不是分開的。最近有些科學家開始研究人類身體與大腦之間的溝通為何會變得比其他動物複雜，大腦是如何和身體更緊密相連，而非疏離。他們的研究讓我們看到另一種人類演化的說法，那說法比較完整，也比較有意思：人類演化的真正奇蹟，在於發展出先進的控制系統，讓身體和大腦同步運作。

　　在現代的人體中，身體和大腦會交換大量資訊，這種資訊交換是對等的，但大家常以為是不對等的。我們以為身體只是輸入資料到大腦中的電腦，然後大腦傳回指令，叫身體做事。換句話說，身體是傀儡，大腦是傀儡的操縱者。但是這種看法完全錯了，身體傳送的資訊不只是資料而已，也夾帶著建議，有時是低聲說，有時是大聲喊，告訴大腦該如何運用那些資訊。這種資訊刺激在你感受起來，比較明顯的就是慾望和情感，比較隱約難辨的就是直覺。在人類史前演化的漫長歲月中，這種身體對大腦的

資訊輸入，是讓我們迅速行動及適切判斷所必要的。當我們更仔細觀察身體與大腦之間的對話時，會開始慶幸身體對決策的重大貢獻，尤其是身體對我們冒險的影響，包括金融市場的風險承擔。

為什麼動物不能參加體育運動？

為了幫大家卸下那些阻礙我們了解身體和大腦的哲學包袱，我們應該先問一個基本問題，那或許也是神經科學中最基本的問題：為什麼我們有大腦？為什麼有些生物有大腦（例如動物），有些則沒有（例如植物）？

劍橋大學的工程師兼神經學家丹尼爾・沃伯特（Daniel Wolpert）在講述某種生物的故事時，為這個問題提出了有趣的答案。那個生物是人類的遠親，一種名叫被囊類（tunicate）的海鞘。被囊類先天有個很小的腦袋，名叫腦神經結（cerebral ganglion），裡面有眼點（eyespot）可以感應光線，還有耳石（otolith）這個原始器官可以感應重力，讓牠自在地水平移動或垂直移動。在幼蟲期，被囊類在海中自由地游動，尋找肥沃的覓食區。發現看似不錯的地點時，便一頭往下栽，黏住海底。接著開始攝食自己的大腦，用大腦的養分來壯大如虹吸管和革囊的身體。牠在洋流中輕輕搖曳，從流水中過濾營養素，不需要大腦就能夠存活。

對沃伯特和許多志同道合的科學家來說，被囊類從古老的進化史傳給我們一則重要的訊息。牠告訴我們，只要不用移動，就不需要大腦。被囊類告訴我們，大腦基本上非常務實，它的主要作用不是單純地用來思考，而是規劃與執行身體的運動。所以

圖2　被囊類。
圖片來源：尼克‧哈柏古（Nick Hobgood）拍攝，維基共享資源。

沃伯特等人質問：如果我們的感官、記憶、認知能力不會促使
我們行動（走路也好、伸展也好、游泳也好、進食也好，甚至
是寫字也好），那些能力又有什麼意義呢？如果人類不需要移
動，或許我們也寧可攝食大腦，畢竟大腦是代謝很大的器官，
每天約消耗我們20%的能量。有些科學家認為，大腦的進化主要
是為了掌控移動，沃伯特說他和研究同仁是「動力主義者」。這
學派的科學家主張，思想本身是一種規劃，即使是較高形式的思
想（例如哲學那種脫離肉體的思想），也是攔截原本要幫我們規
劃行動的大腦運算。他們認為，我們的心智無可避免都是體現的
（embodied）。愛丁堡的哲學家安迪‧克拉克（Andy Clark）貼

切地主張，我們遺傳了「移動的心智」（a mind on the hoof）。

　　所以，想了解大腦，需要先了解移動，但移動其實比大家想像的還要困難許多，某種程度上甚至比了解智慧的產物還難。我們常以為只有我們寫的書籍、證明的定理、發現的科學，才進得了人類成就的殿堂，以為我們最崇高的使命是擺脫肉體的衰老與誘惑，追求心靈生活，但那樣的態度常讓我們無視於人體移動的非凡美感及其令人費解的奧祕。

　　很多工程師想讓機器人模擬或複製人類的移動，最後都得出這樣的結論。這些研究人員不久就領悟到：即使是簡單的人體動作，也涉及難以想像的複雜度。例如史蒂芬・平克（Steven Pinker）指出，人類大腦可以理解量子物理，破解基因組，把火箭送上月球，但是這些成就的難度竟然都比不上人類移動的還原工程。以走路為例，六腳昆蟲，甚至四腳動物，總是能靠三隻腳平衡著身子走路，但是像人類這種兩腳動物是如何行動的？我們需要支撐體重，把身體往前推進，保持重心平衡，全靠單腳的腳掌支撐。平克解釋，我們走路時，「一再向前傾，並在瞬間及時止住身體的跌落。」踏出一步看似簡單，其實是很高超的絕技，他表示：「目前還沒有人想出我們是怎麼辦到的。」所以，想要研究人類神經系統的奧妙，其實不必研究莎士比亞、莫札特或愛因斯坦的作品，只要看孩子搭建樂高城堡，或是看慢跑者在不平的地面上跑步就行了，因為他們的動作都需要解開超乎人類理解範圍的技術問題。

　　沃伯特也得出類似的結論。他指出，我們有能力編寫電腦程式以擊敗西洋棋大師，因為那只是大型的運算問題，只要算出一盤棋結束以前的所有可能走法，從中挑出最佳走法就行了。只要有強大的運算功力，即能達成那樣的任務。但相較之下，我們目

前仍無法打造出速度和手腳靈巧度媲美八歲小孩的機器人。

我們的身體有相當驚人的能力，即使和動物相比依舊出色。我們常以為隨著人們的演化重點從身體轉向更大的腦袋，人類的身體就不再進步了，只剩下蠻力。我們的前額葉皮質相對於大腦的比例雖然比其他動物大，但是動物在任何體能的表現上都比我們優異。我們不像大象那樣龐然，不像猩猩那麼強大，也不像獵豹那麼迅速。我們的鼻子不像狗那麼敏感，眼睛沒貓頭鷹那麼銳利。我們無法像鳥一樣飛翔，無法像海豹那樣長時間潛水。我們在森林裡容易迷路兜圈子，不像蝙蝠有雷達，帝王斑蝶有衛星導航，所以再怎麼看，體能方面的金牌肯定都是由動物界的成員奪得。

但事實真是如此嗎？我們需要從另一個角度來看這個問題，因為人類真正特別的地方，是我們學習肢體動作並學到熟練的能力，那些動作不是我們先天就會的，例如跳芭蕾、彈吉他、體操動作、在空戰中開飛機等等。試想，滑雪者除了要以時速90英里的速度滑下斜坡之外，還要刻轉，有時是在純冰上轉彎，必須抓對時機，獲勝與致命的意外之間僅有毫秒之差。這對一個投入滑坡運動沒多久的物種來說，是相當了不起的成就，其他動物都辦不到，難怪奧運賽事會吸引那麼多的觀眾，因為我們目睹了動物界無法匹敵的完美行動。

在音樂廳裡，我們也可以看到這種驚人的身體表演。鋼琴大師彈奏高難度的曲子時，十指同時在琴鍵上飛舞，敲琴鍵的速度快到連眼睛都跟不上，但他還是可以用不同的力道和頻率，精確地彈出每個音符。有的手指壓得較久，有的手指幾乎是瞬間縮回，整個表演協調得恰到好處，以傳達某種情感氛圍或塑造某種意象。那樣的身體動作本身就是一種驚人的絕技，但是想到這種

瘋狂的活動可以密切掌控，進而創造出藝術內涵，著實令人難以想像。鋼琴演奏會就是一種精彩的視覺與聽覺體驗。

人類始終夢想著掙脫凡俗的禁錮，我們在運動方面已經快成功了，在音樂與舞蹈方面也是如此。身體的非凡表現讓莎士比亞也不禁頌讚：「容貌和舉止何等的動人優雅！行為多麼像天使！」我們不禁揣想，這種驚人的肢體表現是如何發展出來的？我們是如何學會像神一樣移動的？我們之所以能做到那樣，是因為我們有較大的腦袋，那個大腦袋讓我們做出更巧妙的肢體動作，讓身心更緊密相連。

大腦中經歷過最爆炸性成長的區域是新皮質，那裡是選擇和規劃的地方。新皮質的擴大促成了更高深的思維。不過，我在這裡也必須指出，新皮質和擴大的皮質脊髓徑（控制身體肌肉組織的神經纖維束）是一起進化的。擴大的新皮質和相關的神經讓人產生一種全新的活動：隨意掌控肌肉和學習新行為。新皮質的確讓我們產生閱讀、寫作、哲學和數學能力，但它首先讓我們有能力學習以前從來不會的動作，例如製作工具、擲長矛或騎馬。

不過，另一個大腦區域——小腦（請見圖3）——的成長超越了新皮質，促成我們的肢體表現。小腦位於後腦勺突出部位的下半部，儲存如何做事情的記憶（例如騎單車或吹笛子），以及快速自動的動作。但是小腦看起來很突兀，像是添加上去的，幾乎像另一個比較小的腦袋。以某種程度來說，它的確是，因為小腦就像其他神經的作業系統，讓神經運作得更快、更有效率，它對大腦的貢獻很像是在電腦上加裝額外的RAM晶片。小腦在神經系統的動能迴路中扮演這個角色最是稱職，因為它協調身體的動作，讓動作在瞬間精準地運作。小腦受損時，就像喝醉了一

樣，我們還是可以移動，但行動會變得遲鈍、不協調。有趣的是，小腦也會簡化新皮質的表現。事實上，有考古證據顯示，現代人的新皮質可能比山頂洞人還小，但現代人的小腦比較大，所以我們有效率較好的作業系統，腦力較強。

擴大的小腦讓我們創造出其他動物難以匹敵的藝術和體育成就，也促成專業技能，讓我們放心地把自己交到醫師的手中。當我們身心合一，把強大的智能應用到肢體行動時，便產生世上絕無僅有的動作，那是人類獨有的卓越形式，跟人類成就殿堂裡的哲學、文學、科學作品一樣，理當獲得高度肯定。

加速大腦運作

行動需要能量，那表示大腦不僅要規劃行動本身，也要規劃肌肉以配合運作。是哪些運作呢？其實跟內燃機的運作沒什麼兩樣。大腦必須尋找與攝取燃料（亦即食物），把燃料和氧氣混合起來以便燃燒；調節血液的流動，以便把燃料和氧氣輸送到全身的細胞；幫整套機制降溫，以免它過熱而燒起來；最後把燃料燒完後所產生的二氧化碳排出。

這些簡單的工程意味著我們的思想和生理是緊密相連的。決策是決定做某件事，所以我們的想法也附帶了對身體的暗示，伴隨著運動肌、代謝、心血管系統的迅速轉變，因為這些系統需要為後續的動作做好準備。思考我們擁有的選擇，瀏覽各種可能性，會引發一連串快速的身體變化。一個人在思考時，你通常可以看到他臉部出現以下的變化：睜大或瞇起眼睛，瞳孔放大，臉紅或發白，臉部表情像天氣一樣易變，一閃而過。所有涉及行動選擇的思考，都像萬花筒一般，從一種身體狀態轉變成另一種。

選擇是一種全身的體驗。

當我們考慮冒險，尤其是在金融市場冒險時，常會清楚想起這個事實。例如，看到戰爭爆發的消息，或是看到股價暴跌時，資訊會激發強烈的身體反應：你會迅速吸入大量空氣，胃部糾結，肌肉緊繃，臉部脹紅，感覺到心臟怦然作響，準備行動，皮膚泛起一層薄薄的汗水。我們都很熟悉這種身體反應，並且習以為常，因而忽略了它的意義。光是頁面上的字眼或螢幕上的價格，就足以引發身體的強烈反應。如果資訊還創造出不確定性和壓力，甚至可能讓我們感到身體不適，由此可見人體建構的方式相當特別。我們看待資訊的方式與電腦冷靜處理的方式不同，我們是以身體反應，身體和大腦會一起加速運轉或放慢速度。其實演藝界的存在即是仰賴這種簡單的生理基礎：如果小說或電影無法挑動我們的身體產生多元的反應，我們還會看小說或電影嗎？

我想強調的重點是：面臨新奇、不確定、機會或威脅時，你之所以會有感受，是因為身體為了移動而預作準備，產生變化。壓力是一個很好的例子，我們通常覺得壓力是令人不安的想法、是已經發生或即將發生的壞事，導致我們不開心，我們覺得壓力是純粹的心理狀態。但壓力反應給人的不愉快和危險（胃部糾結、高血壓、血糖濃度升高、焦慮），其實是胃腸、心血管、代謝、注意力為了即將出現的身體反應而預作準備。就連交易員和投資者依賴的直覺，也應該以同樣的方式看待：交易員和投資者有預感接下來會發生什麼事，那不光是直覺而已，而是因為他們的身體在為即將發生的反應（應戰、逃離、慶祝或悲傷）預作準備。在緊急狀況下，反應動作必須快如閃電，所以這些直覺會迅速冒出（通常比意識還快），傳到大腦的某些部位，然而我們卻只會有若有似無的隱約知覺。

控制體內狀況

　　身體和大腦要如此統一運作，必須持續不斷地對話，這流程就是前面說的體內恆定。血液中的含氧量必須維持在一個小範圍內，由呼吸的無意識調節來負責維持，心率和血壓的維持也是如此。體溫必須維持在攝氏37度上下一、兩度內，萬一體溫低於那個範圍，大腦就會指示肌肉發抖，命令腎上腺提高核心體溫。血糖濃度也必須回報大腦，維持在小範圍內，萬一低於下限，就會觸發低血糖的徵狀，大腦會馬上下令釋放一些荷爾蒙，包括腎上腺素和升糖素，把葡萄糖的存量釋入血液中。大腦處理的身體訊號是來自於每個組織、肌肉和器官，訊息量相當龐大。

　　這種身體調節工作大都是交給大腦中最古老的部位負責，亦即爬蟲腦（reptile brain），尤其是名叫「腦幹」的部位（請見圖3）。腦幹位於脊椎上方，看起來像骨節突起的小拳頭，掌控身體的自動反射作用（例如呼吸、血壓、心率、出汗、眨眼、驚嚇），還有一些不加思索的重複動作（例如咀嚼、吞嚥、步行等等）。腦幹像是身體的維生系統，即使大腦比較先進的部位受損（例如負責意識的部位受損，導致我們「腦死」），只要腦幹仍持續運作，我們還是會在昏迷狀態下繼續活著。不過，隨著動物的進化，從內臟器官（例如腸道、心臟）連到大腦的神經迴路變得愈來愈複雜。從兩棲類和爬蟲類，進化到哺乳類、靈長類和人類的過程中，大腦日益複雜，調節身體的能力隨之擴增。

　　青蛙之類的兩棲類動物無法防止水分從皮膚蒸發，必須永遠留在水裡或待在近水的地方。爬蟲類可以留住水分，所以可以活在水中和沙漠中，但是牠們和兩棲類一樣是冷血動物，需要依賴陽光和溫暖的岩石供熱，天一冷就幾乎動也不動。由於兩棲類和

爬蟲類不負責控制體溫，牠們的大腦比較簡單。

　　相反的，哺乳類比較能掌控自己的身體，所以需要更多的腦力。最明顯的是，牠們可以控制體溫，這流程稱為體溫調節。體溫調節需要代謝很多能量，燃燒很多燃料以產生體熱，冷的時候顫抖，熱的時候冒汗，秋天長毛，春天脫毛。哺乳類停滯不動時，燃燒的能量約是爬蟲類的五到十倍，所以需要儲存更多的燃料。因此，哺乳類需要發展出很大的代謝儲存功能，一旦有了這種功能，就可以自在地到四面八方捕食。哺乳類的出現徹底改變了野外生活，有如機械化戰爭的可怕發明。哺乳類像坦克一樣，比更原始的敵人移動得更快、更遠，難以阻擋。但牠們的移動性需要搭配更仔細管理的補給線，所以牠們有更先進的體內恆定迴路。

　　人類對身體的掌控又比其他哺乳類更多，這進步是反映在更先進的神經系統，以及身體和大腦之間更廣泛、生動的對話上。我們在比較動物與人類的大腦結構時，也發現了相關的證據。在一份值得注意的大腦比較研究中，一群科學家比較靈長類動物各個大腦區域的大小（看各區占大腦總重量的比率），以觀察哪一區和壽命長短有關（科學家把壽命視為衡量生命力的替代指標）。他們的研究顯示，除了新皮質和小腦之外，人類大腦還有兩個區域比較大，專門負責體內恆定的掌控，那就是下視丘和杏仁核（請見圖3）。

　　下視丘是位在鼻梁往內的投射線及耳朵前端往側邊的投射線上，透過荷爾蒙調節我們的飲食、睡眠、鈉濃度、保水性、生殖、敵對情緒等等。它是情感行為的主要整合區，換句話說，它把荷爾蒙、腦幹、情感行為協調成一貫的身體反應。例如，貓憤怒嘶叫，拱著背，豎起茸毛，分泌腎上腺素時，就是下視丘把這

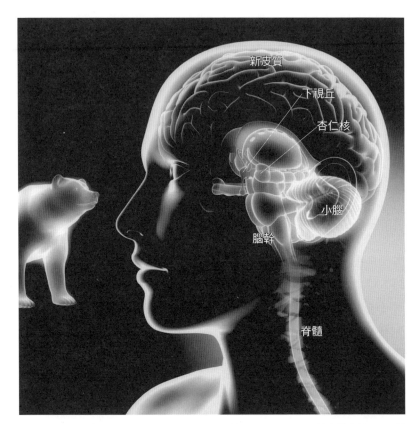

圖3　基本的大腦解剖。腦幹通常稱為爬蟲腦，控制呼吸、心跳、血壓等自動流程。小腦儲
存身體技巧和快速行為反應，也有助於肢體靈巧、平衡與協調。下視丘掌控荷爾蒙，
協調體內恆定的電流和化學元素。杏仁核處理情感意義的資訊。新皮質是大腦裡最新
進化的一層，處理推論、規劃和隨意移動。腦島（位於遠端，靠近啟發腦的頂端）負
責收集來自於身體的資訊，組成體現的存在感。

圖片來源：CLIPAREA.com，客製化媒體。

些不同的憤怒表現組合起來，變成一貫的情緒行為。

　　杏仁核負責為事件指定情感意義，少了杏仁核，我們會覺
得世上只是一堆無趣的物件，例如我們會覺得一隻攻擊的灰熊不

是威脅，只是一個大型的移動物件罷了。有了杏仁核，我們會覺得灰熊是可怕的致命掠食者，也會連忙爬上附近的樹木。杏仁核是記下外界危險的關鍵大腦區域，並啟動整套的身體改變，亦即所謂的「壓力反應」。它也會記下體內的危險訊號，例如呼吸急促、心跳加快、血壓升高等等，這些跡象會觸發情感反應。杏仁核感應到危險時，會提醒身體提高警覺，身體的覺醒會反過來刺激杏仁核。身體和杏仁核之間的交互影響偶爾會愈來愈強，導致焦慮失控，陷入恐慌。

亞利桑納大學的生理學家巴德・克雷格（Bud Craig）研究證實，人類大腦與身體的關聯最為複雜。他找出負責「內感受覺」（interoception）的神經迴路，內感受覺是我們對體內世界的觀感。我們面對外界時，有對外的視覺、聽覺、嗅覺；面對內在時，也有很像感官的東西，感受心、肺、肝等等內臟器官。大腦非常喜歡刺探各種訊息，它在全身布滿了監聽裝置（亦即受體，可感受疼痛、溫度、化學濃度、伸展組織、免疫系統的啟動等），像特務般地回報內臟的一切細節，把那些內部感覺帶回大腦意識中，例如飢餓、疼痛、腸胃脹大等等，但多數內感受覺是無意識的（例如鈉濃度或免疫系統啟動）或只存在我們的意識邊緣。不過，就是這些來自於身體各部位的資訊傳播，讓我們產生各種感覺。

內感受覺的資訊是由大量的神經從身體的各個組織收集後傳回大腦，經過脊髓的神經，或沿著迷走神經（vagus nerve）從腹部通往大腦，沿途收集腸道、胰腺、心臟、肺臟的資訊。接著，這些資訊穿過不同的整合點（這些大腦區域收集不同的個人感覺，然後把那些感覺組成一貫的體驗），進入名叫腦島的皮質區，對身體的整體狀態產生大致的了解。克雷格觀察多種動物體

內連接身體和大腦的神經後，得出以下結論：只有靈長類動物具有通往腦島的路徑；世間萬物中可能只有人類知道身體的整體狀態。

最後一點，可能也是最有爭議的一點是，克雷格和安東尼歐‧達馬吉歐（Antonio Damasio）、安濡‧畢夏拉（Antoine Bechara）等其他科學家主張，直覺和情感、理性和自覺，應該是演化過程中衍生的先進工具，幫我們調節身體。

隨著演化進展，身體與大腦更緊密地結合，大腦的纖維連到身體的每個組織，以掌控心、肺、腸、血管和腺體。當我們覺得熱時，幫我們降溫；當我們覺得冷時，幫我們增溫。接下來，身體把這些訊息一一傳回大腦，轉達各組織的需求，建議大腦該怎麼做。就這樣，身體和大腦之間的反饋變得愈來愈複雜、廣泛。人類的大腦比較大，不是為了搭配科幻片裡描繪的萎縮身體。大腦變大是為了掌控更複雜的身體——像亞歷山大大帝那樣揮劍，像顧爾德（Glenn Gould）那樣彈琴，像約翰‧麥肯羅（John McEnroe）那樣掌控網球拍，像懷爾德‧潘菲德（Wilder Penfield）那樣動開腦手術的身體。

這些解剖學、生理學、神經科學的研究，如今讓我們把身體視為大腦的幕後操縱者（éminence grise），在適當的時點有效地施壓，幫我們為行動做好準備。科學家耐心地把身心之間分隔許久的開口銜接起來，幫我們了解身體與大腦在生活的關鍵時刻如何合作，例如承擔風險的時候，當然，這裡指的風險也包括金融風險。

第二部

直覺思考

3

—— 思考的速度 ——

國庫券交易桌的警訊

我們要看的這個交易廳，是在華爾街的某大投資銀行裡，離證交所和聯準會不遠。我們從3月某個清爽的早晨開始造訪這裡，這時才剛過7點，紐約市的天色昏暗，街燈仍亮著，但銀行從業人員已紛紛走出百老匯、布羅德街、博靈格林的地鐵站，或是搭計程車或豪華轎車直接殺到銀行門口下車。穿著Anne Taylor服飾、腳踩運動鞋的女性手中拿著咖啡，穿著Brooks Brothers服飾的男性梳理得光鮮亮麗，他們的眼神就像運動員一樣，盯著這即將展開的一天。

電梯升到31樓後開了門，銀行人員魚貫地走進寬廣的交易廳，近千張的交易桌排成陣列，每張桌子上都擺了六、七個螢幕，很快就會用來追蹤市場價格，接收即時新聞和風險狀況。多數的螢幕還是黑的，但現在陸陸續續啟動了，交易廳裡開始閃著

螢光綠、橙色和紅色。喧嘩聲逐漸大了起來，蓋過個人的聲音。在前排的窗戶外，隔著一條狹小的街道，對面是另一棟玻璃帷幕大樓，兩棟樓近到你幾乎可以瞥見對面那棟大樓裡攤在桌上的報紙。側邊的窗外下方是一棟1920年代的建築，它的內縮屋頂是裝飾藝術的傑作：台柱上豎立著戴著兜帽的人像，簷壁上有旭日、羽翼生物、含意早已遺忘的神祕符號。銀行人員在工作的空檔會低頭凝視這些失落的文明，對過去那個充滿魅力的年代興起一絲懷舊感，爵士時代（Jazz Age）的記憶像是鬼魅一般，縈繞著這條著名的街道。

　　交易員坐定位之後，開始打電話到倫敦，詢問昨晚的市況。了解市況後，他們一一接掌交易帳戶，把風險移到紐約，持續追蹤帳戶，並交易到當晚東京開始上班為止。這些交易員分屬三個不同的部門：債券部（通常稱為固定收益部）、貨幣部、大宗商品部，樓下有個規模差不多的交易廳，那是股市部。每個部門又細分為交易員和業務員，業務員是負責說服客戶（退休基金、保險公司、共同基金，亦即管理全球資金的機構）投資，或是找銀行的交易員執行交易。客戶決定這麼做時，業務員接受他們的買單或賣單，像是買賣國庫券或某幣別（比如美元兌日元），單子則是由負責為那交易工具造市的交易員來執行。

　　杜邦退休基金（DuPont Pension Fund）讓原本平靜的一天充滿了生氣，這個客戶一早便送來唯一的大交易。杜邦累積了7.5億美元的員工退休金，需要妥善投資那些錢。他們決定投資十年期的美國國庫券，利息收入可用來支付退休員工的退休金。現在才9點30分，時間還早，多數市場還沒有什麼動靜，但是杜邦的基金經理人想趕在下午以前執行這筆交易，因為下午聯準會將宣布是否升降息。即使金融圈普遍預期聯準會不會調整利率，但基

金經理人並不想承擔沒必要的風險。此外，最近幾個月，她也一直擔心股市的多頭狀態無法持久，很可能出現暴跌。

基金經理人掃視電話鍵盤上四、五家她比較想交易國庫券的銀行。摩根士丹利（Morgan Stanley）昨天傳給她一份頗有見地的研究報告，或許應該給他們一次機會；高盛的價格可能比較有競爭力；德意志銀行的服務挺好的，去年夏天他們歐洲的業務員還請她去參加亨利皇家賽舟會（Henley Regatta）。她猶豫不決了片刻後，決定不找這些銀行，而是給老友艾思美一個機會，她按下直撥鍵，不像平常那樣寒暄幾句，而是直接說道：「艾思美，馬上買進7.5億美元的十年期國庫券。」

艾思美是業務員，她搗住話筒，對著國庫券部門的交易員大喊：「馬丁，買進7.5億，杜邦！」

交易員馬上回應：「這是競價嗎？」意指杜邦是否也向別家銀行詢價了。競價的好處是杜邦可以確保它拿到好價格，缺點是多家銀行會知道有個大買家，可能導致它還沒買到國庫券之前，價格就先跳高了。不過，現在的國庫券市場競爭激烈，價格透明度已經不是問題，所以權衡利弊後，或許杜邦暗暗地做這筆交易還比較有利。艾思美回應馬丁那筆交易「非競價」，但又補了一句：「打出這筆交易，大戶，是杜邦。」

馬丁盯著他的經紀商螢幕，看到十年期國庫券的報價是100.24～100.25，意指一家想買進的銀行出價100.24，另一家想賣出的銀行出價100.25。交易員把出價輸入螢幕，以避免打電話到其他銀行詢問誰想交易的麻煩流程（在這方面，證券經紀人和不動產經紀人沒什麼兩樣），也可以維持匿名。目前螢幕上顯示的賣出報價只有1億美元，如果馬丁給杜邦7.5億美元的報價是100.25，他無法保證以那個價格買進另外的6.5億美元。

　　為了決定合適的價格，馬丁必須依賴他對市場的感覺，看市場有多深。換句話說，在不改變價格下，他可以買進多少；究竟市場是上漲、還是下跌。如果市場感覺走強，賣方不多，他的開價可能需要高於螢幕價格一些，例如100.26或100.27。相反的，如果市場感覺疲弱，他可以直接開價100.25，等市場下跌。不管他的決定是什麼，都需要承擔很大的風險。不過，整個早上馬丁已經不自覺地想好螢幕上的交易模式（高點和低點、交易規模、移動速度等等），並把那個模式拿來和記憶中的交易型態相比。現在他在腦中思考各種可能的情境及各種選項，每個考量都讓他的身體產生微妙迅速的轉變，也許是肌肉稍稍的緊繃、恐懼的顫抖或幾乎無法察覺的興奮，直到他挑中一個感覺恰當的標的。馬丁有種預感，而且他愈來愈相信市場會走弱。

　　「報價100.25。」

　　艾思美向杜邦轉告報價，並馬上大聲地回應馬丁：「成交！馬丁，感謝！幹得好！」

　　馬丁沒注意到後面那句老套的恭維，只聽到「成交」，他現在進入一個風險狀況，他賣出7.5億美元尚未持有的國庫券（賣出你沒持有的證券叫做「賣空」），需要從市場中買進回補。今天的市場看起來沒多大的威脅性，狀似清淡，但是這種缺乏流通性的狀態本身就是一種風險：如果市場交易不活絡，大筆交易會對價格產生不成比例的影響，如果他交易時不夠低調隱祕，可能會把價格拱高。此外，消息本質上是不可預知的，所以馬丁不能讓自己鬆懈下來。十年期國庫券遇到金融或政治危機時，是大家公認的避風港，單日價格可能上漲高達3%，萬一現在出現這種情況，馬丁的損失會超過2,200萬美元。

　　他馬上從連接全球各地辦公室的對講系統廣播，說他想以

100.24買進十年期國庫券。過了幾分鐘，香港夜班的業務員回應，中國銀行（Bank of China）會以100.24賣給他1.5億美元。美國及加拿大各地的業務員也紛紛回應，交易規模不一，最後總計是1.75億美元。馬丁很想就此結算這小小的獲利，補完其他需要的國庫券，但是現在他的預感開始應驗了，市場正在走弱，愈來愈多客戶想要賣出。市場的價格開始緩慢下跌，先是100.23～100.24、100.22～100.23，然後是100.21～100.22。這時他在螢幕上輸入100.215的出價，以當時市場下跌的走勢來看，這買價看似有點高。馬上就出現第一個賣家，賣給他5,000萬美元，接著其他賣家也紛紛上門，交易金額累積到2.25億美元。這時他行的交易員看到螢幕上顯示的交易規模，意識到原來有個大買家在吃貨，於是開始反向操作，當著馬丁的面買進國庫券。這時價格重新上漲，馬丁趁自己仍有獲利時，連忙提高出價，先是出價100.23，然後是100.24，最後一批的買價是100.26，比他賣出的價格稍高一些，不過無所謂，他已經以稍低於100.23的均價補回他以100.25賣空的國庫券。

　　馬丁在45分鐘內買進他需要的國庫券，賺了50萬美元，艾思美獲得25萬美元的業績（業績數字決定她年底的紅利獎金，那業績代表部分的交易獲利，歸功於她和客戶建立的關係。由此可見業務部和交易部經常爭吵的話題，就像貓狗大戰一樣）。業務經理走過來向馬丁道謝，謝謝他幫他們把大戶的關係又拉近了一步。客戶看到她的買價比目前的市價100.26還低也很滿意，可說是皆大歡喜。只要多點像今天的日子，即使今年才過三個月，大家已經可以開始暗示管理高層，他們對今年的紅利有很高的期許了。馬丁帶著一股所向無敵的氣勢，漫步到茶水間，大家在他的身後竊竊私語：「那傢伙真的很猛，以現價賣出7.5億美元。」

　　以上情境是描述交易廳運作順遂的情況。一般而言，國庫券交易桌不太會出現太糟的情況。當然總是有那麼幾天，甚至幾個月，情況比較不順，但是真正致命的事件（例如金融危機）通常是衝擊其他的交易桌，因為一般認為國庫券的風險比股票、公司債或抵押擔保證券等資產還小。所以金融市場受到危機衝擊時，客戶通常會急著拋售風險資產，買進國庫券，導致國庫券的交易量暴增，買賣價差擴大，波動性飆高。在那種情況下，馬丁可能一天就為數十億美元的交易出價好幾次，獲利不再是1分、2分，而是半點──一次賺500萬美元。在危機期間，國庫券交易桌通常可以獲利許多，有助於彌補其他信用風險較高的交易桌所衍生的虧損。

　　在交易廳裡，國庫券交易桌的地位特殊還有另一個原因：國庫券有無可匹敵的流動性。如果客戶可買賣大量的債券，又不需要支付很大的買賣價差和佣金，那個債券就有流動性。在一般情況下，客戶可用現價（假設是100.25）買進十年期國庫券，必要時馬上以低1分的價格出售。相較之下，公司債的買賣價差通常是10分～25分，有些交易的價差甚至高達1美元、2美元。國庫券市場是所有債券市場中流動性最高的，所以最適合大筆交易與迅速執行，是最好的交易工具。

　　該市場所需的交易員也要有對應的技巧，像馬丁那樣的交易員需要迅速為客戶的交易報價，在市場出現不利變動之前，靈活地回補部位。當市場加速變化時，更要迅速反應，因為那時已經沒時間思考了。如果馬丁想避免在市場走跌時持有國庫券，或避免在市場上漲中遭到軋空，他必須在瞬間出價與執行交易。在此情況下，他的行為不再像理性經濟人那樣權衡著效益、計算著機率，而是像上網截擊的網球選手。

　　現在我們將以教練看待運動員的方式，來觀察馬丁的交易，把它當成一種身體活動。前一章我們看到，人類大腦的進化是為了協調肢體的動作，這些動作必須非常迅速，才能符合這個世界的本質。如果我們的動作必須迅速，思考也必須迅速，則我們需要依賴預先注意處理（pre-attentive processing）、自動運動反應（automatic motor responses）、直覺。這些流程比理性意識還要迅速，幫助我們在瞬間協調思考和行動。我們會看到一些研究顯示，當我們做決策及冒險時，其實我們完全不知道大腦中發生了什麼事。

　　本章中，我們先離開交易廳，轉而造訪其他圈子。在有些圈子裡，反應的速度攸關存活（例如野外與戰爭）；在有些圈子裡，反應的速度攸關成敗（例如體育和交易）。在下一章中，我們將探討直覺。這些章節將提供我們需要的科學知識和背景故事，有助於我們在後續的章節回到交易廳，看到馬丁和同事在迅速變化的市場中運作時，可以了解那究竟是怎麼回事。

快速反應之謎

　　在進化的世界裡，危險的東西常高速朝我們而來。一隻獅子從100英尺遠的地方，以50英里的時速衝過來，可能在一秒內就咬住我們的脖子，讓我們沒時間跑開，爬樹，拉弓，或甚至思考該做什麼。在戰爭中，以時速65英里從30英尺遠的地方射出的矛，會以300毫秒多一點點的時間（約三分之一秒）刺穿我們的胸膛。當掠食者和投射物瞄準我們時，我們沒有時間逃離，爭取存活的反應時間短到連我們的意識都難以想像。在史前的數千年間，生死之差往往只有千鈞一髮的反應時間。進化就像奧運會的

預選資格賽，隨時以碼表計量著時間，分秒必爭。

　　如今的世界與過去無異，體育、戰爭或金融市場也是分秒必爭。在體育方面，我們持續精進規範和設備，彷彿回到了叢林，不斷地突破生理上的速限。以時速90英里投出的板球，在500毫秒內飛過22碼的距離，進入打擊者的三柱門。以時速140英里發球的網球，在400毫秒內就會飛到發球線。足球的罰球在290毫秒左右就能飛過36英尺進門。冰上曲棍球的球餅從藍線擊出，200毫秒內就會打到守門員的面罩。在這些例子中，這些投射物的移動時間都不到半秒，所以接受物件的運動員只有一半的時間決定要不要揮棒或揮拍，或跳向左邊或右邊，或去接球餅，因為剩下的時間必須用來啟動肌肉或運動反應。

　　以上描述的時間都很短暫，但都比不上人類身體反應的神奇速度。一般人認為乒乓球是休閒活動，乒乓球擊中後，是以70英里的時速移動，但是玩家之間可能僅隔14英尺到16英尺，所以對手只有約160毫秒的時間可以反應，輸贏之差只在數千分之一秒。短跑選手的反應時間也是如此，從離開起跑台就非常迅速，對鳴槍的反應只有120毫秒多一點點，有些選手的反應甚至逼近100毫秒，所以後來比賽愈來愈常使用「靜音槍」。這種起始的槍聲是從每位跑者後方的電子喇叭發出聲響，如此一來，每位跑者都可以同時聽到起跑訊號。如果不用這種喇叭，外圍跑道的跑者會晚30毫秒才聽到槍聲。

　　我們也可以看一下體育界最危險的位置之一：板球的守備員。在板球場上，這個勇敢的球員蹲下來，處於準備狀態，離打擊者只有14英尺到17英尺（有些人靠得更近）。在沒戴手套下，他等著打者一擊出，就去接球或閃開。板球比棒球稍大一些，也比棒球硬上許多，打擊速度可高達時速100英里。守備員必須先

注意不被板球棒擊中，接著在90毫秒內（不到十分之一秒）對飛過來的投射物做出反應。最接近打擊者的位置有個貼切的稱法：「傻點」（silly point）❶，甚至可能發生死亡意外。印度球員拉曼‧蘭巴（Raman Lamba）在背小內野（另一個非常接近打擊者的位置）守備時，被球擊中太陽穴而喪命。

　　空手道和拳擊之類的觸身運動也同樣致命，會造成更多的傷害，拳擊的速度相當駭人。「叢林之戰」（Rumble in the Jungle）是1974年穆罕默德‧阿里（Muhammad Ali）和喬治‧福爾曼（George Foreman）在薩伊首都金夏沙爭奪拳王頭銜的比賽。當時諾曼‧梅勒（Norman Mailer）在現場報導，他描述阿里在拳擊場邊熱身的情況，「不時對空迅速揮動十幾拳，令人眼花撩亂，時間不到兩秒。一秒鐘、兩秒鐘，兩秒內就揮了12拳。」如果梅勒說的數字沒錯，阿里的拳從揮出到結束約166毫秒，但福爾曼只有一半的時間可以迴避他的拳頭。事實上，後來有人用比較科學的方式測量阿里的左刺擊，一拳的速度只比40毫秒多一點點。

　　所以，運動員面臨板球或曲棍球球餅等迅速移動的物件時，通常無法成功攔截；拳擊手也很難閃躲對方的揮拳。如果運動員成功攔截的機率是三分之一（例如優秀的棒球打者），他的成功率就接近許多野外的掠食動物了。例如，獅子接近羚羊或野狼接近鹿時，牠們成功捕食的機率也是三分之一。體育界像自然界一樣，激烈的競爭把反應速度推向了生理極限。

　　我們雖然沒有奧運選手那樣的反應天賦，卻常需要以他們的速度反應，尤其是在路上。時速70英里的駕駛人看到前方75英尺

譯注❶：又譯「正面接近位置」。

圖4　反應速度。2011年喬維夫里．宋嘉（Jo-Wilfried Tsonga）在溫布敦網球公開賽上伸手截擊。假設他的對手諾瓦克．佐科維奇（Novak Djokovic）是以時速90英里從底線反拍擊球，宋嘉只有300毫秒多一點點的時間可以反應。

圖片來源：英國的凱特（Kate）拍攝，維基共享資源。

有一輛車誤轉進迎面車道時，他只有370毫秒可以迴避，在這種情況下，只有三分之一的成功閃避率，可想而知，很多汽車因此撞毀。

　　把我們在野外、體育界、路上，甚至金融市場中身體需要的反應速度，拿來和神經科學的某些研究結果相比，會出現一些麻煩的問題。以下面的奇怪事實為例：影像觸及視網膜後，需要約100毫秒（亦即十分之一秒），大腦才會意識到。大家先暫停下來想想這句話，你很快就會對這句話感到不安。我們通常以為，當我們環顧周遭的世界，或是在看台上觀看比賽時，是在看現場的實況，結果卻不是：我們看的其實是舊聞。等我們意識到看見的東西時，世界早已繼續發展下去了。

　　問題出在我們的視覺系統出奇地緩慢，光線觸及視網膜時，光子必須先轉成化學訊號，再轉成可傳送神經纖維的電子訊號。接著，電子訊號再傳送到大腦後方一個叫「視覺皮層」的地方，再向前沿著兩條不同的途徑投射，其一是處理我們看到的物件身分（有些研究人員稱之為「內容流」），另一是處理物件的位置和動作（亦即「地點流」）。這兩流必須結合成統一的形象，物件的圖像才會出現在我們的意識中。整個流程出奇緩慢，前面提過要花十分之一秒，那延遲雖然很短暫，卻讓我們的意識老是慢事件一步。

　　神經學家發現，我們觀察世界的實況時還有另一個問題。我們認為眼睛是持續客觀地幫我們記錄眼前的景象，就像電影的攝影機一樣，但眼睛其實不是那樣運作的。如果我們持續記錄眼前的視覺資訊，當眼睛從一景轉向另一景時，我們會浪費很多的時間看模糊的影像（可能還會引發頭痛）。更重要的是，光是那龐大的資料量便讓我們吃不消了，多數的資料都和我們的需求無關。就像網路直播串流會占用大量的頻寬一樣，如果我們記錄看到的所有東西，大腦也會吃不消。為了避免無謂地消耗注意力，大腦對視覺影像是採取抽樣的技巧，而不是完整地攝錄下來。我們的眼睛停在視野內的某處，拍下快照後，就跳往另一點，再拍快照，又迅速移開，就像蜂鳥在花朵間飛來飛去一樣。我們基本上沒注意到這流程，眼睛改換地點時也不會覺得視覺模糊，因為眼睛從一景跳到下一景時，視覺系統會自動停送影像到我們的意識中。此外，我們也不會察覺視覺出現這樣的跳動和間歇的中斷，因為大腦會把這些影像流暢地剪接成電影一般。我們可能每秒視覺跳動多達五次，所以每次視覺轉換至少需要五分之一秒的時間。

　　現在我們回頭看體育運動，會發現有些數字似乎兜不起來。如果站在「傻點」的板球運動員還沒意識到球來了，他如何在十分之一秒內接住或閃避那顆球？如果他移動眼睛的時間，已經比接球或閃球的時間長兩倍了，他怎麼注意到那顆球？在思考這些數字時，我們甚至還沒考慮到：基本的認知決定或推論還需要額外的300毫秒～400毫秒，神經把運動指令傳到肌肉也需要約50毫秒。上述數字讓人聯想到的畫面是：一個內野手準備就緒，僵在原地，眼睛像蠟像般盯住前方，球直接飛過他脆弱又不動的頭。

　　我們對運動員的疑惑，也可以拿來質問比板球更迫切的情境：如果我們的意識是在事件結束後才抵達現場，人類如何在這個步調迅速又殘酷的世界中生存？這是個令人費解的問題。但是提出這個問題可以讓我們了解，為什麼以下的觀點是錯的：把大腦視為中央處理器，像攝影機那樣記錄客觀的景象，以理性、有意識、推論的方式處理這些資訊，決定恰當與想要的行動，然後對肌肉（喉頭或四頭肌）發出動作指令。這些步驟都需要時間，如果我們先天就是這樣運作的，生活會變得非常吃力。如果每個動作都需要意識思考，體育賽事會變成奇怪的慢動作場面。更糟的是，在自然界或戰爭裡，如果我們這樣運作，老早就敗給速度更快的猛獸了。

我是攝影機嗎？

　　事實證明，這一連串的大腦事件裡，每一步都有點不太對勁。眼睛是拍下快照，而不是錄下電影，這些快照也不是客觀寫實地記錄外在的世界。我們接收的一切感官資訊都遭到竄改，就像電視上的新聞為了吸引我們的關注、方便理解、加速反應，已

經過濾、扭曲、詮釋過了。

　　以意識的延遲為例，從我們看到某個移動的東西，到意識到那個東西，中間延遲了十分之一秒。那延遲讓我們永遠處於風險中，所以大腦的視覺迴路以一種巧妙的方式幫我們迴避風險。大腦會先預期物件的實際位置，把我們後來看到的視覺影像移到那個假設的新位置上。換句話說，你的視覺系統會把你看到的東西快轉播放。

　　這方法實在很聰明，但我們如何證明這是真的呢？神經科學家巧妙地欺騙大腦揭露了這個祕密，他們用探索「閃光滯後效應」（flash-lag effect）的實驗，記錄了視覺的快轉效果。在這個實驗中，研究人員讓受試者看一個藍圈，那個藍圈裡有另一個黃圈。小黃圈不斷地閃爍，所以你看到的是黃圈在藍圈裡閃動，接著藍圈開始在電腦螢幕上移動，你應該會看到移動的藍圈裡有個閃爍的黃圈，其實不然，你看到的是藍圈到處移動，閃爍的黃圈落後藍圈約0.25英吋。為什麼會這樣？因為藍圈移動時，你的大腦因那十分之一秒的意識延遲，先把它的影像移到預測的實際位置，但是大腦無法預測閃爍的黃圈，並未先移動黃圈，所以黃圈看起來是落在藍圈之後。

　　眼睛和大腦為了加速我們了解世界，還有很多類似的技巧。我們的視網膜通常會把焦點放在移動物件的前緣，幫我們追蹤物件。我們的視野下半部會處理較多的資訊，因為地面上看到的東西通常比天上多。我們把物件分成三組或四組以感受數量，而不是去數有幾個，這流程稱為「立即辨識」（subitising），在戰場中用來評估敵手的數量時很好用。當物件以特定的方式移動、經常改變方向、或避開其他物件時，我們馬上直覺假設那物件是活的，之後才會更仔細確認。

　　當我們對聽力的依賴多於視力時，反應時間也會加快，這話乍聽之下或許令人意外，畢竟光線傳送的速度比聲音還快，所以影像會比聲音更快觸及我們的感官，但是眼睛和耳朵得到感應後，處理迴路的相對速度就反過來了，聽力變得比視力更快、更靈敏，大約快了25%。回應聽覺信號的速度最多可比回應視覺信號的速度快50毫秒，原因在於耳朵裡的聲音受體比眼睛的受體更快、更敏銳。許多運動員（例如網球或桌球選手）很依賴球碰到球拍或球棒的聲音，那聲音對他們來說就像球體的運動軌跡一樣重要。猛力揮出的球和斜擊球或旋轉球的聲音不同，這資訊可幫球員節省攸關勝負的關鍵幾毫秒。

　　如果我們把外在事件的發生和我們感受到的時間延遲加總起來，會發現以下有趣的事實。事件發生在遠處時，我們是先看到，之後才聽到，例如先看到閃電，再聽到雷聲。但是事件發生在近處時，我們是先聽到（因為聽覺系統較快，視覺系統較慢），稍後才看到。不過，有時候影像和聲音是同時發生的，那個點離我們約10米到15米，稱為「同時視野」（horizon of simultaneity）。

　　「聽覺較快」這個事實可讓交易員搶快競爭對手一步嗎？如今交易廳的價格都是顯示在電腦螢幕上，不過聲音報價的技術的確存在，盲人就是使用這種工具，聽起來很像錄音帶快轉播放的聲音，那種報價方式可讓交易員享有快40毫秒的優勢，沒快多少，但是在迅速變動的市場中出價或取消報價時，也許有決定性的效果。

　　交易員善用聽力可能還有另一個優勢。實驗心理學的研究發現，人運用愈多的感官知覺時，感官敏銳度和整體注意力都會提升。換句話說，視覺搭配聽覺後會更敏銳，兩者再搭配觸覺後

也會更敏銳。對於這種現象，研究人員的解釋是：來自兩種或多種感官的資訊，比來自於一種感官的資訊，更有可能如實地呈報事件，所以大腦會比較重視多感官的資訊。許多比較老式的交易廳可能在無意間享有這種多感官的優勢，因為他們和期交所之間有對講機，有播音員播報債券期貨的價格：「1，2……1，2……3，4……4沒了，5取消，6，現在是6……」等等。後來有了電腦報價服務，很多公司覺得這種語音報價很落伍，因而停用這種方式。但是加入第二種感官資訊可能是有效提升交易員注意力和反應的良方。

比意識先知道

這些傳到意識的資訊做了臨時的調整後，可避免我們永遠落在現實世界之後。但大腦還有另一種更有效的方式，避免你因意識落後而受害。當你需要迅速反應時，大腦會完全排除意識，直接仰賴自動的反射動作，名叫「預先注意處理」。預先注意處理是一種感知、決策和動作起始，不需要和意識大腦協商，在大腦還不知道發生什麼事之前就發生了。

這項流程對我們的生存很重要，埃里希・馬里亞・雷馬克（Erich Maria Remarque）的著作《西線無戰事》（*All Quiet on the Western Front*）對此做了最佳的描寫，書中描述一次大戰期間一位在戰壕裡服役的士兵。雷馬克指出，士兵在前線想要生存，必須迅速學習從一般的喧囂中聽出殺傷彈所發出的「幾乎聽不到的惡意雜音」，因為這些砲彈會害死步兵團。經驗老到的士兵聽得出來，即使在砲聲隆隆下也能迅速反應，保住大家的性命。雷馬克指出：「砲彈傳出第一陣嘯鳴時，我們衝了回去，是體內甦醒

的動物本能領導與保護著我們，不是意識，它比意識更快、更確定、更不容易犯錯。那很難解釋，一個人本來漫不經心地走路，突然往地上一趴，一陣砲彈碎片從上方飛過，他毫髮無傷，但是他不記得剛剛有聽到砲彈飛來，或有想要趴地的意念。如果他剛剛不順著衝動行事，現在已經血肉模糊了。體內的第二個判斷力在我們毫無知覺下，讓我們立刻趴下，救了我們一命。」

　　神經學家老早就知道，大腦中處理的東西大都是前意識（pre-conscious）。有些科學家計算了人類意識的頻寬，為這個事實帶來了令人信服的證據。例如賓州大學的研究人員發現，人類視網膜每秒傳輸約1,000萬位元的資訊到大腦，跟以太網路的連線傳輸差不多。德國的生理學家曼弗雷德·齊瑪曼（Manfred Zimmermann）發現，其他的感官每秒會記錄額外100萬位元的資訊，所以其他感官的每秒頻寬傳輸1,100萬位元。然而，那麼大量的資訊流通中，每秒送達我們意識的資訊卻不到40位元。換句話說，我們只意識到一丁點送進大腦處理的資訊。

　　盲視（blindsight）現象是這種前意識的有趣例子，這種現象先是有人好奇發現的，後來在一次大戰期間引起了醫療關注。醫務人員發現，有些士兵因子彈或砲彈傷了視覺皮質而眼盲，但是有物件從他們的頭頂上拋過時（例如球），他們仍會低頭閃躲。這些盲眼士兵是怎麼「看到」的？後來發現，他們是使用大腦比較原始的部分。光線進入眼睛時，其訊號循著前面提到的路徑傳到視覺皮質，那是大腦中比較新的部位。不過，部分訊號會傳送到中腦（midbrain）皮質下方的「上丘」（superior colliculus）（請見圖5）。上丘是古腦核（一群細胞），以前是用來追蹤物件（例如昆蟲或迅速移動的獵物），所以爬蟲類用它來快速伸舌。現在古腦核上覆蓋了後來演化的先進系統，不過它仍有作

用，並不複雜，它無法區分顏色、識別形狀或辨識物體，上丘看到的世界就像透過毛玻璃看到的景象，但它會追蹤動態，啟動注意力，把頭轉向移動物件的方向。而且速度很快，一些科學家說，它的速度快到讓板球的打擊者或守備員迅速地追蹤板球。盲視運作時，我們毫無知覺。

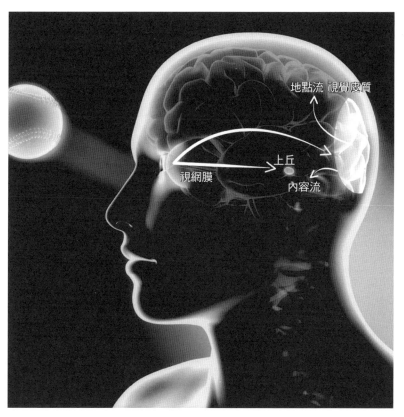

圖5　視覺系統。視覺影像是以電脈衝傳送，由視網膜傳到大腦後方的視覺皮質，接著沿著「內容流」（辨識物件）和「地點流」（確定地點和移動）傳出。另一個比較舊、也比較快的視覺訊號傳送路徑，是把訊號送到上丘，那裡可以追蹤到迅速移動的物件。

圖片來源：CLIPAREA.com，客製化媒體。

　　我們會預先注意到外界的哪些東西呢？當守備員準備就緒，蹲在場上，像雕像般動也不動時，他的眼睛盯著某處，無法掃視。在他的視野裡，什麼東西會引起他「預先注意處理器」的關注呢？對此問題，我們還不知道完整的答案，但我們的確知道一些東西。我們會像盲視現象一樣，預先注意到移動的物件，尤其是動態物體。我們會注意某些原始威脅的影像，例如蛇和蜘蛛。我們也很容易聽到人聲，看到臉蛋，尤其是負面表情，例如恐懼或憤怒。大腦會在15毫秒內迅速記下這些物件（這當然不包括自動反應的時間），在我們毫不知情下影響我們的思考與心情。事實上，我們常在不知道什麼東西或是誰以前，就先入為主地覺得我們喜歡或討厭某物或某人。潛意識廣告（subliminal advertising）曾經運用前意識形象的速度和威力（尤其是與性愛有關的東西），改變我們的消費決定。這種前意識處理（pre-conscious processing）也會影響反射動作及自動化行為的運動指令。

　　其中一種反射動作是驚嚇反應，那是迅速、無意識的肌肉收縮，目的是讓我們從突然的威脅中退縮，就像逃跑的章魚那樣。景象和聲音都可能觸發驚嚇反應。砰然大響令人受驚，視野裡有東西迅速靠近也會讓人嚇一跳。視覺偵測到物體快碰到我們的方式非常巧妙：視野中影子的對稱擴張會啟動驚嚇。影子擴大表示物件逐漸接近我們，對稱意味著物件是朝我們直來。這種前意識物件追蹤功能相當精準，如果影子擴大是不對稱的，大腦會判斷物件差五度才會擊中我們，所以不會啟動驚嚇反應。驚嚇反應（從感官刺激到肌肉收縮）相當迅速，頭部會在70毫秒內反應，身體因為離大腦較遠，約在100毫秒反應。巧合的是，那大約也是「傻點」守備員接到擊球所需的時間。守備員很可能是依賴驚

嚇反應，達到那種神乎其技的反應速度。所以，如果板球是朝著守備員的頭部直來，他或許真的可以在那瞬間接到或閃躲板球。

　　除了驚嚇反應之外，我們如何迅速因應運動及日常生活中朝我們丟來的挑戰？上一章提到，人類有很多動作是演化沒幫我們準備好因應的，例如體育活動、舞蹈、現代戰爭，甚至交易也是。這些後天學來的動作是如何變成習慣，達到在運動中致勝或在野外生存所需的速度？為了回答這個問題，我們應該先了解反射動作與自動化行為的基本原則：神經系統愈進化（從脊椎到腦幹，再到處理自主動作的皮質），需要的神經元愈多，神經訊號涵蓋的距離愈長，反應愈慢。所以為了加速反應，大腦通常在學會動作以後，把動作的掌控交給大腦中比較低階的部位，由那部位負責儲存不加思索的自動慣性行為。許多經由學習變成自動化的行為，都可以在120毫秒內啟動。

　　有一個大腦掃描研究揭露了這個流程，它是探索人類如何學習俄羅斯方塊遊戲。研究一開始，學員的大腦有很大片區域都亮了，顯示複雜的學習和自主運動流程。但是他們熟悉遊戲以後，動作開始產生慣性，大腦皮質的活動漸漸平息，大腦使用較少的葡萄糖和氧氣，反應速度大增。學員一旦掌握遊戲的訣竅，就不再思考遊戲。這份研究和其他類似的研究證實了一句俗話：學習開始時，我們起先「不自覺沒能力」（unconscious incompetence），接著我們「自覺沒能力」（conscious incompetence）；然後訓練開始，我們「自覺有能力」（conscious competence）；等熟悉新技巧後，也接近了訓練的尾聲，我們變成「不自覺有能力」（unconscious competence）。所以，我們可以說，人類只有在對活動不內行時才會思考。

　　最後一點，這些自動反應雖快，對我們面臨的許多高速挑

戰來說還是不夠快，因為它們是被動反應，所以會讓我們反應稍微落後。優秀的運動員不習慣癡癡地等候球或拳頭出現，或等對手出擊，他們會主動預期。棒球的打者會仔細端詳投手，縮小投球範圍的臆測。板球守備員的大腦會記下打擊者的姿勢與眼神的上百個小細節，甚至在投手拋球之前就已經動手抓球了。拳擊手在揮拳及閃躲對方出拳時，也會前意識地掃視對手的步法和頭部動作，在對方站好位子準備揮拳時，注意他穩定肌（stabiliser muscle）透露的跡象。那些資訊讓接收訊息的運動員啟動熟悉的動作反應，讓大肌肉群做好準備，當球或拳頭還在半空中時，雖然能做的事不多，但可根據其飛行軌跡做微調。熟練的預期可有效降低全身上下生理機能的反應時間。

這裡我們以肯‧德萊登（Ken Dryden）的描述來結束這段討論，德萊登是傳奇的冰上曲棍球守門員，也是說話最有條理的運動員之一，他提到主動預期和自動化行為的重要：「球餅接近我或威脅接近時，我的意識會陷入一片空白，毫無感覺，也聽不到任何聲音，我的眼睛注視著球餅，身體移動──像守門員移動那樣，像我在移動。我並未叫身體移動，或是告訴身體怎麼移動，或是移到哪裡。我感覺不到它的移動，但它就是動了。當我的眼睛注視著球餅時，我看到自己也沒意識到的東西……我看到射門者抓球棍的方式，他的身體彎曲與旋轉的方式，他被阻擋的方式，他之前的舉動透露出他即將做什麼。這時我的身體動了起來，我讓身體自己移動，相信它，也相信移動它的潛意識。」

總之，人類在漫長的演化期間，培養出加快反應的許多技巧。在前面的討論中，我只提到幾種驚人的小技巧，不過我想，說明它們的運作方式已經足以顯示，我們為了在野外和戰爭中生

存，為了在運動中獲勝，為了買進大量債券以轉賣給杜邦，我們有多麼依賴這些迅速反應了。

背後機制

我們的反應經常快到不需要用到意識，知道這個令人頓悟的事實後，我們不禁要問：那意識在我們生活中是扮演什麼角色？我們感覺意識是在大腦裡，是從眼睛往外凝視，就像駕駛者從擋風玻璃往外看一樣，所以我們通常以為大腦和身體的互動就像人車互動一樣，選定方向加速，對著被動的機械裝置下指令。但是科學發現，事實不然。耶魯大學的經濟學家喬治·羅文斯坦（George Loewenstein）指出：「除了不可靠的內省之外，幾乎沒什麼證據可以證明行為完全是由意志控制的。」他說的沒錯，因為反應時間也告訴我們事實不然，我們通常是處在不假思索的自動運作狀態。

對柏拉圖學派的人來說，真相令他們更加震驚。1970年代，加州大學的生理學家班傑明·利貝特（Benjamin Libet）做了一系列知名的實驗，結果令許多科學家和哲學家難以接受。這些實驗本身很簡單，利貝特把一群參試者接上腦波導線（貼在頭皮上記錄腦電活動的小追蹤器），接著請他們決定做某事，例如舉起手指。他發現參試者的大腦在實際決定舉起手指前的300毫秒就準備行動了。換句話說，大腦啟動了動作以後，過了近三分之一秒，決定移動的意識才出現。

這些實驗顯示，意識只是在旁觀「已經做好的決定」，就像看自己的影片一樣。科學家和哲學家對這些現象提出許多解釋，其一是：意識可能不是用來挑選與啟動行動，而是在一旁觀察已

經做好的決定，並在必要時，於行動生效以前提出否決，就像我們自制時會壓抑不當的情緒或本能衝動一樣（我們多數時候可能都是處於不假思索的自動運作狀態，但那並不表示我們無法為自己的行動負責）。利貝特的實驗顯示，意識大致上是一種抵消自動控制的超馳機制（override mechanism）。他的實驗促使一位特別機智風趣的印度神經學家拉瑪錢德朗（V.S. Ramachandran）評論：我們其實沒有「自由意志」（free will），我們有的是「自由抑制」（free won't）。

　　意識看來似乎只是冰山的一角，但它的下面究竟是什麼呢？在我們理性意識的底下，究竟潛藏著什麼？十八世紀的德國哲學家康德對此問題提出一個特別有趣的答案：我們不知道那下面是什麼。康德認為我們之所以有意識——我們對這個統一、可理解的世界有持續的感覺——是因為我們的大腦建構了這個統一的體驗。如果大腦不建構這些感官知覺，這世界是一團亂。我們的大腦組織空間和時間之類的架構，讓我們體驗持續不斷的世界。大腦也組織因果架構，把前因後果連在一起，成為連貫的故事。康德認為，這些統一架構只適用於感官的表面，不適用於創造感官或感官背後的實體，我們永遠不會知道那些物體，那是無法理性分析的，對科學來說永遠是不解之謎。這些隱藏的東西只能透過藝術和宗教來摸索及隱約分辨。靈魂就是屬於這個黑暗世界，遠超越理性的知識範圍及因果的領域。康德對自由意志的看法，就是以這個論點為基礎。

　　康德的哲理對德國的思想留下深遠的影響。佛洛伊德受到康德理念的啟發，主張在我們的理性門面下，在我們潛意識的深處，有個魔鬼正煮著沸騰的大鍋，鍋裡翻滾著扭曲我們判斷力的嫉妒、性變態、弒父傾向。尼采也發現，在我們理性和道德的幻

覺底下，有股追求權力和統治的黑暗衝動。不過，現代的神經科學掀開了以往神祕的大腦，發現比十九世紀德國哲學家提議的實體更有價值的東西：一個精心設計的控制機制。這個機制之所以更有價值，是因為它為了讓我們活在步調迅速的殘酷世界裡，已經做了上千年的精確校準。人類很幸運能有這個機制，不然老早就絕跡了。當我們掀起大腦的神祕面紗後，並沒有看到康德那難以名狀的下方世界，尼采那超人的火山意志，也沒看到佛洛伊德那潛意識的可怕密室，而是很接近BMW內部構造的東西。

交易廳的快速運作

我們現在回到金融界，思考快速反應對風險承擔者的成敗與生存有多重要。像馬丁那樣的交易員經常面臨高速挑戰，需要同樣迅捷的反應。那些挑戰可能不需要「傻點」守備員那樣的反應速度，但交易員也經常面臨時間限制，他們決策和執行交易時，必須跳過理性的意識，改用自動反應，尤其在市場開始迅速變動、陷入瘋狂飆漲的時候更是如此。馬丁有義務把國庫券賣給客戶，否則可能會得罪業務團隊。他必須在賠錢以前盡速從經紀商的螢幕上或從其他客戶的手中買進國庫券。在這種情況下，交易就像玩「心臟病」（snap）撲克牌遊戲，先馳得點的人獲勝。

這個簡單的論點對經濟學有意想不到的寓意。一般人通常覺得金融決策只是純粹的認知活動，其實金融決策也是身體活動，需要某些身體特質。智商高、對股票與債券的價值別有洞見的交易員或許值得一聽，但是如果他們對風險沒有偏好，就不會根據看法行動，跟希臘神話裡的卡珊德拉（Cassandra）命運一樣：可預測未來，卻無法改變未來❷。即使他們可以精確地預測市場，

對風險有適切的偏好，卻因為反應緩慢而受限，那還是落後市場一步，無法在交易桌或金融市場的其他地方生存。

國庫券交易員就像一般的代客交易員（flow trader，和客戶交易，承接業務部轉來的單子），需要有一些特質：智商夠高，受過足夠的教育，對經濟有基本的了解；喜愛風險；旺盛的企圖心。除此之外，身體也要夠硬朗，必須長時間投入「視動搜尋」（亦即仔細檢視螢幕，找尋價格異常，例如十年期和七年期國庫券之間的價格異常，或債市和貨幣市場之間的價格異常），一次看好幾個小時。那樣的搜尋需要專心和耐力，不是每個人都做得來，就像不是每個人都能在四分鐘內跑一英里一樣。一旦發現價差，或是在大跌拋售期間發現有人出高價，交易員必須迅速搶在別人之前，以那些價格交易。可想而知，多數的代客交易桌（不管是交易國庫券、公司債或抵押擔保債券）會雇用一、兩位以前的運動健將，例如世界杯的滑雪高手或大學的網球明星。

交易所需的身體特質，在其他類型的交易廳裡更加明顯。在證券交易所或芝加哥商品交易所的債券與大宗物資交易廳裡，交易員的工作就像在摔角場內待一天，數百位交易員站在一起，擠來擠去。想和彼此交易時，就打出神祕的手勢訊號以吸引對方注意。當市場變動迅速，交易員需要吸引交易廳另一端的某人注意時，高度、力氣、速度在執行交易中都非常重要，願意把競爭對手擠開也很重要。可想而知，金融交易場上的女性並不多。

另一種交易型態也成了嚴苛的身體條件：高頻交易。這活動有時買賣的證券（債券或期貨合約）規模高達數十億美元，但是

譯注❷：她遭到阿波羅的詛咒，預言百發百中，卻無人聽信。

交易部位只持有幾分鐘，甚至幾秒而已。高頻交易員不預測市場未來一、兩天的走向，更不會像長期投資的資產經理人那樣預測明年的走勢。他們只預測市場的小變動，漲跌只在幾毛錢之間。一般而言，交易部位的持有期間愈短，交易員愈需要迅速反應。

　　話雖如此，有幾個很好的原因讓我們可以預期，交易所需的身體特質在金融圈裡會變得愈來愈不重要。現在有愈來愈多的活動已經電子化了，第一個、也是最大幅的改變跡象是實體證交所的關閉，例如倫敦證交所，現在改以大型主機負責撮合證券交易的買家和賣家。如今只剩幾個實體交易所有喧鬧的交易廳，面對面地執行交易，其中最有名的是紐約證交所和芝加哥商品交易所。

　　銀行的債券和貨幣交易也出現同樣的演變。許多銀行開始在電腦螢幕上列出流動性最高的證券價格，從國庫券和抵押擔保債券開始，接著讓客戶從螢幕上讀取那些資訊。這樣一來，客戶可以自己執行交易，不需要透過艾思美那樣的業務員。通常馬丁那樣的交易員會把某個交易量的價格輸入螢幕，例如2,500萬美元～5,000萬美元，客戶會以電子化的方式執行交易。但是像杜邦那種規模較大的交易，客戶還是比較喜歡找業務員。不過，銀行裡有很多人覺得代客交易員是恐龍，終究還是會絕跡。

　　或許交易員面臨的最大威脅是來自電腦化的交易運算法，俗稱黑盒子。交易員之間的惡性競爭很激烈，所以交易員的生涯對很多人來說是殘酷、野蠻、短暫的。想在業界生存，有賴天分、資訊、資本、速度上的相對優勢。不過，黑盒子的出現和誘人的速度，開始在金融界裡排擠人類的立足之地，這些電腦在數學家、工程師和物理學家組成的團隊（俗稱「計量人員」）及數十億資金的支持下，是以體育精英也無法理解的時間標準來運

作。黑盒子可以在10毫秒內接收大量的價格資料，分析價格異常或統計模式，挑選及執行交易。有些黑盒子已經把時間縮短至兩、三毫秒，下一代的黑盒子更是以微秒（百萬分之一秒）計算。現在市場裡的交易速度實在太快了，電腦的實體位置也會影響交易執行的成敗。例如，倫敦的避險基金在芝加哥商品交易所交易時，至少落後市場40毫秒，那是接近光速的訊號在兩個城市間來回所需的速度，再加上路由器的延遲，所以實際需要的時間比較長。多數使用黑盒子的公司會把伺服器設在和交易所同一個地方，以縮短電子訊號的傳輸時間。

許多黑盒子稱為「純執行」盒。這類盒子不找尋交易，只機械化地執行交易，盒子很擅長處理這類任務。例如，它們可以接下大額股票交易，這裡賣一點，那裡賣一點，減少對價格的影響。它們會先試探一下市場反應，找流動性高的地方，這作法稱為「pinging」，就像用聲納探詢海底深度一樣。當它們發現比現有價格稍低的地方潛藏著大量出價時，就執行大額交易。如此一來，它們可以在不撼動市場下，消化大量的股票。盒子做這種交易比人工更有效率，也比較迅速靈活。它們會像馬丁那樣拼湊杜邦那筆交易，只不過做得更好。很多管理者已經開始質疑，如果盒子可以做得跟人一樣好，而且不會吵著要紅利獎金，為何還要讓交易員花那麼多時間和心力來執行客戶的交易。

有些盒子不只執行交易而已，還會自己思考。如今盒子採用基因演算法之類的頂尖數學工具，也可以自己學習了。使用這種盒子的基金公司通常會雇用最優秀的程式設計師、解碼專家，甚至是語言學家，讓盒子解析新聞，下載經濟數據，加以詮釋，據以交易，這一切所需的時間比人類看一行文字還快。這類盒子成功吸引了大量資金的資助，如今許多大型的證交所裡，絕大多數

的交易量已經改由盒子執行，現在也沿用到貨幣市場和債券市場中。盒子日益主導市場交易，是市場上最重要的改變之一。我和很多人都覺得市場的發展愈來愈沒人味，現在我交易時，通常很難抓住市場走勢的跡象。

所以，像馬丁那樣的交易員很像在市場上為生存奮鬥。外人不知道的是，每天華爾街都會上演人機大戰。有些見識廣博的觀察家認為，交易員的氣數已盡，即將步上約翰‧亨利（John Henry）的後塵。亨利是十九世紀的傳奇鐵路工人，他和氣鑽機挑戰誰開鑿隧道比較快，結果力竭而死。

不過，有些人樂觀地指出，交易員比黑盒子靈活，更善於學習，尤其他們對市場的長期走勢更有看法，所以在很多情況下交易員還是比較快。在災難性事件發生後（例如信貸危機），市場波動增加，可以看到交易員反應比較靈活的證據。那時銀行和避險基金的經理人必須拔除許多盒子，尤其是那些做中長期價格預測的盒子，因為運算法無法了解新的資料，虧損金額開始擴大，人類必須迅速挺身而出，填補空缺。

2007年～2008年發生信貸危機時就出現類似的狀況，觀察證據和基金公布的統計數據，可以看到以下的成績：在高頻交易中，人機大戰的結果是平分秋色，兩者的獲利都創下歷史新高；在中期的價格預測方面（亦即幾秒到幾分鐘的預測），人類稍微領先盒子，代客交易員的獲利創記錄；但是在中期至長期的價格預測方面（亦即數分鐘到數小時或數天），參與這種時間長度的盒子是做統計套利和計量股票交易，人類的績效則優於盒子，因為只有人類了解央行與財政部官員的政治決策有何影響。所以，在人類交易與機器交易的首次大對決中，人類贏了，不過只是險勝，所以這種未來之戰輸贏不定，難以捉摸。

　　無論人機大戰的結果如何，這些機器的出現還是永遠改變了人類在金融市場中冒險搜尋的方式。政府與主管機構擔心這些改變，認為運算法的速度和不透明性可能導致市場難以駕馭，甚至金融崩解。

　　不過，對於這些快速機器的出現，還有另一種觀點。這些機器或許也解放了風險承擔者，機器讓我們把交易活動分解成好幾個組件，把各個組件交給最擅長處理的人或機器負責，亦即交易的分工化。我說過，以前交易員必須具備良好的判斷力，喜歡風險，身體反應利落等等。不過，現在判斷和速度的角色已經逐漸分工，尤其是在避險基金裡。許多公司禁止基金經理人自己執行交易，必須把交易交給執行桌來做，執行桌通常是採用「純執行盒」來下單。現在連交易員都不必對風險有特殊偏好了，風險承擔變成交易廳經理的責任。這種發展意味著，金融決策者只需要對市場有良好的判斷力就夠了。有些人對金融界有良好的判斷力但趨避風險，或不喜歡執行交易所需的身體條件，如今有了機器來代勞，就好像幫他們配備了冒險的替身，科技可以化解卡珊德拉的詛咒。

　　此外，把交易所需的身體條件移除後，或許金融圈會變得更公平，不再是年輕男子獨占的地方。未來的交易廳裡會看到男女老少更加平衡，人才挑選是根據他們的判斷優劣來決定，資金配置和交易執行之類的繁重工作則交給電腦負責。我會在本書稍後回頭談談女性在金融圈的重要性。

　　以上勾勒出來的未來遠景可能讓人產生一個誤解，我們可能因此以為身體在金融冒險中扮演的角色愈來愈不重要。我認為那想法是講不通的，交易的迅速執行確實可以交給電腦負責，但我們的身體依舊是在市場中致勝的關鍵，因為身體提供的資料或許

是最重要的，讓我們對市場產生判斷，那資料就是我們的直覺。
最近生理學和神經科學的研究發現，直覺不僅是傳說而已，而是
真實存在的生理現象。直覺的出現，是因為身體進行大量的資訊
收集活動。稍後我們會看到，人類的身體依舊是有史以來最先進
的黑盒子。

4
── 直覺 ──

　　金融市場充滿了預感、本能、直覺的故事，據傳這些感覺是由莫名的信念所組成，莫名地讓人覺得某筆投資注定會獲利或虧損，那信念往往伴隨著身體的徵狀。交易員與投資者提到的徵狀通常很古怪，例如市場下跌前咳嗽不停，市場上漲前手肘發癢等等。量子資本避險基金（Quantum Capital）的創始人喬治‧索羅斯（George Soros）坦言，他自己很依賴這種所謂的動物本能：「我積極操作基金時，老是腰痠背痛，劇痛開始發作時，我會把它當成投資組合有問題的訊號。」

　　這些訊號是怎麼運作的？當我們使用「直覺」這個字眼時，表示我們的腦子從身體收到了資訊，那顯然是寶貴的資訊。我們在第2章看到內感受覺的路徑如何讓大腦持續知道身體的狀態，那些訊號（例如心率、血壓、體溫、肌肉緊繃度等等）大都是為了滿足體內恆定的需求。然而，直覺的效用不僅於此，它還可以指引我們做最複雜的腦力任務，例如了解股市動態。心率、體

溫、免疫系統狀態的相關資訊如何做到那樣？有什麼證據可以證明大腦從身體收到的訊號可以幫我們做更高的決策？最近有很多證據顯示，從身體送往大腦的訊號是默默地行動，幾乎不會觸及意識，給我們幾乎難以察覺的感覺，卻產生強大的作用，影響我們的每個決定。不僅如此，要是少了它們的指引，連冷靜理性的經濟人❶也無法做事。直覺不僅真實，更是理性選擇不可或缺的要素。

　　當決策必須迅速時，直覺更是不可或缺。像馬丁今天早上的交易，只有一、兩分鐘可以為杜邦的交易報價，接著他只有半小時左右可以回補他賣出的國庫券。在這種情況下，他沒有餘裕接收所有的相關資料，考慮所有可能的選擇，權衡結果的機率，系統化地做決策樹分析，像工程師那樣花幾個月、甚至幾年解決問題。所以馬丁被追問決策時，需要迅速列出幾個選項和可能的結果，這流程讓他啟動了直覺來加速思考。

預感可信嗎？

　　我們在上一章看到，很多感知、思考和自動反應是在前意識（pre-conscious）迅速發生的。一些科學家研究前意識和意識思考的差異，為這兩種思考取了好記的名稱。康納曼稱之為快思慢想；艾里・克魯蘭斯基（Arie Kruglanski）及其同仁則是強調思考的運動元素，稱之為移動和評估；其他人稱之為冷熱決策。我比較喜歡把它們想成連線思考和離線思考。神經經濟學新領域的

譯注❶：在傳統經濟學中，經濟人是理論的基礎，在此假設下，經濟人的決策行為是理性的，能做出對自己最有利的決定。

三位創始人柯林・康莫若（Colin Camerer）、喬治・羅文斯坦、
卓瑞森・普瑞雷克（Drazen Prelec）調查這項研究，歸納這兩種
大腦處理的差異，稱之為自動思考與受控思考。他們指出，我們
的思考大都是自動發生的，在幕後默默、有效率、迅速地進行。

自動思考	受控思考
不費吹灰之力	需要費神
平行運作，許多步驟同步進行	依序進行，一次一步
大都是內省不到，找不到得出結論的思考步驟	大都是內省得到，可以回想起當時得出結論的思考步驟

　　鮑威爾・勒維齊（Pawel Lewicki）及其同仁的實驗可以清楚
說明自動思考的運作。實驗中，某個十字會出現在電腦螢幕的不
同位置，然後消失，他們請受試者預測十字的位置。受試者並不
知道十字出現的位置是有規則性、可預測的。不過，那規則太複
雜了，沒有參試者能明確抓出規則。即使參試者無法說出規則，
但是實驗久了，他們預測的位置會愈來愈精準。換句話說，參試
者是在前意識學習規則。這是很有趣的實驗，它顯示出很多我們
以為涉及意識的大腦流程，其實是發生在我們的意識之下。
　　交易員的直覺很可能是依賴這種前意識來處理相關性。我
提出這樣的主張時需要非常小心，因為這裡潛藏著很多議題。首
先，許多經濟學家和認知科學家爭論過直覺的可靠性。他們質
問，我們可以相信這種腦中突然冒出來的判斷嗎？直覺真的是大
家常宣稱的那種奇妙預兆嗎？行為經濟學家並不認同，他們以詳
盡又令人信服的方式證明，很多自動思考被偏見扭曲了，常為我

們帶來麻煩。有些科學家則反駁，許多自動思考的模式其實是為現實生活的問題做出有效率的調適，這一派以德國心理學家葛德・齊格瑞澤（Gird Gigerenzer）最為知名。既然說法分成兩派，問題依舊存在：如果直覺有時正確，有時錯誤，我們怎麼知道何時可以信任直覺？如果我們無法知道，坦白講，直覺就沒什麼作用了。許多經濟學家、心理學家和哲學家主張，我們應該多使用受控思考，運用邏輯和統計分析的校正作用，以克服第一印象的缺點。

　　為了回答「直覺可信嗎」這個問題，我們應該先確認直覺不是一種神祕的天分，而是一種技巧。這方面的深入解答來自於康納曼和心理學家蓋瑞・克萊恩（Gary Klein）的研究，他們雙方原本意見相左，後來兩人合作研究出答案。克萊恩是研究自然派決策（naturalistic decision-making）的心理學家，亦即專家實地做的決策。一開始康納曼懷疑直覺的可靠性，克萊恩則認為直覺是可靠的。他們釐清歧見時，發現他們之所以觀點不同，是因為他們研究的對象不同。克萊恩的研究對象已經培養出迅速決策的專業，例如消防員、醫務人員、戰鬥機飛行員，這些人確實都有值得信賴的直覺。康納曼的研究對象則是預測準確度跟偶發機率沒什麼兩樣的人，例如社會科學家、政治預測家、選股人，我們對這些人的看法本來就應該適度地存疑。所以究竟是什麼區隔這兩種人？為什麼有些人可以培養出技巧和可靠的直覺，有些人卻沒辦法呢？

　　康納曼和克萊恩首先一致認同，直覺是在辨識模式。當我們對某種遊戲或活動培養出技巧時，我們會為體驗過的模式及看過的結果建立記憶庫。之後，當我們遇到新情境時，會迅速掃描儲存的模式，從中找出最接近新模式的東西。例如，據說西洋棋

大師的腦中儲存了多達一萬種的棋盤模式，可做為下一步棋的參考。所以直覺其實沒什麼特別，不過就是辨識模式罷了。

　　根據這點，康納曼和克萊恩推論，只有符合兩個條件時，直覺才可信賴：第一，在經常產生相同型態的環境中工作，才能培養出專業。第二，必須經常碰到那些型態，並迅速獲得績效反饋，這樣才能學習。下西洋棋就是很好的例子：西洋棋大師不斷地下棋，規則是固定的，他們很快就知道剛剛走的那步棋對不對。醫護人員、消防員、戰鬥機的飛行員也是如此。相反的，政治預測家是處於多變複雜的環境中，無法出現型態，即使真的出現型態，也是拖了很久才出現，可能需要一輩子才學得起來。康納曼建議：「切記，環境中欠缺穩定的規律性時，就不能相信直覺。」

　　所以我們現在面對的問題變成：金融市場有穩定的規律性嗎？只有在金融市場具有穩定的規律性時，交易員和投資者才能依賴直覺。在經濟學裡，大家對這個問題的看法近乎一致：市場沒有穩定的規律性。最強烈主張這個看法的是經濟學中的效率市場假說（Efficient Markets Hypothesis），主張這假說的經濟學家認為，新資訊出現時，市場就會變動。由於消息本質是無法預測的，市場也是無法預測的。他們認為，交易員和投資人依賴直覺獲利的傳說純粹是神話，沒有人能預測市場，也沒有人的績效可以不斷地打敗大盤。

　　但這是真的嗎？耶魯大學的經濟學家羅勃・席勒對此深感懷疑。他不相信任何東西（個人特質、訓練等等）都無法改善交易員的績效。相反的，他認為投資就像任何職業一樣，智力、教育、訓練、努力的確可以改善績效。我認為他是對的，我也懷疑效率市場假說對避險基金雇用的許多物理學家、工程師、解碼專

家有好處，因為效率市場的理論家認為市場裡只有雜訊，但這些科學家卻可以從這些雜訊中找出可交易的模式，並設計出運算法則，利用這些模式來獲利。數十年來大家把效率市場理論奉為正統，可能因此限制了尋找這些型態的競爭對手數量。

根據我自己和交易員相處的經驗，他們的確可以學習型態，培養出預測市場的專業。我和傑出的統計學家兼行為經濟學家里昂內‧佩奇（Lionel Page）為了驗證這個假設，觀察一群交易員獲利的持續性，這個持續性是由財務界所謂的「夏普指數」（Sharpe Ratio）來決定。這個衡量標準的背後意義很簡單：它是衡量某金額的獲利承擔了多少風險。例如，某交易員一年獲利1億美元，在那一年間每天的盈虧都不超過500萬美元，所以他的績效很穩定，風險低，他的夏普指數就高。如果另一位交易員也是一年獲利1億美元，但是他有時一天賺5億美元，隔天又賠光了，他的獲利看起來跟碰運氣沒兩樣，甚至是瞎貓碰到死耗子的好狗運，他的風險太高了，所以他的夏普指數低。

我們可以把這兩位交易員的差異，比喻成兩種計程車司機的駕駛風格。第一種司機大致維持同一車速，45分鐘內把你送到機場。第二種司機先以時速100英里飆車15分鐘，停下來喝杯咖啡，又折返10英里買報紙，然後把油門踩到底，以時速120英里逆向行駛，讓交通為之糾結了數小時，驚險地避開幾次迎面的衝撞，然後神奇地在45分鐘內把你送到機場。「看吧，我就說我會準時載你抵達。」他說，然後伸手跟你要紅利獎金……哦不，我是指車資。面對這兩種駕駛，你會給誰小費？你下次還想搭誰的車？夏普指數其實就像銀行給交易員的路考。

根據效率市場假說，交易員和投資者不可能比大盤更常獲利，這種說法就好像是說你無法在45分鐘內開車抵達機場（亦即

在遵守速限下）。但是我們的研究發現，交易員其實是可以做到的。他們就像駕駛技巧高超的司機，能夠持續找出抵達機場的捷徑。史坦普五百指數（美國五百大上市公司的股價指數）的長期夏普指數約0.4，在我們的研究中，資深交易員的夏普指數都大於避險基金的公認標準1.0。

　　他們是運氣好，還是技巧好？這個問題不只學術界感興趣而已。銀行和避險基金必須決定如何在交易員之間配置資本、風險和紅利獎金，所以他們也需要有能力區別運氣和技巧。在2007年～2009年的信貸危機期間，銀行的管理者和其他人都失望地發現，他們的明星交易員大都像瘋狂的計程車司機，那兩年的虧損比前面五年的獲利還多。難道銀行也無法分辨運氣和技巧嗎？

　　我們的資料顯示他們的確可以，我們發現持續獲利的資深交易者在職業生涯中，夏普指數持續上揚，即使是在信貸危機期間亦然。當我們把他們的夏普指數和入行年資畫成圖表時，兩者的關係是一條上揚的斜線，顯示他們在過程中學到如何以較少的風險賺取較多的獲利。席勒說的沒錯：訓練和努力在市場中的確能發揮效果。這項研究結果促使我們建議銀行和避險基金，把交易員的夏普指數相對於交易年資畫出來，可以判斷哪個交易員培養了值得花錢雇用的技巧。如果畫出來的線是上揚的，表示這位交易員很可能已經培養出辨識型態的專業技巧了，的確值得花錢雇用。

　　從以上有關直覺和預感的討論，以及有關夏普指數的資料，我們又得出以下幾點：第一，交易技巧的確是存在的。金融市場似乎符合康納曼和克萊恩為「直覺可信賴的環境」所設立的標準，這也難怪交易員之間經常比較目前的市場和他們以前交易過

的市場有何異同。「這次的信貸危機感覺很像1998年的俄羅斯倒帳危機，我打賭日圓會大漲。」不過，交易員的對話大都是內心的、前意識的，優秀的交易員會專注聆聽來自於過去的耳語。

第二，討論直覺時常出現的一個問題是：直覺和理性意識哪個比較可靠？這個問題其實轉移了焦點，混淆了視聽。我們無可避免是兩者皆用，如果我們試著學習史巴克，只用理性意識，我們會發現自己免不了會把多數決策丟給快速的自動思考。最後的決定是否值得信賴，我們無法直接回答：「可以，永遠相信你的預感。」或「不行，你要畫決策樹。」這問題的答案要視你的訓練而定，我們不該問自己的直覺是否可信，我們應該問的是：我們該如何培養出可信賴的技巧。

預感和直覺

但你可能會問，第六感與前意識處理（pre-conscious processing）和直覺（gut feeling）有什麼關係？大腦流程發生時，意識本身雖不知道，但這並不表示大腦就是從身體取得訊息。事實上，辨識型態雖然是默默發生的，它可能是利用比較進化的大腦區域（例如新皮質和海馬迴的某些部分，它們負責把記憶歸檔）。這些比較進化的大腦區域和身體之間有什麼關聯？前意識決定和身體之間的確相關，因為是直覺讓我們迅速評估某型態和某選擇可能產生好結果或爛結果，我們是否喜歡、討厭、欣然接受或害怕那個結果。少了直覺，我們會在諸多的可能中不知所措，無從選擇，認知心理學家迪倫・艾凡斯（Dylan Evans）稱這種情況為「哈姆雷特問題」。我們或許先天就有強大的理性，但是要以理性解決問題，必須先把看似無限量的資訊、選擇和結

果縮小範圍才行。當我們需要縮小搜尋範圍時,必須依賴情感和直覺。

這也是神經科學家達馬吉歐和畢夏拉得出的結論。他們找了一群大腦某個部位受傷的病患來做實驗,那個受傷的部位是負責整合來自於身體的訊號。達馬吉歐和畢夏拉發現,這些病患的認知能力完全正常,甚至相當優越,但是在生活中卻做出糟糕的決定。達馬吉歐和畢夏拉推測,也許病患的智商對決策好壞沒多大的影響,因為他們得不到身體的幫助,得不到體內恆定和情感的反饋。他們的結論是「感覺是理性機制的必要組成」。

為了解釋這些病患及類似病患的決策障礙,達馬吉歐和畢夏拉提出「軀體標記假說」(Somatic Marker Hypothesis)。根據這個假說,我們儲存在記憶裡的每個事件都是以身體感覺做標記,達馬吉歐和畢夏拉稱這些標記為「軀體標記」。我們第一次經歷時會感覺到,以後當我們發現自己處於類似的情境時,這些標記會幫我們決定該做什麼。當我們瀏覽可選的選項時,每個選項可能帶有些微的肌肉緊繃、呼吸加快、輕微哆嗦、短暫冷靜或興奮顫抖,直到我們找到感覺恰當的選項。當我們冒險時,這些標記特別令人難忘,也最需要標記,因為風險可能對我們的身體及財務造成傷害,這也難怪直覺的故事在金融市場中特別常見,特別傳奇。

直覺的科學研究代表大腦和身體的一種新觀點。達馬吉歐和畢夏拉等科學家主張,理性本身在世上沒什麼優勢,少了軀體標記,理性只會空轉而已。他們讓我們注意到思考的身體面,指出良好的判斷力可能需要仔細聆聽身體反饋的能力。有些人在這方面比較厲害,身體和大腦的連結電路比較有效率,就像有些人先天跑得比較快一樣。在華爾街的任何交易廳裡,都可以看到有些

高智商、常春藤盟校畢業的高材生即使有令人信服的分析，偏偏就是賺不到錢；隔壁走道坐著另一個交易員，從不知名的大學畢業，在校成績平平，也跟不上最新的分析數據，偏偏他就是能獲利連連，讓天賦較高的同事深感不解也不服氣。這些賺錢的交易員之所以判斷較佳，可能是因為他有能力產生身體訊號並聆聽訊號。我們通常認為決策是一種認知，只用到大腦，純理性，達馬吉歐稱呼這種觀點為「笛卡兒的錯誤」。實際上，判斷力良好可能是像踢足球那樣的身體特質。

這裡出現一種有趣的可能：我們能判斷某人的直覺比別人好嗎？我們能追蹤身體的反饋嗎？直覺就像德爾菲（Delphi）的神諭，提供寶貴的見解，卻很難讀取，也很難詮釋，部分原因在於負責處理它們的大腦區域不完全開放給意識檢查。我們可以用內省以外的方式讀取這些訊號嗎？將來我們可能攔截身體和大腦之間的通訊，然後用那些資訊做為交易訊號嗎？

反饋

我們都知道思考會影響身體，舉個最簡單的例子，像是你的大腦叫你伸手去拿廚房桌上的水杯。不過，身體也會影響你的思考，這也很容易從日常生活中找到例子。例如，飢餓或口渴時，你的思考改變，對食物和水的跡象產生「選擇性注意」（selective attention），不再注意其他東西，例如你正在看的書或美麗的夕陽。另外，有些身體影響大腦的例子是大家比較不熟悉的，但你停下來想想，會發現那些例子也一樣明顯，例如大腦就像肌肉一樣需要血液、葡萄糖和氧氣才能運作。你的大腦只占身體質量的2%，卻消耗每日20%的能量。你可以追蹤頸動脈的脈搏

（頸動脈負責輸送血液至大腦），證實「思考是身體流程」這個事實。當你做繁複的思考時（例如心算），同時把兩根手指輕壓在稍低於下巴角落的脖子上，你會感覺到大腦取用更多能量的時候，你的脈搏也跟著加快。

在比較正式的實驗中，一群邁阿密的放射科醫師衡量大腦從事言語流暢任務時所使用的葡萄糖，那任務要求參試者在很短的時間內列出以某字母開頭的文字，列愈多字愈好。他們發現參試者執行這項任務時，大腦取用的葡萄糖比他們休息時多了23%。

怪的是，一群佛羅里達州立大學的心理學家也觀察大腦裡的血糖濃度，他們發現做繁複的大腦及身體活動時，會消耗我們的葡萄糖儲量，也降低了我們的自制力，他們因此推論：緊急狀況下的能源配置是依循「後進先出」的原則，所以當能量不足時，在人類進化史中最後發展出來的大腦能力（例如自制）是最早被限制葡萄糖用量的。肌肉在休息時使用的葡萄糖很少，在身體活動時則會獨占可用的資源。打鬥或運動時，肌肉獲得優惠待遇，大腦負責自制的區域只獲得葡萄糖的限量配給，這或許可以解釋為什麼打鬥那麼容易失控（冰上曲棍球似乎特別容易失控）。或許這也可以解釋為什麼我們在辦公室加班太久容易發怒，或想維持某種膳食減肥法，卻因為葡萄糖消耗而容易失去決心。

我剛說過，以上這些說明大腦如何影響身體及身體如何影響大腦的簡單例子，是我們都很清楚的。不過，當我們思考身體和大腦之間的反饋時，情況就變得有點詭異了，這方面也是神經科學當中，大家了解最少、研究最少的現象之一。我們剛剛看到的例子中，大腦影響身體或身體影響大腦，因果關係是單向的：例如大腦影響身體，然後故事就結束了。然而身體和大腦之間的反饋並非如此，在反饋的流程中，一個想法影響身體，讓身體出現

變化，接著身體把資訊送回大腦，改變大腦思考的方式。

　　以下是這個流程的簡單例子：當你感到沮喪時，可能為了幫自己打氣，以便繼續奮鬥，因而勉強擠出微笑，抬頭挺胸，步伐更加輕快。不久，這些改變可能會發揮效果，你真的覺得自己的心情好轉了。這就是身體的改變（姿勢、表情等等）把訊息傳回大腦，改變你的想法。在某些情況下，這種身體與大腦的反饋甚至可能變成失控反應，導致極端的行為。例如，當你害怕時，會心跳加快，冒汗，喘氣，亟欲逃離心中設想的威脅。當你意識到這些身體徵狀時，你可能又更擔心了，這種狀態最容易讓人陷入全面的恐慌。再舉個例子，爭吵可能愈演愈烈，變成相互推擠，甚至大打出手。每個階段的血壓持續升高，呼吸加速，更重要的是，大腦會失去冷靜。即使是個性溫和的人，隨著身體交流的訊息愈來愈多，也可能出現暴力想法。這種愈演愈烈、終至想法與行為失控的現象，也可能發生在比較好的方面，例如性愛的時候。在這些反饋的例子中，大腦並不是漠不關心地旁觀著陷入動盪的身體，它最終也會攪進流程中，它是參與者，不是旁觀者。

　　十九世紀小說家亨利‧詹姆斯（Henry James）的哥哥威廉‧詹姆斯（William James）是哲學家兼心理學家，他的作品最能精確、深刻地描述這種反饋現象，他寫道：「每個人都知道逃離只會更加恐慌；露出悲傷或憤怒的徵狀，只會讓那些情緒更加強烈；啜泣會讓人更加悲傷，愈哭愈難過，直到精疲力竭才停歇；憤怒時，一再露出發怒的表情，容易把自己搞到氣急敗壞。」

　　我們都認同這段話，對詹姆斯描述的體驗感到熟悉，但這些體驗的背後藏著未解之謎：為什麼人體是這樣建構的？如果大腦想振作起來或擔心陷入恐慌，何必透過身體傳送訊息？何不從大腦的某一區直接傳訊給另一區？我覺得這些問題帶領我們直探大

腦和身體相連的核心。身體的確會影響大腦,改變大腦的想法和感覺,但為什麼會這樣呢?

如果大腦的訊號只留在腦中,應該會節省很多時間。或許吧,但也可能不會。如果想法的目的是為了產生行動,那麼腦中額外的處理時間可能會延緩我們最終的行動。

這大致上是詹姆斯得出的結論。他努力思考一種特別又強大的內在反應形式時,得出這樣的結論,那種內在反應就是我們的情感。他懷疑我們常誤解情感的本質:我們常以為是情感先出現,才導致我們的情感行為。詹姆斯認為,就某些方面來說,情感的感覺是體驗中最不重要的部分,我們對情感的理解一直是錯的。我們常以為我們哭泣是因為難過,逃離猛熊是因為害怕,但詹姆斯認為,事件的發生順序正好相反。我們因為哭泣才感到難過,因為逃跑才感到害怕。更精確地說,事件的發生順序如下:我們察覺到猛熊,大腦觸發自動逃離的行為(例如逃跑),這個生理改變再向大腦回報,以恐懼感的形式出現在我們的意識中。有些科學家甚至主張,感覺本身在情感事件中扮演很小的配角,它只在一旁觀看已經發生的行動,就像神經科學家喬·李寶(Joe LeDoux)所說的,它只是「蛋糕上的糖霜」。

詹姆斯試圖糾正當時普遍的誤解,那時大家都覺得情感主要是大腦事件,就像思想一樣,只是附帶強烈的感覺。詹姆斯反駁那種看法,他指出那種看法忽略了情感最重要的特質:情感最主要是反射作用,目的是幫我們在生活的關鍵時刻採取行為和移動,有時速度很快。就像1932年的諾貝爾生理學獎得主查爾斯·薛林頓(Charles Sherrington)所說的:「情感打動/移動(move)我們。」他是指字面上的直譯(亦即移動)。如果情感的作用是為了促成快速的行為反應,那麼情感的感覺又是什

麼？詹姆斯認為，情感發酵期間，我們察覺到身體的改變（例如胃部糾結、心臟急跳、血壓升高、體溫上升等等），因此產生感覺。少了身體的改變，情感就不會有感覺。詹姆斯寫道：「察覺情感後，若是缺乏身體狀態，情感便只是一種認知而已，黯淡無光，缺乏情感的溫熱。於是我們看到猛熊時，判斷最好是逃離；受到污辱時，認為攻擊有理，卻無法實際感覺到害怕或生氣。」

　　我們日常使用的情感語言可以佐證詹姆斯的觀點，因為我們常用很多身體的比喻：例如，接獲壞消息時，我們說心頭一沉、心碎或怒火中燒；我們也會說不寒而慄、胃部糾結、怦然心動、怒髮衝冠或興奮得滿臉通紅。

　　詹姆斯描述的情緒反饋階段（先出現生理反應，再出現意識感覺），或許令人意外，但如果我們在情感危機的當下需要迅速反應，那就相當合理了：先行動，再感覺。不過，詹姆斯的理論在當時受到很多批評，尤其是1920年代受到哈佛大學生理學家沃特‧坎農（Walter Cannon）的批評。詹姆斯與坎農可說是大師互槓。坎農認為，來自身體的反饋傳得太慢，無法跟上情緒一來時迅速改變的感覺，從憤怒到恐懼，到放心，到開心，可能全在幾秒內發生。全套的身體改變（包括呼吸、體溫、腎上腺素濃度的波動）若要跟上轉瞬即逝的感覺變化，必須在瞬間內增減。但是它們並沒有這樣，有些生理變化（例如腎上腺素的釋放）需要一、兩秒才會感覺到，所以我們的內臟反應是落在高速的情感事件之後。

　　坎農也認為詹姆斯的理論有另一個問題，他覺得身體的反饋並沒有獨特到可為每種情感都提供個別的生理特質。你害怕、生氣、歡樂或墜入情網時，心跳和呼吸都會加速。事實上，坎農主張，每次當你有強烈的情感時，身體的反應都是同一套。例

如，「年輕人聽到有人留給他一筆財富時，先是臉色蒼白，接著興奮，出現多種欣喜的表情，然後把胃裡消化一半的東西吐了出來。」極度悲傷或厭惡的人，也會展現類似的激動徵狀。身體的反饋可能讓你情緒一來時，反應更加激烈，但它無法告訴你，你感覺到的是什麼情緒。坎農推論，身體的激發反應（arousal）太籠統了，無法細膩地勾勒出情感生活的細節。

最後，坎農的主張獲得普遍的肯定，詹姆斯的理論因此退出了情感研究的領域，只留下一些有趣但遭到反駁的想法，鮮少有人聞問。然而，1970年代和1980年代開始出現轉變，許多科學家對身體和大腦之間的反饋產生新的興趣，覺得應該再次探索詹姆斯的理論。

他們發現坎農的批評只鎖定內臟神經系統（控制心臟、肺臟、血管、腸道、膀胱、汗腺等等的神經纖維網絡），但是內臟神經系統只是身體和大腦之間運作的多條通訊管道之一。事實上，那甚至不是完整的神經系統，因為除了連結大腦和內臟的神經之外，還有連結大腦和骨骼肌的神經系統，這系統運用的訊號是以閃電般的速度移動。最近的研究發現，身體發出的訊號的確快到足以產生高速的情感生活，也複雜到足以產生豐富的感情，我們依序來看看這兩點。

肌肉與我們的第一反應

身體想高速傳送訊號時，是使用電子訊號，不像荷爾蒙之類的化學物質是由血液傳送。但是各種神經纖維的傳輸速度有很大的差異，所以身體和大腦會仔細挑選它們傳訊時想用的纖維。從內臟器官連到大腦的神經纖維比較慢，傳訊速度介於每秒5米～

30米之間，有些甚至是以每秒1米的速度緩行。不過，肌肉的神經系統是由全然不同的纖維組成，是以每秒近120米的速度傳訊。如果我們把身體的連線比喻成網際網路，內臟神經系統就像56K的數據機，肌肉神經系統就像寬頻，最接近即時通訊。這個身體功能的設計相當合理，因為緊急時，我們需要迅速移動才能存活下來。

科學家也發現，我們的肌肉在情感表達上扮演吃重的角色。當我們生氣、難過或興高采烈時，姿態會改變，身體某部分的肌肉緊繃，其他部分放鬆。此外，肌肉神經系統的速度很快，跟得上情感波動，甚至會造成情感波動。

有一組肌肉在我們的情感生活中扮演特別重要的角色：臉部肌肉。情感以及身體與大腦反饋的研究中，有些最令人興奮的研究和臉部表情有關，尤其是「微表情」（micro-expressions）的研究。那是1960年代匹茲堡大學的威廉·康頓（William Condon）在研究心理治療患者的慢動作影片時發現的。康頓驚訝地發現，憤怒、厭惡、恐懼和其他的情緒竟然在40毫秒內（亦即僅1/25秒）一一閃過臉龐，然後馬上消失。這些表情來去如此迅速，連我們自己都不知道做過那些表情，但那些表情帶有很多的意義。後來加州大學的心理學家保羅·艾克曼（Paul Ekman）繼續做這個研究，他開始訓練警察和保安人員如何發現這些微表情，做為可靠的測謊新方法。

臉部對我們來說有獨特的重要性，對許多哺乳動物來說也是如此。我們大致上是透過臉部得知他人的意圖，別人也是透過臉部得知我們的意圖。我們生氣時，展現威脅；傷心時，需要安慰。我們遇到一個人時，通常從直接或暗中檢視他的表情開始，他也是這樣檢視我們。結果就是一種無聲的交流，我們從這種無

聲的交流中辨識對方是敵是友，以及是否要相信他。片刻後，這無聲的交流變成雙方穩定的判斷：我們喜歡彼此。當我們改變對眼前這個人的判斷時，通常只會依稀知道自己的表情變化。但我們想欺騙別人時，也會以別種情感來掩飾真正的感覺，對方也會如此。業務員可能對我們露出誠摯的微笑，內心卻充滿著不屑。

在這種臉部的間諜和反間諜遊戲中，微表情維持了真實性。業務員的微表情可能會洩漏他的表裡不一。我們幾乎無法控制微表情，所以在很多方面，微表情仍是衡量我們真實感覺和意圖的方法。由於誤把敵人當成朋友可能是致命的錯誤，我們的大腦先天上會優先處理來自於臉部的資訊。微表情浮上臉部表面，傳輸訊號，然後又迅速消逝，這一切全在40毫秒內完成。但是觀察者可以在30毫秒內記下這些訊號，遠比他們的意識還快。這種超快的速度意味著，我們可能在一秒的對話中，浮現好幾輪的微表情和反應，自己卻毫不知情。我們可能只是和陌生人短暫相遇，離開時卻有種莫名的不安。

肌肉的迅速反應，尤其是快到令人難以置信的臉部表情，促使許多研究人員大膽主張「情感的臉部反饋理論」。根據理論，臉部表情的目的不是為了抒發感覺，而是為了產生感覺。這個新理論呼應了詹姆斯的論點：我們是先行動，之後才有感覺。如果這個理論是真的──如今有許多研究證實的確如此──就衍生出一些耐人尋味的問題。例如，表情豐富的人（有些人甚至戲稱他們是「臉部運動員」）情感生活也比較豐富嗎？內斂寡言的英國佬有情感障礙嗎？這很難說。表情豐富的人可能只是習慣擠眉弄眼，面無表情的英國佬可能表面上看不出異狀，但嘴角的些許抽動或眼神偷偷一瞥，可能讓他們的內在產生波濤洶湧的情緒。另一方面，在臉頰、額頭、眼周細紋注射肉毒桿菌以麻痺臉部肌肉

的人，可能壓抑了他們的情感及認知反應。諷刺的是，有些演員就是施打肉毒桿菌的愛好者，如果方法演技（Method acting）的理論是真的（那理論主張你演戲時應該喚起真實的情感，而不是假裝），這些演員可能是在扼殺自己的天分。

兩位研究情感表現的心理學家羅伯·李文森（Robert Levenson）和艾克曼做了一系列有趣的實驗，以證明光是臉部表情的反饋就可以帶來多種情緒感受。他們要求參試者活動臉上某處的肌肉，放鬆另一處的肌肉，或是用牙齒橫咬著鉛筆。參試者不疑有他地遵照指示時，會顯露出帶有情感的表情。有的表情是快樂的，有的表情是難過的。做了這些純粹的臉部動作之後，他們再衡量受試者的心情。李文森和艾克曼發現，光是活動臉部肌肉，沒有任何感情投入，受試者已經可以感覺到臉上表情所代表的心情。

這個研究實在太特別了，跟詹姆斯預期的一模一樣。詹姆斯也覺得肌肉可以向大腦傳達情感。他寫道，即使肌肉表面上看起來沒變，「肌肉的內在張力會跟著各種不同的情緒改變，感覺起來是不同的狀態或感受。憂慮時，屈肌（flexor）比較明顯；高興或好辯時，伸肌（extensor）比較明顯。」

直覺對你透露訊息

身體可以透過肌肉，迅速把資訊傳回大腦，不僅速度跟得上我們的情感變化，也可以產生情感。此外，身體也能夠自組複雜的訊息以創造各種情感，那些訊息是用多種訊號組成的，包括肌肉傳送的電子訊號和血液傳輸的荷爾蒙訊號。所以，我們的身體正好和坎農的看法相反，身體可以輕易把多種訊號拼組成各種訊

息，就像用鋼琴的鍵盤譜曲那樣，有的速度快如無線電傳輸。

　　具有挑戰性的事件發生時，傳輸訊號的多種電子與化學系統是依序上場的。肌肉（尤其是臉部肌肉）會在幾毫秒內不假思索地迅速啟動。不久後，內臟神經系統也會在幾毫秒至幾秒內啟動組織和器官，例如肺臟、肝臟、腎上腺等等，在危機期間支應我們的肌肉。這兩個電子系統啟動後，化學系統也會迅速跟著啟動，反應快的荷爾蒙（例如腎上腺素）會在幾秒至幾分鐘內釋入血液中，並把儲藏的能量釋放出來，以便立即支援。最後，如果挑戰持續存在，類固醇激素會開始主導，持續幾個小時，甚至幾天，讓我們的身體準備好因應生活上的變化。這時，我們的身體會重新整裝待發，為攻擊或圍攻做好準備。這些交錯發生的身體變化都會回報給大腦，大腦會因此改變我們的情感、心情、記憶和想法。為了以最簡化的方式了解這些反饋迴路的運作，我們來看看馬丁旁邊的交易員葛雯是如何因應驚嚇的。

　　葛雯在大學時代是網球名將，曾打過職業賽一小段時間，甚至擠進澳洲網球公開賽的16強，現在負責交易五年期國庫券。她的獲利記錄良好，但最近一個月的績效低迷，通常那沒什麼大不了的，每個交易員難免都有賺不到錢的時候，但任誰碰到這種情況都會覺得很難受。華爾街有種說法：無論過往多了不起，大家只會看上一筆交易。馬丁做完杜邦那筆交易後，走向茶水間，葛雯也尾隨他離開，卻在半路瞥見交易廳的老闆艾許盯著她看。艾許的表情傳達出複雜的訊息，那眼神近乎冷靜，但無疑帶著一絲敵意，也帶著一絲憐憫（為什麼他會對她展現同情？），或許還有一點嫌惡（決定解雇你之後，為了自圓其說而產生的那種感覺）。葛雯在幾毫秒內記下了那個表情，當下她的自動反應是驚

嚇的微表情。全身肌肉緊繃，身子挺直，脖子伸長。在這種受到威脅的情境下，葛雯的肌肉神經系統先反應，啟動警鈴，幫她為迅速行動做好準備。

當她注意到艾許的凝視及自己的身體緊繃時，另一套來自於內臟神經系統的訊息開始抵達。內臟神經系統在幾毫秒至幾秒內啟動組織和器官，以便在危機發生時支持她的肌肉，提供燃料、氧氣、降溫、移除廢物等功能；並隨後把腎上腺素釋放到動脈中。這就是傳說中的「非戰即逃」反應，全身為緊急應變做好準備，包括呼吸加速、心跳加快、冒汗、瞳孔放大、消化不良等等。非戰即逃的神經系統先讓葛雯的身體準備好行動，接著透過脊髓裡的神經，向大腦回報激發狀態。這些資訊改變了她對外界的觀感，她看到艾許的臉，記住那表情，身體發出的不安訊號意味著事情不太對勁。為什麼他會那樣看我？

葛雯內臟神經系統的另一部分，亦即所謂的「休息與消化」系統，也帶來一樣重要的資訊，尤其是來自於內臟的資訊，或許那就是直覺。我們的內臟神經系統是由兩個分支組成：非戰即逃系統和休息與消化系統。非戰即逃系統是在緊急時啟動，但緊急狀況一旦結束，身體就需要靜下來休息，恢復正常，這時就換成休息與消化系統接手，減弱身體的激發狀態。所以，非戰即逃系統的運作時間大都和休息與消化系統相反，但不見得永遠相反（我們會在下一章看到）。這兩個系統交替活動，一個讓我們加速，另一個則讓我們慢下來。不過，重要的是，兩者都會把訊息傳回大腦，影響我們的思考、情感和心情。

休息與消化系統的主要神經是迷走神經（vagus），那是一種強大的神經，可對它觸及的許多組織和器官產生鎮靜作用。「vague」這個字在希臘文中是漫遊者的意思，迷走神經的確是

在漫遊，它從腦幹啟程，朝腹部前進。在這段漫長的旅程中，它造訪喉嚨，然後到心臟、肺臟、肝臟、胰腺，最後抵達腸道（請見圖6）。由於連結廣泛，這條奇怪的神經可以調節我們的聲調，放慢我們的呼吸和心跳，在胃中掌控消化階段的初階。位於迷走神經源頭的腦幹也負責調節臉部肌肉，讓我們的臉部表情和心跳速度及腸道狀態同步。迷走神經連結臉部表情、聲音、肺臟、心臟和胃部，因此在我們的情感生活中扮演核心要角。

它也會把訊息傳回大腦：近80%的迷走神經纖維（迷走神經是由數千條纖維組成）會把資訊從身體傳到大腦。這些回傳的資訊大都是來自於腸道，所以有人會問直覺（gut feeling）真的是來自於腸道（gut）嗎？簡答是「對」，至少有部分的資訊是來自於腸道，但不是全部。內感受覺的資訊是從體內的各組織傳到大腦，不只來自於腸道。不過，腸道在生理機能中占有重要的地位，因為它很特別，有自己的「腦袋」。

腸道是聽命於腸道神經系統（請見圖6），那系統負責掌控腸胃裡的養分移動和吸收。這個神經系統和身體的其他神經不同，運作上不受大腦影響，即使連接大腦的一切都切斷了，它仍是唯一可以繼續運作的系統。它包含約一億個神經元，比脊髓裡的神經元還多，產生和大腦一樣的神經傳導物質。邁可・葛森（Michael Gershon）把腸道神經系統貼切地稱為「第二腦」。迷走神經連結這兩個腦，就像兩大強權之間的熱線電話一樣。

腸道神經系統利用消化酸和酵素來分解食物，直到食物的組成分子吸收進體內為止。我說「吸收進體內」是因為消化系統理論上不算在身體裡，口腔、食道、胃腸和結腸裡的空間仍算是體外，套用葛森的說法是，這些消化器官構成「一條允許外物穿過我們體內的通道」。腸道也啟動腸子裡類似毛蟲的波狀起伏，

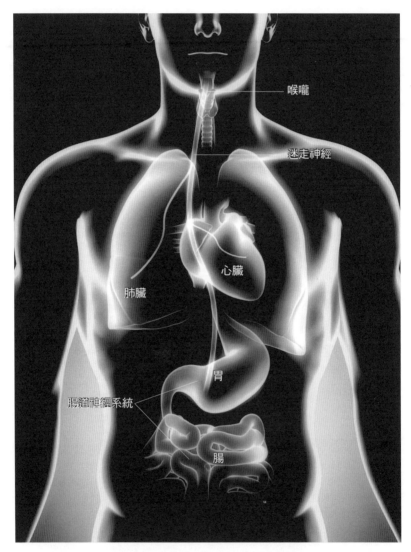

喉嚨

迷走神經

心臟

肺臟

胃

腸道神經系統

腸

圖6　迷走神經和腸道神經系統。迷走神經是休息與消化神經系統的主要神經，連結腦幹、
　　　喉嚨、肺臟、心臟、胰腺和腸道。80%的迷走神經纖維會把資訊傳回大腦，這些資訊
　　　大都是來自於心臟和腸道。腸道神經系統通常稱為第二腦，是獨立的神經系統，負責
　　　控制消化。腸道的腦袋和頭部的大腦之間，大致上是透過迷走神經溝通和合作（偶爾
　　　會有意見紛歧）。

圖片來源：CLIPAREA.com，客製化媒體。

把食物和廢物往前推動（亦即往後排出）。事實上，這些波狀起伏促使我們進一步發現腸道神經系統。1917年，德國生理學家烏瑞許·特稜德倫堡（Ulrich Trendelenburg）把白老鼠的腸子切下一段，切斷它和大腦的一切連結。當他對腸子吹氣時，驚訝地發現腸子竟然會回吐一股氣，那不像你吹氣球後，氣球又把氣吐回來那樣。而是過了片刻，腸子收縮，對著特稜德倫堡輕呼出一股氣，好像裡面有個小東西在玩簡單的遊戲。這讓特稜德倫堡頓時發現，他面對的是一個獨立的神經系統。

　　大腦和腸道神經系統是由迷走神經相連，兩者來回地傳送訊息，影響彼此的決定。大腦裡的狀況可能促成腸道裡的某種徵狀。例如，承受壓力時，頭部的大腦會知會腸道的腦子即將發生的威脅，建議它停止消化，因為消化是沒必要的能源消耗。再舉個例子，罹患阿茲海默症的患者通常有便祕問題，鴉片上癮者也是如此；服用抗憂鬱藥物的患者往往有腹瀉問題。資訊也可能反向流動，腸道裡的事件可能導致大腦裡的變化。例如，克隆氏症❷（一種腸道發炎）的患者比較容易受到情緒刺激的引發。此外，進食期間腸道分泌的荷爾蒙可增強記憶的形成，我猜這背後的進化原理是：如果你吃了食物，腸道荷爾蒙便指示大腦記住你發現食物的地點。當然，進食可能有很大的撫慰效果：美食不僅是味覺享受，也可以安撫身體，平靜大腦，讓我們充滿幸福感。總之，頭部的神經活動會影響消化，腸道的神經活動會影響心情和想法。

譯注❷：症狀和腸道壁發炎有關，大都發生在末端迴腸部位，病患常有右下腹反覆疼痛及腹瀉，疼痛輕微，偶爾有絞痛感，通常腹瀉後會得到舒緩。

　　葛雯感覺到胃部糾結，呼吸加快，心臟噗通作響，這些感覺透過迷走神經傳到大腦，改變她對艾許那凝視表情的詮釋。於是她突然感到一陣恐懼，幸好時間不長。艾許移開眼神，看往別處。葛雯仔細回想剛剛的情況，告訴自己別胡思亂想，艾許可能只是正好看往她的方向，心裡卻在想別的事情，或許他擔心抵押債券部持有不當的交易部位，又或者他在煩惱他鬧得人盡皆知的婚姻問題。葛雯甩開煩惱，身體開始平靜下來，繼續往茶水間走去，不再多想剛剛的事。

　　但是大腦和身體的前意識並未善罷干休，前意識裡權衡著其他資訊：交易桌將要重組的傳聞、最近一次和客戶用餐時艾許拿她開的玩笑。15分鐘後，葛雯一手拿著咖啡，回想起艾許剛剛的表情，胃部再次糾結，這次她無法輕易甩開擔憂了。情況看來愈來愈不對勁，她懷疑自己將被調離崗位，但是會調到哪裡去呢？為什麼要調她呢？

　　葛雯現在面臨長期的挑戰，為了因應這項挑戰，類固醇激素開始上場主導。那正是類固醇的效用：讓身體為後續行為的改變做好準備。如果她是遇到難得的機會（例如牛市），卵巢和腎上腺分泌的睪固酮會開始主導，讓身體為長時間的競爭做好準備。萬一她發現自己面臨無法控制的壓力源，例如市場崩盤或老闆發飆，皮質醇會規劃一貫的長期身體防衛。類固醇是人體面對挑戰的各級反應中最緩慢、最全面的方式，會持續發威好幾個小時，甚至好幾天。葛雯或許有堅韌的生理機能，她在網球巡迴賽中的豐富經驗，讓她面臨風險時幾乎是臨危不亂，但辦公室角力就不同了，這種事總是讓她手足無措。她痛恨辦公室角力，後續幾小時（如果不迅速解決的話，甚至可能持續幾天）在皮質醇濃度愈來愈高下，她產生了名叫「預期焦慮」的情緒，清醒時的每分每

秒都煩惱不已。

　　這個情境裡出現幾個重點。首先，坎農認為受到驚嚇時，只有非戰即逃的神經系統會出現身體反饋。但實際上，葛雯的身體反饋不限於此，身體的訊息是由肌肉、非戰即逃神經系統、休息與消化神經系統、荷爾蒙傳送的，而且這些訊息非常多元與細膩，可以傳遞豐富的情感生活（請見圖7）。事實上，許多科學家發現，我們的各種情感都有特定的神經和荷爾蒙啟動模式。葛雯會為每一種情況調整心跳、肌肉緊繃、消化、血管阻力、出汗、支氣管收縮、臉紅、瞳孔擴張、臉部表情等等。

　　這些生理反應接著傳回葛雯的大腦，但她的大腦不只是純粹觀察而已。她不是以漠不關心的方式看著身體，而是感應到情感或心情。情感和心情是不同的，它們運作的時間長短也不同。情感是短暫的，一閃而過，目的是提供大腦寶貴與及時的資訊。如果情感持續不散，它會干擾後來引起我們注意的較新資訊。心情

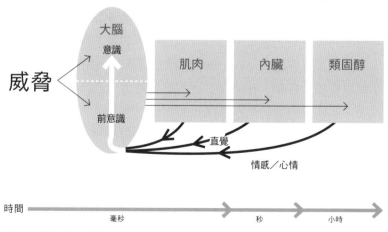

圖7　身體和大腦之間的直覺和反饋迴路。

比較緩慢，比較像長期的態度、背景、緩慢發酵的情感，逐漸改變我們對外界的觀感。情感和心情都會改變葛雯對事件的態度，更動她的回憶，轉變她的想法。

大腦的前意識區迅速記下威脅。
身體與臉部的肌肉準備好非戰即逃。
內臟支持肌肉。
腺體分泌荷爾蒙以長期支持肌肉。
肌肉緊繃、心跳、呼吸、荷爾蒙等等傳送訊號給大腦。
大腦的前意識區對這個反饋的感覺就是直覺。
大腦的意識區對這個反饋的感覺是短期情感或長期心情。
情感與心情確保意識和身體同步，以產生一致的行為（憤怒、恐懼、快樂等等）。

　　葛雯的案例又繞回了我們想回答的問題：為什麼我們會內建這些反饋迴路？這些情感和心情的作用是什麼？它們傳遞的感覺大都是多餘的嗎？不太可能。比較可能的答案是：這些感覺幫我們改變注意力、記憶力、認知運作，以便和身體同步。例如，當我們面對攻擊時，會希望身體緊繃並做好準備，但我們也希望大腦的想法更積極。相反的，當我們想要小孩時，會希望身體和大腦變得更溫柔有愛。在這種生活的重要時刻，我們不希望組織處於多工狀態，例如我們不希望身體準備好應戰了，大腦卻想著情愛。反饋機制（無論是神經系統或荷爾蒙傳遞的）可確保不同的組織不會投入相反的目的，在生活的重要時刻統一身體和大腦的運作。在欣喜、激動、關愛、恐懼、打鬥等重要時刻，身體和大腦會融合為一。

最隱約的反饋

　　正如情感和心情會改變我們的想法以配合當下的情境一樣，直覺也是如此。直覺是最隱約的身體反饋，只用有限的運算資源，保護我們的決定，在前意識引導我們離開可能考慮的危險選項。

　　達馬吉歐和畢夏拉把直覺稱為軀體標記，他們以一種電腦遊戲「愛荷華賭局實驗」（Iowa Gambling Task）來測試直覺的效果。他們在玩家面前擺了四副牌，每次翻牌都會顯示玩家贏了或輸了多少錢。那幾副牌的擺法如下：其中兩副牌的金額較少，例如賺或賠50美元或100美元，但是選那兩副牌久了終究會有獲利。另兩副牌的金額較高，例如500美元或1,000美元，所以比較刺激，但選那兩副牌久了會賠錢。在遊戲一開始，玩家並不知道這幾副牌的特質，甚至不知道它們不一樣，他們是在不疑有他的情況下玩遊戲，自己想辦法獲利。

　　遊戲玩久了以後，玩家逐漸發現這幾副牌的擺放方式，以及想贏錢應該選哪副牌，但是他們的學習過程顯現出一些有趣的結果。達馬吉歐和畢夏拉發現，玩家還不知道原因之前，就已經開始選會贏錢的那幾副牌了。正如勒維齊的實驗（受試者必須預測十字在電腦螢幕上的位置），這個實驗的玩家在意識到遊戲規則前，就已經在前意識學習了。更有趣的是，他們的學習是由身體的訊號所指引。參試者玩遊戲時，實驗者會追蹤他們的軀體標記（皮膚的導電性）。皮膚的導電性會出現難以察覺的迅速改變，那是皮膚縫隙中汗水量瞬間變化的結果。皮膚導電性對新奇、不確定性、壓力非常敏感。玩家考慮挑選會賠錢的那幾副牌時，皮膚導電性會開始飆升。這種軀體刺激足以驅使他們遠離危險的選

擇。在這些短暫刺激的引導下，一般玩家會在理性意識到原因以前，就轉而挑選會贏錢的牌。

感覺市場

我們在活動（例如交易）的學習階段，不只儲存型態而已，而是儲存型態及搭配的肌肉和內臟反應。馬丁代客交易的時候，遇到像杜邦那樣的市場事件時，他沒時間權衡行動的所有可能結果，必須迅速接應業務員的詢價，對著螢幕上瞬息萬變的價格做出反應。他迅速掃描記憶中儲存的型態，找出相似的例子（完全吻合的情況很罕見），每掃過記憶中的一個例子，他的身體和大腦就從一個狀態變成另一個狀態。身體和大腦同步加速與減速。達馬吉歐和畢夏拉指出，為了加速決策，他的大腦其實是使用「彷彿迴圈」（as-if loop）的預測模式，讓他迅速模擬他要是做了考慮的行動，最有可能出現的身體反應。馬丁依賴這種「彷彿迴圈」，可以迅速掃過所有的選項，同時思考市場，放棄那些讓他瞬間產生恐懼的選項，挑出他覺得恰當的選項。

這些想法的身體反應就是直覺，每個人都會依賴直覺，無論是運動員、投資人、消防員或警察。我吃了很多苦頭才學到這個基本的神經科學知識。在華爾街當交易員時，我常想一些自以為很聰明的交易，找出價格偏低和偏高的證券，但我的老闆習慣存疑，他老是問我：「如果這個交易那麼有吸引力，獲利機會那麼驚人，為什麼其他人都沒發現？那價差為何晾在螢幕上乏人問津，像人行道上沒人撿的20元美鈔？」這些問題很煩人，但我後來終於明白了箇中的智慧。那些根據明顯論據想出來的交易往往都會賠錢，這個發現令我感到不安，因為那些交易通常是我深思

熟慮，努力分析，善用我的教育背景，博覽經濟報告與統計數據後想出來的，我是從理性經濟人的角度出發。

不過，後來我意識到我需要的不只是這些認知運作。當我正眼看問題並得出某個明顯的解答時，眼角的餘光往往會瞥見另一種可能性，另一條通往未來的路徑。那個可能性只是我意識中的一小點，在瞬間引起我的注意，但是那瞬間的洞見附帶了一絲直覺，讓它充滿高度的可能性。我想，經驗老到的交易者會學習找出這些來自於意識邊緣的聲音。想要做好交易，你需要把注意力從眼前顯而易見的分析移開（可能需要高度的紀律），聆聽那些隱約的聲音。

聆聽我們的身體

那些聲音的合聲實在太美妙了。要是我們能清楚聽見它們大鳴大放，就可以在金融市場中善用這些最寶貴的訊號。我們的身體和大腦的前意識區（包括皮質和皮質下）就是大型敏感的拋物面反射鏡，會記下豐富的預測資訊。它們仍是有史以來最敏感、複雜的黑盒子。當資產之間的相關性崩解，出現新的相關性時，我們的肌肉、心跳、血壓可能比我們的意識更早記下這些變化。就像在愛荷華賭局實驗裡，受試者挑選會賠的牌以前，皮膚導電性會先飆升一樣，經驗老到的交易員也會在意識到風險前，身體就先注意到風險。身體訊號會超前意識反應，發出警訊。然而，交易員通常不會注意到這些訊號，因為這些訊號向來很難察覺，瞬間一閃即過，就像無線電接收遙遠電台的訊號一樣。我們只能全神貫注地聆聽每個音符，更糟的是，我們可能還會過度解讀突發的靜電干擾聲。身體和大腦的前意識區可能清楚聽到這些聲

音，知道聽到這些聲音傳遞的資訊後該做什麼，但我們的意識大腦幾乎聽不到這些聲音。

事實上，我們的意識大腦幾乎無法理解我們為什麼會決定做某事，而不是別的事。神經科學家李寶和麥克‧迦薩尼迦（Michael Gazzaniga）對切斷胼胝體（corpus callosum）的病患做研究，研究結果充分證明了這點。胼胝體是連接大腦兩半球的神經纖維束，一旦胼胝體斷了，大腦兩邊就無法彼此溝通。李寶和迦薩尼迦透過大腦右半球（把指示只拿給左視野或右視野看，就能指示某個半球），指示這些患者咯咯笑或揮手，然後透過大腦左半球問他們，為什麼他們在笑或揮手。患者的大腦左半球對右半球接到的指示一無所知，不過他們還是會大膽解釋，說他們笑是因為醫生看起來很好笑，或說他們揮手是因為他們以為看到朋友。無論回答聽起來有多麼離譜，患者就是相信他們知道自己為什麼會那麼做，他們是被自己矇騙才那樣想的，他們的自我理解純屬虛構。

提摩西‧威爾森（Timothy Wilson）也做過許多類似的實驗，並在其《佛洛伊德的近視眼》（*Strangers to Ourselves*）一書中發表實驗結果。他像李寶和迦薩尼迦一樣，發現大家常欺騙自己相信，自己真的了解個人的行動緣由。但大家提出的行動理由，通常和大腦前意識區採取的行動毫無相關。李寶對於他和威爾森的觀察結果百思不解，他最後推論：「我們做很多事情時，通常都沒意識到理由（因為行為是大腦潛意識運作下產生的）。大腦意識的一大任務，就是把生活拼組成一個連貫的故事，一個自我的概念。」換句話說，我們會自己掰故事。

我對一群交易員做實驗時，也發現令人不安的類似結果。我和同事想找出壓力荷爾蒙如何因應虧損和市場的大幅波動。我們

發現的結果，和大家根據前面的壓力研究所預期的一樣：交易員的壓力荷爾蒙對交易結果的不可控制性，以及市場的不確定和波動性相當敏感。到這裡為止，一切都很正常。不過，除了我收集的具體資料之外（換句話說，除了生理指標和金融數據之外），我每天下班時也會給交易員一份問卷，請他們衡量自己覺得壓力有多大。我發現他們對壓力大小的看法和實際狀況幾乎沒什麼關係，也和他們可能虧損、交易結果難以控制、或市場波動性無關。事實上，他們的看法跟我能想到的任何東西都沒多大的關係，似乎很隨機，毫不相關，就像左右半腦不相連的病患一樣，看法純屬虛構。這結果讓人想到一個近乎滑稽的畫面：人類胡亂說一些沒什麼意義的字眼，那些字眼跟真正掌控其行動的生理流程也沒什麼關聯。

這發現聽起來或許很怪，但是在內分泌學裡是很常見的現象：觀點和生理通常走的是不同的路徑。怪的是，交易員的荷爾蒙對風險的判斷，似乎比他對風險的看法精準許多。難道他們分泌荷爾蒙的腺體比大腦的額葉皮質更清楚金融風險嗎？有可能。如果交易員善用前意識來處理型態，並搭配直覺，他們的獲利技巧和自我了解之間可能脫鉤，毫無關聯，這在交易廳裡也是很常見的現象：大家常說，如果你想知道交易員對市場的想法，別問他們的觀點，直接看他們做什麼交易就好了。

生理教練

我們常可笑地誤解自己的行動。有鑑於這個不幸的事實，我們做重要的決策時，最好是徵詢第二意見。這意見可以有很多種形式，最寶貴的第二意見來源，是運用統計數據，直截了當地暴

露出我們推理的瑕疵。另外，和你共事的人（例如教練）也可以幫你改善決策。現在有愈來愈多的專業領域開始聘請教練，就連交易廳裡的教練也日益增加。

這種外部觀察也可以採用另一種形式：生理追蹤裝置。如果我們的身體可為危險與機會提供非常有效的預警系統，如果直覺會運用大量的經驗，如果意識基本上無法觸及這些軀體標記，或許我們可以運用外部聆聽裝置來介入系統，接收訊息，例如使用電子追蹤器。

生理追蹤可幫科學家回答一些有趣的問題，例如：有些人的直覺比較敏銳嗎？目前沒什麼研究可以幫我們回答這個問題，但是在此同時，似乎也沒有顯而易見的原因可以否定有些人的預感確實比較精準。當然，為了累積交易型態的記憶庫及培養值得聆聽的預感，訓練是必要的。不過，就像運動員一樣，交易員各有不同的身體稟賦。有些人可能先天就有比較敏銳的內感受覺途徑，我很想稱這些人為預感運動員。一個人需要產生明顯的軀體標記，才有資格贏得這種稱號。

但是預感運動員不只需要明顯的軀體標記而已，交易員要是不知道有這種標記存在，標記本身也沒有多大的作用，所以衡量我們對訊號的知曉程度，跟衡量直覺一樣重要。這方面的確有一些研究。有些科學家發現，對軀體標記的敏感度可用「心跳覺察」（heartbeat awareness）來衡量。在這個測試中，科學家要求參試者數算自己的心跳，或判斷自己的心跳是否和重複的音調同步。心跳覺察實驗發現，這種衡量方式很適合代表「內臟覺察度」。這些實驗也發現，超重者的心跳覺察度較低，彷彿訊號受阻似的，或許這也是交易廳裡的人大都身材比較健美的原因之一。

這項研究提高了使用內感受覺測試做為招募人才的輔助工具的可能性。以這種測試搭配一般的面試和心理計量測驗，可幫忙發掘直覺準確的交易人才。

我們可以在交易員承擔風險時追蹤他們的直覺嗎？如今有多種追蹤器可以記錄心跳、脈搏、呼吸週期、皮膚導電性等等，而且不具侵入性。事實上，《經濟學人》雜誌曾在報導中提議對交易員做生理追蹤，那篇報導提到一個有關交易員荷爾蒙的研究結果。研究發現，男性交易員早晨的睪固酮濃度高於平均值時，當天稍後的獲利也高於平均。所以《經濟學人》的記者建議管理者，每天早上應該先測量交易員，如果交易員的生理狀態不佳，應該直接叫交易員回家休息。這論點聽起來或許有些牽強，但體育界已經普遍採用這種作法了。許多運動科學家持續追蹤運動員的生理狀態，以這種訊號來判斷運動員是否適合出賽，還是需要多練習。事實上，如今我們正適合做《經濟學人》建議的生理抽查，那種生理追蹤或許可以幫管理者判斷，交易員是否受到非理性亢奮的引誘或陷入非理性悲觀的消沉。

未來，我們或許可以清楚陳述內感受覺路徑傳達的特定訊息，我們的意識大腦也許很難做到這點，但是科學可以幫我們攔截和詮釋這些訊息。有一天我們將能夠聆聽身體和大腦的潛意識區，留意它們的警告。生理追蹤設備連同上一章提及的電腦輔助，或許將來可以進一步強化交易員，如同一套堅硬的外骨骼（ecto-skeleton），幫他們對抗日益主導市場的機器。

這種生理追蹤似乎充滿了未來感，但很多人已經開始使用了。這是一個迅速發展的領域，名叫「自我量化」，主要是記錄自己的生命徵象，讓我們在大量的傳說、廣告和大眾心理學中，直接鎖定個人的實際資料。現在大家愈來愈常使用多種追蹤器，

找出生活中的壓力來源、失眠原因、哪種運動效果最好。甚至還有很多的日常消費用品正在開發，可以即時追蹤健康狀況，例如採用奈米生物技術的隱形眼鏡，可以從淚液中針對膽固醇、鈉、葡萄糖濃度取樣，並把資訊傳輸到電腦；科學家也提議一種新的馬桶，可以根據尿液分析，診斷健康狀況；還有新型的牙刷，可以從唾液做類似的檢測。

　　這種生理追蹤對大眾、奧運運動員和軍隊來說都相當實用，大家也樂見這方面的發展，沒有理由不沿用到交易廳上。講到這裡，我們接著要回頭來看交易廳，以了解承擔風險時，生理狀況的實際運作方式。

第三部

市場的季節

5
── 搜尋的刺激 ──

意外的訊息

經過杜邦那筆交易的短暫刺激後，交易廳又恢復這幾天常見的清淡局面。馬丁從茶水間漫步回來，對講系統沒傳來任何訊息，交易部或業務部也沒有忙碌的動靜，於是他的身體收到解除警報的信號，放慢速度，心跳和新陳代謝都緩和了下來，腎上腺素逐漸消散。迷走神經溫和地主導身體，像慈母的手一樣，撫摸著煩惱的臉龐，撫平了體內風暴的最後一道波紋。50萬美元的獲利有如強效的肌肉鬆弛劑，緩緩地注入血管中，體內湧現一股平和、善意和信心，綻放著光芒，金錢就是有這種力量。

馬丁剛剛體驗的溫和壓力對他來說是有益的，因為那會運用到身體和大腦，人類的先天設計就是為了應付這種任務，所以這是一次令人滿意的體驗。適度的努力、風險、壓力、恐懼，甚至痛苦，都是我們的自然狀態（或者說，應該是我們的自然狀

態）。不過，運動生理學家說的「恢復期」對健康來說也一樣重要，是持續成長的關鍵。挑戰一旦結束，非戰即逃的機制應該迅速關閉，換成休息與消化系統上場，因為非戰即逃的機制太消耗新陳代謝了。恢復期就像一夜好眠，但是不像醫生建議的八小時睡眠，而是短暫頻繁的，就像拳擊或網球賽中的短暫休息一樣。但無論恢復期有多短暫，身體都會趁機好好地休息與修復。這些短暫的休息累積久了，就會塑造出健康的身體和大腦。萬一無法休息，連片刻的時間都騰不出來，即使事情進行得很順遂，生理狀況也會失衡，導致身心陷入病態，產生不當的行為，這種現象也可能發生在華爾街上。

　　挑戰、恢復、挑戰、恢復——這樣的交替運作讓我們變得更強健，這也是杜邦那筆交易對馬丁有益的原因。剛剛的壓力和恢復期讓他變得更強健，也更富有了。在此同時，他全身上下有上百萬個戰區，微小的醫護人員正忙著幫他修復受損的組織，讓他感到舒適——感覺真是爽快。

　　馬丁走著走著，轉進走道，走向交易部和業務部，那也是交易廳的主要部分。這條走道平常像忙碌銀行家的高速公路，但今天感覺起來比較像小鎮上的大街。他走到公司債部門時，一位交易員看似在端詳信用卡的帳單，他抬起頭來，對馬丁點頭打招呼；一位活潑的業務員在馬丁經過時，揮了幾個空拳；馬丁走過套利交易桌時，攔截了羅耿拋給史考特的網球，把球丟回給史考特，史考特告訴他，營業員訂了壽司當午餐。馬丁回到國庫券交易桌（位於套利交易桌和抵押債券桌之間），以熱情的眼神望了一眼這個惠他良多的交易廳，聆聽廳內熟悉又令人安心的聲音。

　　馬丁決定犒賞自己一下，翻閱報紙的非財經版（這在華爾街是罕見的奢望）。他把雙腳抬放到桌上，心滿意足地打開報紙，

翻到藝文版。走道的另一端有人喊道他們有多出來的甜甜圈，遠端的業務部有個女人不禁大笑出聲。

馬丁享受著眼前的慵懶時光，但是觀察他的人在端詳他一會兒之後，會注意到他好似在猶豫、思考著什麼。他瞥了一眼螢幕，表情出現些微的緊繃，身體在椅子上不安地挪動了一下。在馬丁的意識尚未察覺以前，無聲的顫動剛剛撼動了市場，震波悄悄地從螢幕擴散開來，在他的體內迴盪。有東西不太對勁！螢幕以不同的頻率閃動著，價位表轉換成新的型態，有如萬花筒轉了一下，花樣就全變了。波動性幾乎沒變，但微小的變化顯得有些突兀，沒什麼東西比突兀更快引人注目的了，原本平淡無奇的背景冒出了新奇的東西。

馬丁一向有過人的預感，他通常是第一個察覺到些微異狀的人，但其他人也沒落後他太多。整個交易廳裡，這股來自於市場的無聲呼喚，在每個交易員和業務員的體內都收到了回音。有些人的肌肉稍稍緊繃了，有些人的瞳孔放大了，呼吸加快了一些，還有些人的胃部揪緊了起來，飢餓感頓時稍退。觀察者可能注意到大家的姿勢都挺直了，交談變得熱絡，手勢大了起來。鮮少人注意到身體的變化，但是集體效應累積起來，就像有人把交易廳的音量調大似的。優秀的管理者會注意到騷動逐漸明顯，看出整體的躁動不安。現在的交易廳就像一頭巨獸剛從沉睡中甦醒，恢復了活力。

市場的摩斯密碼

這股從螢幕散發出來的動盪是什麼？是什麼東西在前意識撼動馬丁的預警系統？那股動盪是資訊，是以新型態展現的資訊。

外界傳送訊息給我們時，是透過異於平常的語言，我們的耳朵會跟著它的抑揚頓挫調整。沒什麼東西比外界資訊更吸引我們，更徹底引發身體關注的。資訊警告我們危險來了，讓我們做好行動的準備，幫我們生存下來。資訊讓我們得以運用最神奇的技巧：預測未來。

　　1950年代，美國貝爾實驗室的工程師克勞德・夏農（Claude Shannon）率先發現資訊和新奇之間的關係，並提出精彩的解說。夏農認為，訊息中包含的資訊量和新奇度成正比；換句話說，資訊量和不確定性的多寡成正比。乍看之下，不確定性似乎是和資訊相反，但夏農的意思是指：真正的資訊應該告訴我們還不知道的事情，所以資訊應該是不可預知的。

　　然而，我們在日常生活中遇到的多數訊息都是可預測的，通常我們讀書或聽某人說話時，大概知道接下來的內容，因為多數的訊息包含很多雜訊——亦即從訊息中刪除也不影響原意的文字或字元。寫簡訊的人會濃縮他們想傳送的句子，就像古代打電報一樣，省去對方可臆測的字元或字眼，只寫對方無法預測的字，那才是訊息的真實內容。例如，假設你在過了該回到家的時間半個小時後，傳送以下的簡訊：「我晚點回去，車子爆胎，我一小時後回家。」這個訊息含標點符號共有19個字元，有很多贅字可以刪減。首先，如果你半小時前就該到家，顯然你已經晚了。所以第一句可以省略。爆胎的顯然是車子，不然還有別的嗎？所以不需要提車子。顯然要回家的是你，所以代名詞也可以省略，不必講明。刪除贅字後，你可以傳：「爆胎，一小時到家。」這個訊息只有9個字元，只容納你家人猜不到的資訊。如果他們是逐字接收訊息，無法猜出接下來會出現什麼字眼。這個簡單的例子說明了夏農的資訊理論：資訊和不可預測、新奇是同義詞。接收

純資訊時，我們最不確定接下來會發生什麼。

　　人類的感官設計先天就是為了關注資訊，它會忽略可預期的事件，迅速關注新奇的事件，小腦就是最好的例子。當我們打算採取某個行動時，新皮質會把我們的計畫傳送給小腦，小腦會削弱、甚至取消那行動預期產生的感覺，這種削弱的效果讓我們走路時不會注意到手臂前後擺動，或衣服摩擦皮膚。這也是我們無法自己呵癢的原因：因為我們已經先產生手觸胸肋的動作，小腦會壓抑預期的感覺，我們還是會感覺到手指觸及皮膚，但不會覺得意外，所以沒有呵癢的效果。為什麼小腦會想要壓抑行動預期產生的感覺呢？因為在控制機制中，這樣做非常方便：如果一個行動的感官反饋跟我們預期的一模一樣，就不需要注意它了。如果反饋跟我們的預期不同，表示它帶來了資訊：我們的計畫出了問題。那資訊是要告訴我們：你應該調整行動，才能達成原來的目的。

　　另一個可拿來說明人類大都只注意意外資訊的例子，是青蛙的視覺系統。證據顯示，除非青蛙的視野裡有東西移動，否則青蛙是盲目的，牠們顯然沒興趣瞭望池塘的美景，只會記住移動的物件，因為物件移動表示有昆蟲可吃，或有威脅逼近，應該快逃。所以青蛙的眼睛是「感官系統只做它該做的事」（亦即只注意資訊）的單純例子。

　　人類的感官系統大致上也是這樣運作的。東西不動的話，我們也不會注意，這稱為「特克斯勒消逝效應」（Troxler fading）。那個詞是以十九世紀的德國生理學家命名，他指出我們會逐漸對不變的視覺刺激失去覺察，就像我們對熙熙攘攘的背景聲音無感一樣。不過，人類鮮少出現蛙眼那樣的盲視效應，因為我們幾乎隨時都在移動眼睛和頭部，視野也會跟著移動。但

是，如果有人把手擺在你的頭部兩側，攔住你的視野邊緣，你也會感受到類似盲視的效果。那個人的手不動時，你不會看到；他的手一動，你就看到了。這個例子也為「視覺像攝影機，不斷錄下周遭影像和聲音」這個普遍的誤解，點出了另一個問題。特克斯勒消逝效應顯示我們的視覺不是那樣運作的，我們其實比較像青蛙，除非有要事發生，否則我們先天會忽略外界的事物。

那樣的感官系統正好降低注意力的需求，但是在現代世界裡，這也可能帶來麻煩。沒錯，我們的感官先天是為了注意新奇的事物，但是感官沒注意時，我們的運作並非萬無一失。少了感官的注意，我們可能欠缺刺激，導致駕駛人出現一種有時很危險的滑稽狀況（據說有些民航機的駕駛也有這種現象），那種情況有多種稱法，例如「公路催眠現象」或「飛蛾效應」。駕駛人在毫無變化的長路上駕駛或開夜車時，可能因為缺乏刺激而對路邊鮮少出現的燈光（例如警車的閃光）近乎無視，直接開過，不予理會。

所以資訊對我們來說有奇怪又強大的吸引力。資訊存在時，我們就活了起來。你踏進家門，會注意到家具移位了；徒步穿越樹林時，會聽到身後樹枝的斷裂聲；閱讀推理小說時，在令人毛骨悚然的時刻，發現英雄剛剛用了瘋狂通緝犯用過的措辭。在這些情況下，你的覺察度變得更敏銳，注意力鎖定意外的場景，你的前意識大腦會跟著大喊：「這什麼鬼啊！」在那當下，你的世界從模糊的印象派背景轉變成超寫實的景象。

這時你腦中運作的機制是化學和電機工程的奇蹟。大腦的警報中心一旦啟動，藍斑（位於腦幹）的神經元會加快發送的速度，把名叫「正腎上腺素」的神經調節物質散播到整個大腦（請見圖8）。神經調節物質是一種神經傳導物質（用來銜接神經元

之間的突觸間隙，好讓電子訊息從一個神經元跳到另一個神經元），不過它比較特殊，不參與特定的大腦活動，例如解數學問題、說法語或記憶迦太基戰爭的日期等等，而是改變整個大腦的神經元敏感性，讓神經元更容易或更快速地發送。正腎上腺素對神經元的影響，就像調亮室內電燈的亮度及調大麥克風的音量一樣。

　　馬丁現在的情況就是如此，他的預警系統已經在整個大腦內散播正腎上腺素，讓他進入高度警戒狀態，提高警覺，降低感覺閾限，感官變得無比敏感，能察覺到最細微的聲音，注意到最微小的動靜。正腎上腺素抵達新皮質，改善輸入資料的信號雜訊比（signal-to-noise ratio），這是非常實用的技巧。在放鬆狀態下，馬丁是隨機、廣泛地掃視周遭環境，像雷達做360度掃描那樣，信號雜訊比很低。當意外事件令他訝異時（例如現在），他的感官集中焦點，過濾掉背景感覺，只專注於和手邊問題有關的資訊。藍斑這種增強雷達的特質是造成「雞尾酒會效應」的部分原因（在擁擠的房間裡，我們偶爾能聽到另一端的某個聲音）。在野外捕食的動物、參加激烈比賽的運動員、獲利的交易員都是依賴這種專注力和超自然感應力。戰場上的士兵也是如此，雷馬克描述：「第一批砲彈呼嘯而過時，空氣中震盪著爆裂聲。突然間，我們的血管、雙手、眼睛都是迫切的等待，觀望，提高警覺，感官變得異常敏銳，身體完全準備就緒。」

　　所以藍斑喚醒了馬丁的大腦和身體，把神經纖維投射到腦內更高的區域，也往下投射到身體的非戰即逃神經系統。它把正腎上腺素散播到心臟、血管、支氣管、腎上腺裡的組織（請見圖8），讓身體進入準備狀態，以便在大腦弄清楚危機及需要什麼行動時，能夠馬上啟動身體。藍斑記錄的資訊品質不高，不太

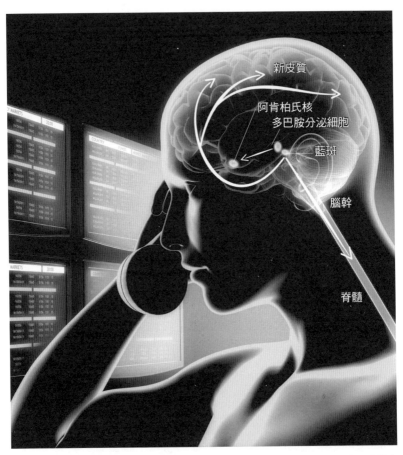

新皮質

阿肯柏氏核
多巴胺分泌細胞

藍斑

腦幹

脊髓

圖8　資訊和激發。藍斑把正腎上腺素投射到腦內更高的區域，讓意識變得更敏銳，也提高輸入資訊的信號雜訊比，讓我們更專注於當前的威脅或機會。它也把腎上腺素往下投射到身體，觸發非戰即逃的反應。腦幹中的多巴胺分泌細胞是投射到基底神經節，其中一個目標區域是阿肯柏氏核，那裡通常稱為大腦的快感中心。多巴胺鼓勵我們冒險，從事報酬不確定的體力活動，例如狩獵、覓食和交易。

圖片來源：CLIPAREA.com，客製化媒體。

清楚，它只告訴馬丁：「注意，有事情發生了！」這些資訊可能品質不高，但傳輸很快，這是它的價值所在。當事件之間的相關性崩解或新型態出現時，當事情感覺不太對勁，很可能就是藍斑在意識察覺之前，先對改變產生反應。那會啟動很基本的警報，讓我們準備好迅速反應，拉緊我們記錄裝置的薄膜，加速新陳代謝，繃緊肌肉，進入一觸即發的狀態。

資訊影響藍斑後，不再只是資料，變成了身體反應。這關係非常密切，所以1960年代多倫多大學的心理學家丹尼爾·柏齡（Daniel Berlyne）畫出激發（arousal）和資訊之間的關係，發現一個優雅的∩形。柏齡的那條曲線告訴我們，低層次的資訊（例如枯燥的對話）令我們感到無聊，昏昏欲睡；高度的複雜（例如難以理解的電影劇情或工作的檔案過量）令我們混淆，焦慮不安。但是適度的資訊會激發好奇心，滿足我們對新奇事物的渴求，全身及大腦都洋溢著滿足感。

為了避免我們面對太多的複雜性而隨時處於焦慮狀態，大腦必須區分重要資訊和瑣事。藍斑無法自己做到這點，為了區別資訊是否有意義，我們是依賴類似直覺的內臟判斷。幾個較高的大腦區（在海馬迴和新皮質的後面部位）是在意識尚未察覺下運作，它們迅速掃讀儲存在記憶庫裡的型態，比較那些型態和眼前的事實。杏仁核讓這個型態比對的流程多了一份急迫感，對每個型態標示一種情感，讓你可以迅速評估眼前的潛在威脅或機會。這個負責辨識型態、評估情感、發布警報的標示小組會篩選資訊，讓我們產生直覺，避免我們被不重要的資訊所矇騙。

我們整天都在評估這種大大小小的重要性，有些事件會吸引我們的目光，讓我們在關注與忽略之間猶豫一下。例如，當我們意外發現藝廊的天花板上吊著一張椅子時，可能激起我們一

時的好奇心。但是除非那項裝置有更深的寓意，否則我們很快就會習慣那個場景，而失去興趣。事實上，少了直覺的引導，藍斑會永遠迷失方向，就像孩子不斷受到新事物的吸引而分心一樣。很多奇幻文學之所以引人入勝，就是依賴這種一開始令人驚喜連連的想像。有些奇幻作品淪為泛泛之作，有些則成為不朽經典（例如娥蘇拉・勒瑰恩〔Ursula LeGuin〕的《地海傳說》〔Earthsea〕），這之間的差異在於觸及我們最深刻關切的議題。如今的視覺藝術為了引人關注，也是依賴評論家羅伯・休斯（Robert Hughes）所謂的「標新立異的震撼」，但是我們的直覺會區分深刻與膚淺（即使市場不那樣區分）。震撼性的藝術或許可以矇騙藍斑，像醒目的廣告一樣搶眼，但是唯有杏仁核和較高的大腦區域，以及我們全身都參與感受，那個驚人的藝術作品（例如最佳的概念裝置藝術）才會在我們最深的不確定感中扎根，產生滿意又持久的激發效果。優秀的藝術評論家和獲利的交易員一樣依賴直覺。

　　金融市場比任何地方更迫切需要區分重要與瑣碎的資訊。全球各地有新聞價值的事件，無論是日本央行升息、中國宣布工業產值、歐元區的通貨膨脹，或是颶風逼近墨西哥灣，都會出現在新聞跑馬燈上，影響市場價格。資訊不斷湧入，像無法壓縮又傳個沒完的消息，也像持續作響的電報。世界上的每個改變都會帶來債市、股市、貨幣市場或大宗物資市場的價格變化。愈多消息湧入時，不確定性愈大，市場波動愈高。所以金融市場的波動是最敏銳的全球脈動指標，最能衡量世界上新奇事件的多寡。事實上，芝加哥選擇權交易所有一種期貨合約名叫VIX，就是追蹤這個不確定性，那是金融圈預期未來幾個月市場變動幅度的指數，俗稱「恐慌指數」。2007年～2008年爆發信用危機時，VIX在幾

個月內從原本沒什麼動靜的12%飆破至80%。

　　人類大腦若想釐清金融市場內的所有資訊，很快就會因為筋疲力盡而崩潰。或許除了航空流量管制或作戰的軍隊之外，鮮少有專業需要即時篩選與處理像金融業那麼多的資訊。不過，經驗老到的交易員和投資人可以做到這點，他們能夠區分訊息和雜訊，身體可以辨別何時螢幕上出現的是雜訊，可以安心忽略；何時螢幕上出現的是警訊，應該注意。像馬丁那樣優秀的交易員不只處理資訊而已，還會感受到這些。金融圈鮮少有現象比這種市場和身體之間的緊密關係更驚人、更神祕。

　　這個有關資訊與激發的研究讓人想到的畫面是：市場和交易員之間有持續的呼叫和回音。市場廣播資訊，把訊息化成波動性的律動，交易員的身體就像音叉，跟著同步振動。我不確定交易員是否完全察覺這點，因為這一切大都是發生在前意識。根據我自己的經驗、我觀察其他交易員的狀況，以及我自己在交易廳的體驗，我覺得交易員通常不知道這點。然而，市場資訊和交易員的激發狀態會一起增強減弱，拉著交易廳一起越過柏齡那條∩形曲線（無論他們知不知道或願不願意），從無聊到興奮，再到焦慮和壓力。

聯準會！

　　這就是今天約11點的時候，交易員和業務員的身體第一次依稀感覺到風暴將至的原因。這些銀行人員雖然還不知情，但他們的身體已經開始準備防禦，隱約顯現出激發狀態，他們的目光轉向干擾。正在拋接網球的羅耿轉頭看肩膀後方的螢幕，史考特已經把椅子移回桌邊，他們都感覺到狀況不太對勁，但不確定是什

麼原因。華爾街上的每個交易員和業務員逐一放下報紙，盯著螢幕，電話閒聊也禮貌地中斷了，「我待會兒再打給你好嗎？」吃一半的甜甜圈先擱著。馬丁、葛雯、羅耿、史考特都突然產生高度警覺性，迅速記下經紀商螢幕上的細微變化，開始思考是什麼因素在擾動市場。

交易廳的主管艾許也從報紙中抬起頭來，走出辦公室，環顧交易廳。接著，他走向馬丁，一手插著口袋，問道：「怎麼了？」

馬丁轉著筆，眼睛緊盯著螢幕回應：「不確定，感覺市場好像要崩了。」

這時抵押債券部門的業務員對馬丁大喊：「富國銀行（Wells Fargo）聽說聯準會今天下午可能升息0.5%，你有聽說這消息嗎？」

馬丁和艾許愣了一下，但艾許迅速反駁那說法，聯準會不會用這種方式洩漏升息的決議。如果它想警告市場，通常會在幾週前就暗示升息的意圖，不會等委員會做最後決定那天才這麼做。多數銀行人員都知道這點，但市場似乎很認真看待這個謠言。華爾街的八卦圈進一步抽絲剝繭，發現聯準會的一位委員昨晚對一小群資深的銀行家演講時，確切指出聯準會擔心目前的股市漲得不合理。他讓大家知道聯準會絕不容許泡沫產生，也不容許泡沫威脅金融體系的穩定。當晚在場的某位銀行家把那番談話視為央行今天會升息的明確訊息，他讓自家銀行先為升息安排好投資部位以後，對客戶轉達他的觀點，所以消息才會滲入市場。

聯準會升息，尤其是在沒人預期下升息，將會對金融市場帶來全面大幅的波動，並且重創價格。聯準會設定的利息是所有資產評價的標準，所以那個利息一旦改變，其他資產的價格全都

得跟著改變。假設聯準會把利率訂為5%，你的資產是放在平衡的投資組合中：你的股票支付約3%的股利，股價每年平均上漲約4%；債券收益率是5%；另外你也持有一點大宗物資，例如黃金，雖然沒收益，但通貨膨脹時期，價值會上漲。現在聯準會升息為6%，會發生什麼事？你的資產突然看起來沒那麼有吸引力了，現在股票獲利比儲蓄帳戶整整少賺3%，債券的5%收益和新債券的6%收益相比顯得寒酸，至於你投資在黃金上的錢，原本是放棄可從債券收到的5%，現在變成放棄6%不賺，你持有那惰性金屬的代價又更高了。所以，聯準會升息通常會壓低所有資產的價值，這也是為什麼經驗老到的華爾街交易員都會謹記一句市場哲理：千萬別對抗聯準會！

　　這時的市場並不想對抗聯準會，而是打算順勢行動。股市突然意識到他們的歡樂派對即將結束，聯準會可能抽走熱錢。萬一聯準會真的這麼做，過去兩年讓股市大漲近40%的輝煌牛市將就此結束。所以，接下來的半小時，史坦普指數下跌了近2%，大宗商品市場也應聲下挫，黃金每盎司下跌5美元，原油每桶下跌2美元。不過，升息的消息最直接衝擊到的是債市。萬一聯準會真的升息0.5%，債市將會重挫。

　　艾許詢問交易桌目前持有的部位，得知持有部位不大、風險也不高時，鬆了一口氣。他迅速走向其他交易桌詢問，馬丁找來他旗下的交易員召開臨時會議，十幾位交易員湊在一起討論。他們臆測，如果聯準會升息一碼（0.25%），債市會有什麼變化？升息兩碼呢？股市會有什麼變化？不過，他們研擬策略到一半時就被打斷了，世界各地的業務員開始透過對講系統傳來客戶的交易：日本興業銀行賣出1.5億美元的五年期國庫券；新加坡金融管理局買進3.75億美元的十年期國庫券；法國某資產管理公司買

進2.75億美元的長期債券。這時國庫券市場開始走跌，馬丁沒料
到交易突然大量湧進，也沒料到國庫券市場突然冒出一大缺口，
市場迅速下跌了0.5%。他馬上跟著市場波動及不斷湧入的客戶交
易調整，一頭栽進市場中，他所受的訓練就是為了因應市場的各
種狀況，而他也做得很好。

　　一開始的交易很順遂，葛雯也是如此。他們從客戶手中買
進債券，放上螢幕賣出，有些交易可以小賺一點，但多數交易是
損益兩平，在這種受驚的市場中，能夠打平已經夠令人安慰的
了。不過，最後的15分鐘，客戶的賣勢洶洶，十年期國庫券的價
格跌了近1美元。就連馬丁這種老手也難以持續贏過市場，他最
後從客戶手中買進的那筆債券未能設法打平，被迫以低於買價出
售其中一半，另一半則完全賣不出去。隨著市場持續走跌，這些
債券開始以驚人的速度虧損，同桌的其他交易員也陷入類似的困
境，慢慢地從排山倒海而來的賣盤中撤退。葛雯努力消化了五筆
4.5億美元的交易，大都是來自於魁北克省的政府存託投資基金
（Caisse de Depot）。馬丁必須專心排除交易桌現有的風險，而
不是買進更多的債券，所以他降低對客戶開出的買價，開始流失
交易。交易員時常陷入需要獲利及迎合客戶和業務部的兩難。當
市場迅速往一個方向移動時（例如今天的情況），這兩個需求通
常是互相衝突的。經過一個早上的交易，國庫券交易桌留下一群
不滿的業務員，本來因杜邦那筆交易而累積的善意也迅速消逝。

　　接著，一如既往，恐懼開始帶來一些眾說紛紜的謠言，這
些謠言原本就不太可靠，毫無緣由。現在市場四處謠傳，聯準會
將升息0.75%，這可能還只是未來一連串緊縮政策的開端而已。
於是，市場從集體拋售轉成暴跌，十年期國庫券在沒什麼交易下
跳空下跌0.5%，五年期也一樣。15分鐘內，馬丁那些賣不出去的

債券就虧損了約175萬美元，葛雯的五年期部位又虧損了200萬美元，現在國庫券交易員感到腹背受敵，他們無法脫手的長期部位總共虧損了400萬美元以上，比馬丁的杜邦獲利超出許多，隔壁的交易桌開始擔憂，出現輕微的騷動。更糟的是，黑盒子趁著恐懼和波動正高及交易員的虧損限制下，把市場進一步往下拉，讓交易員更加恐慌。

　　對馬丁來說，市場拋售的局面已經開始急轉直下，但他見識過更糟的危機，並未因此亂了陣腳。他沉浸在市場中，融入活動，深思熟慮資訊，仔細觀察各種價格變化，債券交易的規模、速度和金額。他聆聽透過他的交易桌及遠方交易桌（例如抵押債券、公司債交易桌）傳進交易廳的客戶交易，大腦深處開始質問傳聞是否可靠，即使傳聞是真的，市場是否反應正確。在更抽象的層次上，他篩選最近的經濟統計數據，以了解宏觀經濟的現狀，並自問目前的經濟狀況是否穩健到足以承受更高的利率？他的大腦層層分析資料，尋找感覺恰當的型態。

　　接著，每層分析得出一種配對，就像吃角子老虎的三個轉輪逐一停止後出現水果形狀一樣，一、二、三。馬丁感覺體內有個完形般（gestalt-like）❶的開關，解開了胃部的糾結，他感覺到信心逐漸出現。他有一種預感，一種新的資訊詮釋拉著意識的邊緣，一種隱約的可能性。目前的經濟不可能承受得了大幅的升息，更何況是連續的升息。即使今天升息，市場也不該如此畏懼，因為升息可避免通貨膨脹，通膨正是債市的最大敵人。此外，最後這段市場急跌的走勢，以及驅動這段急跌的債券

譯注❶：完形是指完整的形象或完整的結構，可用來指物理的結構、心理的認識、抽象的符號或象徵。這個字原是德語。

拋售，感覺像是嚥下最後一口氣，業界術語是「投降式交易」（capitulation trade），亦即恐慌的經理人怕進一步虧損，不計一切代價地想出脫手中的債券。當恐懼主導市場時，冷靜者便會進場承接，馬丁就是一例。但他不是唯一這麼做的人，剛剛那五分鐘內，市場交易已經悄悄逆轉，雖然賣單依舊大量湧進（事實上只有賣單，別無其他東西），價格持續下跌，但市場開始迅速反彈，像彈簧墊一樣。市場深處潛伏著某個看不見的大戶，每次市場一跌，那個大戶就逢低承接，但是那究竟是誰？可能是中國銀行，也或許是日本央行，或是科威特金融管理局，天曉得？但不管是誰，肯定是個大戶。葛雯也感受到了，她和馬丁決定繼續持有從客戶手中買來的部位。

他們開始看到買盤出現，有些客戶進場小試水溫。不久，恐慌性賣壓顯然已經結束，市場恢復平常的買賣。這種情況正是交易員獲利的最佳時機，波動性高，客戶的交易量大，而且在市場變動大、不確定性高的情況下，客戶對價格比較沒那麼講究。他們只希望盡快執行交易，不是那麼錙銖必較。例如，有一筆交易中，五年期國庫券的交易價是100.16～100.18，一家佛羅里達州的保險公司要求出售8,000萬美元的國庫券，葛雯出價100.14買進。幾分鐘後，另一個客戶想買1億美元的國庫券，葛雯開價100.19賣出，迅速賺了12.5萬美元。在類似今天的交易日裡，交易員和客戶之間的買賣可以持續好幾個小時，利潤可能很小，這裡賺一分，那裡賺半分，但是整家銀行的總交易量可能高達數百億美元，甚至數千億美元，獲利積少成多。華爾街的氣派大樓不像傳說是靠狂妄投機者的財富打造出來的，而是靠著分毫的小利聚沙成塔。

在這個市場中，跟交易員享有的買賣價差一樣重要的，是

只有他們能接觸到的資訊。大銀行的交易員可以看到大客戶的交易，所以比金融圈先知道這些精明資金的走向，例如央行、避險基金、石油資金、大型退休基金、主權財富基金等等。這個優勢讓他們先馳得點，他們可以用市價賣出大額債券給客戶，並在小銀行和機構投資人發現真相並得知他們為何虧損之前，就先從螢幕上回補債券。世上其他人都無法得知這些資訊，不過交易員也會和大客戶分享訊息，尤其是他們將來想跳槽的避險基金。這些資訊非常寶貴，所以各大銀行才會花那麼多錢養一大群全球業務團隊。

交易廳裡愈來愈多的交易員看到買盤出現，他們也跟著採用馬丁和葛雯的策略，開始累積債券部位。馬丁察覺到交易員的走道散發出一股如釋重負的氛圍，交易員不再為生存奮戰，開始對市場產生興趣。就像剛射門獲得關鍵一分的足球隊一樣，交易員和業務員都感覺到氣氛已經轉守為攻，這正是交易員夢寐以求的市場，他們不再恐懼，並且拋除之前的看法。馬丁、葛雯、羅耿、史考特及同一走道的其他交易員，不再把市場的波動性視為威脅，而是可接受的挑戰。他們已經進入狀況，這時交易員很樂見迎面而來的各種資訊脈動，欣然接納風險，渴望不確定性，就像渴望刺激的比賽一樣。這時每個人都處於柏齡∩形曲線的頂峰，資訊的接收伴隨著興奮的期待。

資訊的樂趣

資訊令人沉迷，我們甚至可以毫不誇張地說，資訊令人上癮。那癮頭是在另一種神經調節物質「多巴胺」的影響下形成的。多巴胺是由腦幹上方的一組細胞分泌，目標是鎖定控制獎勵

與行動的大腦區域。當我們獲得寶貴的資訊時，或是做有益健康與生存的行動時（例如吃喝、性愛或是賺大錢），多巴胺會在大腦的歡娛通道中釋放，讓我們感到滿意，甚至產生飄飄然的愉悅感。事實上，我們的大腦似乎對多巴胺的重視更勝於吃喝或性愛。你要是讓動物從食物和多巴胺的刺激中二選一，牠會自我刺激到餓死為止。如果說，正腎上腺素是負責調節大腦整體的激發程度（大腦有多清醒、多專注），那麼多巴胺就是調節其動機強弱（大腦有多渴望東西）。

　　可惜的是，多巴胺神經元很容易受騙，可能讓人為了獲得激勵而濫用藥物。幾乎所有的娛樂用藥物（舉凡酒精、古柯鹼或安非他命），都會增加多巴胺對大腦基底神經節的作用（位於腦幹和皮質之間），尤其是阿肯柏氏核那區（請見圖8），而產生上癮效果。如果我們把多巴胺視為努力後所獲得的正常補償，那些娛樂用藥物其實是一種詐騙，它們欺騙大腦為我們沒做的健康活動分泌多巴胺。為了讓大家了解這種詐騙的效果，大家可以想想以下的數字。食物可讓動物的多巴胺濃度提高50%，性愛可提高100%。不過，尼古丁可提高多巴胺濃度200%，古柯鹼可提高400%，安非他命可提高1000%。如果你讓有毒癮的人從食物和多巴胺刺激中二選一，他們無疑也會對吃東西失去興趣。

　　這很容易讓人因此推論多巴胺是歡娛分子，可惜事實沒那麼簡單。科學家驗證這個想法時，發現了出乎意料的結果。他們給動物一份果汁時，動物的多巴胺會上升，彷彿多巴胺會跟著喝果汁的歡娛一起變動似的。實驗到目前為止，看起來還很正常，但是當他們讓動物多喝幾口果汁時，出現了奇怪的現象：動物大腦中的多巴胺會在動物多喝果汁前先上升。多巴胺的上升和線索的出現是同步的，那線索可能是聲音或影像，是喝果汁前一定會出

現的東西。換句話說，動物收到歡娛即將來臨的資訊時，多巴胺的濃度就飆升了。

科學家不解，動物還沒實際喝到東西之前，是如何獲得歡娛的？有些人開始懷疑體內可能有兩種不同的獎勵：攝食的歡娛和期待的歡娛，他們懷疑多巴胺可能和期待的歡娛比較有關。大腦中的其他化學物質（例如天然的類鴉片）可能提供實際喝東西的歡娛，但是多巴胺提供的東西或許比較接近盼望，甚至是渴望。盼望比較像是一種預期，不過它有強大的激勵效果，也令人愉悅，雖然有時的感覺比較像瘋狂難耐。肯特·貝里奇（Kent Berridge）和泰瑞·羅賓森（Terry Robinson）這兩位科學家做了突破性的研究，他們的結論是：多巴胺是刺激對果汁的需要，而不是喜歡。

多巴胺在人體內的運作方式也大致相同，它讓我們注意那些可預測歡娛的線索，例如最愛的餐廳散發的香味、遠眺滑雪場時那令人興奮的景致，或是約會時穿的某件合身藍毛衣。從這個角度來看，或許多巴胺是讓我們長年沉迷於金錢的原因，畢竟金錢最容易讓人憧憬美好的時光。

「多巴胺是渴望」這個論點還有另一層寓意。給猴子一份果汁，牠腦內多巴胺的濃度會增加，但是重複這流程幾次以後，多巴胺神經元會安定下來。當猴子預期一份果汁時，如果你給牠兩份，牠的多巴胺濃度又會再度上升，給牠三份果汁，多巴胺濃度會飆得更高。但是如果重複給牠三份果汁，多巴胺濃度又會回穩。這表示釋放到阿肯柏氏核的多巴胺劑量，跟動物收到的絕對獎勵數量無關，而是看那獎勵有多麼出乎意料而定。這結果更進一步顯示，我們喜愛與渴望可獲得意外獎勵的環境。換句話說，我們喜歡風險。多巴胺會跟著資訊的接收飆升，那是學習的訊

號，讓我們記住剛剛發現的事物。有些神經科學家，例如哥倫比亞大學的強・霍維茨（Jon Horvitz）和雪菲爾大學的彼得・雷葛雷夫（Peter Redgrave），不只把多巴胺當成歡娛想法的預測因子，更進一步提出爭議性的主張：任何幫我們預測未來歡娛與痛苦來源的經驗，即使令人不快，也可以刺激多巴胺的釋放。

　　多巴胺的研究改變了精神科醫生對毒癮的了解與治療。醫學研究人員發現，吸毒者的大腦化學演變方式跟攝取果汁的動物一樣。毒品先釋放愉悅感及強勁的多巴胺，但是吸毒頻率增加後，多巴胺訊號的時間點會向前移，跟預期吸毒的線索同步出現（例如某種音樂、人物或特殊地點，像是夜店），這些線索會刺激一種近乎無法抗拒的渴望。這時真正強大的激勵是對毒品的渴望，而不是毒品提供的歡娛。許多毒癮者會對一度喜歡的毒品失去樂趣，甚至厭惡吸毒的感覺，卻無法戒毒。有菸癮的人無法抗拒抽菸的誘惑，但常覺得吸菸本身滿討厭的，讓他們吸完菸後感覺惡劣。有毒癮的人為了戒除惡習，常發現他們必須搬家，迴避老友，以遠離吸毒的線索。一些反毒廣告因誤解這點而造成反效果，那些廣告常描繪毒癮的可怕，呈現血腥的注射器和暗巷，但那些正是讓人預期吸毒的影像，反而讓想戒毒的人產生大量的多巴胺，喚起他們的渴望，驅使他們又去吸食海洛因或古柯鹼。

　　除了毒品，還有什麼會驅動多巴胺的渴望？如果多巴胺讓人渴望資訊和意外的獎勵，或許它也讓我們充滿強烈的好奇心。而好奇心本身（想知道真相的需要）或許就是一種上癮的形式，讓我們迫不及待地看完一本精彩的推理小說，或驅動科學家夜以繼日地研究，直到發現胰島素或解開DNA結構之謎為止，科學的突破就是終極的資訊補給。愛因斯坦領悟廣義的相對論時，那感覺肯定就像多巴胺大量湧現一樣。

　　賭博因報酬無法預期，也可能變成驅動多巴胺的癮頭。連續幾小時，不斷把錢幣投入吃角子老虎的機器裡，或許看起來很無聊，但是當三個水果形狀意外排成一線時，你會聽到硬幣傾瀉而下的聲音，腦中立刻釋出大量的多巴胺，讓你渴望多賭幾次。如果賭博可能讓人上癮，誰敢說交易不會呢？有些交易提供經濟中最高的報酬，但這些報酬充滿不確定性，需要預測未來並承擔大量的風險才可能獲利。所以交易員獲利時的強烈亢奮感，可能是多巴胺造成的。這也難怪很多觀察家懷疑，手氣很順的交易員可能有上癮現象。就像毒癮者會迅速習慣某個劑量的毒品，必須持續調高劑量一樣，交易員也會習慣某個風險與獲利層級，難以抗拒地不斷擴大交易部位，超過一般認為的謹慎範圍。

　　重要的是，多巴胺就像正腎上腺素，不僅激勵大腦而已，它也讓身體準備好採取行動。套用艾默理（Emory）大學的神經學家格雷格・伯恩斯（Greg Berns）的說法：「在真實世界裡，行動與報酬是並存的，好東西不會從天而降，你需要出去尋找。」多巴胺正是驅動我們去尋找的動力，那也是德國某研究團隊的實驗發現。該團隊設計一個實驗，把進食的樂趣和搜尋食物的渴望分開。他們先以藥理方式耗光老鼠的多巴胺，結果發現，只要把食物直接放進老鼠的嘴裡，牠們就會持續享用食物，但是把食物放在很短的距離外，牠們卻不願移步。

　　當我們觀察移動和獎勵之間的關聯時，瞥見了激勵我們的核心，發現了讓我們興奮、冒險、熱愛生活的因素。多巴胺不只為訊息貼上享樂標籤而已，它也會鼓勵那些促成意外獎勵的身體行動，例如嘗試有效的新狩獵技巧，或是在林中覓食時，偶然發現一片特別茂密的莓果，讓我們想重複這些行動。事實上，在多巴

胺的影響下，我們開始渴望這些身體活動。正如伯恩斯說的，多
巴胺的研究「顛覆了經濟學的基本原則」，因為研究結果有點出
人意表，動物其實比較喜歡主動覓食，而非被動餵養。

　　從演化的角度來看，「偏好自己努力覓食」這個假設對動物
和人類來說都很有道理。如果你是造物主，想設計一種動物讓牠
生存下來，你應該讓牠不只喜歡吃喝與性愛而已，因為光是喜歡
吃喝與性愛，只會讓牠變成懶骨頭或頹廢的享樂者，你應該讓牠
喜愛可找到食物、水和性愛的活動。這正是多巴胺的功效，它讓
我們想要重複某些行動，無論是狩獵也好，約會也好，或是在螢
幕上搜尋交易機會也好。電影《侏羅紀公園》裡有句台詞充分說
明了這個道理，劇中一群遊客站在通電的圍欄外，看到一隻羊被
拴在木樁上，那是給某隻不見身影的暴龍享用的午餐，山姆‧尼
爾（Sam Neill）對此冷冷地說，這隻掠食動物「不希望被餵食，
牠想自己獵捕」。

　　如果我們把多巴胺的相關研究彙集起來，可以得出以下結
論：當我們的身體採取新的行動，獲得意想不到的獎勵時，多巴
胺的濃度升得最多。多巴胺促使我們突破慣例，嘗試新的搜尋模
式和狩獵技巧。所以，多巴胺對演化過程有革命性的影響。德州
農工大學的心理學家弗雷德‧沛維克（Fred Previc）指出，古代
的飲食結構改變（例如肉食增加），導致多巴胺分泌細胞迅速成
長，因此改變了歷史。它鼓勵我們放膽冒險，別管任何理性的收
益預期。多巴胺促使我們對人生及其一切變化產生健全的渴望。
你可以想像，在非洲大草原上，哺乳類動物的新大腦受到多巴胺
的驅動時，就好像獲得了啟動身體的鑰匙，而且還有很好的代謝
資源，那是多麼重要的一刻，人類從此演化成今天的模樣，變成
到處掠奪又貪婪的搜尋引擎，有如四處移動的Google。

　　凱因斯比其他經濟學家更了解這些潛藏的探索衝動，他稱這些衝動為「動物本能」──「一種自然而然想要行動、而非懶散不動的動力」。他認為那是經濟的脈動核心，「我們的積極活動，有一大部分是依賴自發性的樂觀，而非數學的期望值，那是人性的特點。」萬一這種自發性的樂觀消失了，動物本能也會消散，那時我們就只剩數學計算，他警告，到時候「企業也會消逝」。他猜測企業經營跟南極探險一樣，都不是光靠機率運算驅動的，有很大一部分純粹是因為對冒險的熱愛。

　　正統金融學有個核心原則：想獲得較高的報酬，需要承擔較大的風險。同樣的道理也適用在我們古代的搜尋和狩獵模式上。多巴胺促使我們嘗試以前沒試過的事情，讓我們偶然發現原本可能永遠不知道的寶貴領土和狩獵技巧，鼓勵我們冒險突破保護的屏障。「我從來沒跨出叢林的邊緣，不知道遼闊的大草原是什麼樣子？」「不曉得不同形狀的矛會不會比較好用？」「超越地平線的那一端不知道有什麼？」即使回答這些問題可能需要冒很大的風險，造成無數的傷亡（好奇的確偶爾會害死貓），但是對我們長久以來探索地理、科學、金融的歷史確實有很大的助益。多巴胺可說是歷史分子。

　　這個有趣的分子依舊有一些未解之謎，其中一點特別令人關注。如果多巴胺促使我們近乎沉迷於探索和實體冒險，它現在究竟是怎麼了？如今約有30%的美國人口過胖，似乎已經失去了這個動力，寧可衣來伸手，飯來張口，也不想費力覓食。如果多巴胺在人類演化的歷史中具有那麼強大的驅動力，讓我們橫越大洋，挺進太空，為什麼現在那麼容易就消散了？雖然這是醫學界亟欲探索的議題，但目前依舊無解，不過1970年代溫哥華做了一些如今大家近乎遺忘的研究，對此提出有趣的觀點，該研究後來

被稱為「老鼠樂園」（Rat Park）。1970年代許多毒品管理法正式施行，研究的主導者布魯斯·亞歷山大（Bruce Alexander）質疑當時對上癮現象所抱持的背後邏輯。

他在研究中把老鼠放進籠子裡，籠裡擺放兩瓶水讓老鼠飲用，其中一瓶裝純水，另一瓶則加入嗎啡。老鼠當然是比較喜歡加了嗎啡那瓶，後來就上癮了。亞歷山大接下來做的事情很有趣，他重複該項實驗，只不過這次是把老鼠放進他所謂的「老鼠樂園」裡。籠子裡有跑輪、植物、其他老鼠（雌性、雄性都有）等等。換句話說，他提供老鼠比較豐富的環境。老鼠進入樂園之後，不再偏好加有嗎啡的水了，也沒上癮。根據後面的研究，我們可以推測，這些老鼠光是從正常的搜尋、勞動與玩樂形式，就獲得了日常所需的多巴胺。事實上，最近的研究發現，豐富的環境是絕佳的毒品替代方案，原本對古柯鹼有毒癮的動物進入豐富的環境後，便可以戒除惡習。

老鼠樂園為當代的上癮及肥胖問題提供了一個新觀點，這也讓我們不禁納悶，我們是不是沒給普羅大眾豐富的環境？沒讓大家接觸運動設施？接觸藝術訓練，甚至科學訓練？接觸綠地？是不是職場不太對勁？都市開發有什麼問題？我們是不是把很多人移出人類樂園，把他們關進了空盪的籠子裡？這些都是亟待解決的問題，因為普遍的肥胖現象不僅是醫療災難，也壓抑了我們蓬勃發展與幸福快樂所需的直覺和冒險進取的動力。

宣布

到了下午1點30分，市場已經止跌反彈，收復了大半的跌勢，十年期國庫券現在只下跌0.75%。葛雯已經把之前五年期債

券的虧損都賺回來了，她和馬丁最後果然還是小賺了一筆，靠市場跌到谷底時累積的部位，總獲利近300萬美元。葛雯恢復了活力，這下子她不會被調到其他部門了（馬丁之前就已經叫她放心了，他說艾許鎖定的是抵押債券桌的問題，不是她）。葛雯和馬丁決定出售一半的部位，他們合理推斷，在聯準會即將宣布結果之際，持有龐大的部位——無論是多頭或空頭部位，都是不智之舉。其他交易員的績效也不錯，現在整個交易桌運作得很順利，像個經驗豐富的團隊。氣氛好轉，愉悅感蔓延開來，一片祥和靜謐。交談只剩偶爾的隻字片語和簡略的確認回應。

市場上可能還殘留著一絲風險，但多數交易員都能欣然接受。內心醞釀的興奮和安心感，讓他們準備好聆聽聯準會的宣布。謠傳的出現始料未及，拋售的賣壓完全出乎意料，但馬丁和葛雯接受挑戰，還意外賺了一筆。這正是觸發多巴胺湧現的情境，現在他們的大腦中充滿著多巴胺這種麻醉物質，產生無與倫比的快感。

不過，他們面對的挑戰不只在智力上，也在體能上，他們需要有技巧，反應迅速，充分的代謝和心血管資源，才能支撐他們勞心勞神。所以馬丁和葛雯充分吸收與解讀傳聞後，心跳和呼吸加快，血壓上升，最重要的是，壓力荷爾蒙湧入血液中。腎上腺素釋出肝臟中的葡萄糖，以及肝臟、肌肉、脂肪細胞中的皮質醇能量，所以馬丁和葛雯有充足的燃料供應，幫他們度過整個下午。皮質醇的效果尤其強大，因為它會自由進入大腦中，找尋歡娛通道上的受體，放大多巴胺的效果。身體壓力源（例如開快車、雪道外的滑雪，或是在刺激的市場中交易）提供一般無法預期的快感。低度的皮質醇搭配多巴胺，可產生強烈的迷醉效果，神經學家羅伯‧薩波斯基（Robert Sapolsky）稱之為強烈刺激：

「你覺得專注，機靈，精神抖擻，躍躍欲試，充滿期待。」伯恩斯則稱為心滿意足的感覺。

　　的確，如果要求很高，結果充滿不確定性，潛在的報酬很大，一般人通常會卯足全力接受挑戰，專注心力，忽略一切令人分心的事物，忘了時間流逝，進入心理學家所謂的「心流」（flow）境界。有幸體驗過心流快感的人（例如藝術家、運動員、數學家、熱愛工作的人），在這種績效提升的時刻顯得容光煥發。這時他們體內的每個系統都啟動了，以完美的狀態運作。馬丁和葛雯感覺到前所未有的歡暢，他們沉浸在個人專業的能力和榮耀中，怡然自得。這正是他們熱愛的，這工作，這紐約，這3月的當下。

　　1點45分，馬丁拿起對講系統的麥克風，為業務團隊講評。他的觀點在華爾街普遍受到尊重，他的講評讓業務人員有藉口可以打電話給客戶拉生意。

　　「好，大家聽好了！」馬丁說：「我們都聽到傳聞，看到拋售的賣壓，市場暴跌，但是觸底時也看到很多買盤承接，來自於財力雄厚的大戶。如果要我猜的話——那也是公司付錢要我做的事——我猜華爾街有很多人錯過了突如其來的反彈，仍需要買進債券。除非聯準會真的升息三碼——我想聯準會不可能那麼做，否則我會從多頭這邊交易，雪恩會告訴大家我們對聯準會的看法。」

　　雪恩是銀行內部的經濟學家，他接著提出銀行對外發布的觀點，他們一直覺得聯準會今天不會升息。但話又說回來，他們也和華爾街的其他人差不多，可能錯過了聯準會之前給的一、兩個暗示，所以雪恩不排除聯準會今天升息的可能性，況且聯準會也曾經強烈抨擊股市逐漸出現泡沫，不過他很肯定，聯準會即使升

息，也不會超過0.5%。

2點10分，螢幕上的交易量萎縮，交易廳靜了下來。過去兩個小時銀行和客戶都忙著搶部位，現在大都已經完成交易了。全球各地的交易員和投資人都屏息以待聯準會的宣布，一股期待的靜默籠罩著全球市場。

現在我必須試著解釋接下來發生的事情。2點14分，馬丁和葛雯把頭湊近螢幕，凝視前方，瞳孔放大，呼吸深沉又有韻律，肌肉收縮，身體和大腦合一以便隨時採取行動。聯準會發布的消息一出現在新聞頻道上，他們會像網球選手那樣回應發球，立刻出手反擊，買賣螢幕上的債券，處理客戶的交易，理解變化莫測的市場動態，他們的活動很可能持續整個下午，甚至一直到東京的早晨。所以他們需要支應完整的非戰即逃反應，但是現在（聯準會宣布的前一刻）這些都還沒發生。目前發生的是另一種反射動作：「定向反應」（orienting response），那是不自覺的觀望反應，在那當下，我們的心臟和肺臟幾乎都快停下來了。

究竟為什麼會發生這種情況，生理學家並沒有明確的說法。一隻羚羊動也不動地站在高長的草叢裡，希望漫步經過的獅子沒注意到牠，這時牠的心肺也是近乎停止的。萬一被發現了，牠會在瞬間衝刺逃離。但牠是怎麼辦到的？牠的心肺如何迅速快轉？非戰即逃反應可能需要幾秒才能達到最大的效果，所以羚羊在獅子還沒發現牠以前，先把心肺功能的馬力全開，以免需要逃離時出現延遲，那不是比較合理嗎？

定向反應的一種解釋是：心臟和肺臟之所以放緩下來，是為了增加容量，這樣一來，突然行動的時候，肺臟才會充滿空氣，心臟才會充滿血液。這說法無疑是真的，但也有可能是另一個原因。當羚羊動也不動地站著觀望附近的獅子，短跑運動員在起跑

線上蹲下身子，守門員準備好把罰球擋開射門，馬丁和葛雯動也不動地靜候聯準會宣布時，他們的身體的確是在為非戰即逃反應預作準備。他們都已準備就緒，蓄勢待發，只是尚未啟動而已。迷走神經正壓抑著他們的心肺，就像狗鏈拉著警犬一樣。

在定向反應時，非戰即逃系統和休息與消化神經系統都同時啟動，這時我們的身體完全準備好全速逃離或戰鬥到底，只不過先被「迷走閘」（vagal brake）抑制住罷了（迷走閘是伊利諾大學芝加哥分校的史蒂芬・波戈斯〔Stephen Porges〕的說法）。這時你的身體就像位於起跑線的直線競速賽車，踩住前煞車，但猛力驅動引擎，轉動後輪，摩擦輪胎，大冒氣焰，等綠燈一亮，就鬆開煞車，讓車子直衝向前。這裡的原理是：對已經加速的引擎放開煞車，比踩油門啟動加速快上許多。人體似乎也是如此，強大又迅速的迷走神經先壓抑非戰即逃反應，讓血壓和腎上腺素的濃度先累積，等消息一出，馬上鬆開壓抑，讓心臟和肺臟瞬間火力全開。

下午2點15分，新聞頻道跑出一行字。停頓片刻後，雪恩對著對講系統大喊：「一碼！聯準會升息一碼。」交易廳馬上消化那則新聞，接著又出現一行消息，裡面包含聯準會宣布的內文及升息原因，說他們會持續關注股市過熱的現象。剛剛那瞬間混亂所衍生的真空狀態，突然湧進了大量活動。全球各地的迷走神經都鬆開了羈絆，每個人都馬上叫了起來。螢幕閃動著價格，對講系統開始傳進源源不絕的客戶交易，有些是賣單，有些是買單，有的是今天早上急著想賣的客戶，整個情況陷入混亂。聯準會的確在多數人的意料之外升息了，那是大家最先記下的殘酷事實。市場開始下跌，十年期國庫券馬上跌了0.5%，但交易量不大，交

易也不多，只有類似膝反射的反應。

　　但接著，比較深思熟慮的反應開始表明立場：一碼？那根本沒什麼，又不是三碼，甚至連兩碼都不到。本來說要抑制股市的強硬說法是怎麼回事？一碼？那根本微不足道，只是做做樣子罷了。聯準會並沒有要發動戰爭，也沒打算以大幅升息來呼應強烈措辭，不會像保羅‧沃爾克（Paul Volker）在1980年代初期那樣，把利率一舉調到20%以上。沃爾克才叫狠角色，一碼？那算什麼啊！

　　市場集體鬆了一口氣，接著恢復正常運作。股市在消息的鼓舞下，迅速大漲200點，債市也止跌回升，不僅收復今天下跌的部分，更持續攀升。現在業務部持續傳來大筆交易，全都站在買方。馬丁和葛雯趁機出脫之前以低於目前市價（十年期的價格是101.16）近兩點的價格所買進的部位。這個歡樂氣氛延續了整個下午，直到最後艾許漫步過來，對馬丁和葛雯輕聲說，今天交易廳可望大豐收。國庫券交易桌連同其他相關的交易桌（例如公債交易），看來總共賺了近1,200萬美元。

　　現在聯準會已經失去了嚇阻的能力，但說句公道話，失去可信度不全然是聯準會的錯。央忙遇到非理性亢奮時，幾乎是面臨不可能的任務，因為這時想要控制市場，就像管控一群興奮莫名的學童一樣困難。此外，如果聯準會升息的幅度足以抑制股市泡沫，那麼也可以輕易地扼殺經濟。這是相當現實的風險，因為市場過熱，大家急著追求獲利時，升息1%或2%對市場沒多大的效果，但是對依賴貸款的其他事業（例如製造業和公用事業）則有極大的衝擊。如果投資人覺得最新上市的科技股是下一個IBM或微軟，升息雖然可以讓銀行存款多賺一、兩個百分點的利息，卻無法勸阻他們把錢投入股市，那也是如今市場中深植的心態。

　　看來這一季應該會有不錯的紅利獎金，所以下班時，交易員各個興奮地走出交易廳，準備去喝幾杯，慶祝今天的成果，之後再到蘇活區及翠貝卡區的夜店玩到深夜（那兩區仍有一些波希米亞風的迷思，不過華爾街的點石成金術老早就扼殺了那裡原有的藝術氣息）。羅耿背起他的健身房背包，以自信的口吻對仍在桌邊的兩位業務員說，沒什麼東西可以阻擋道瓊站上36,000點。

6

── 激發亢奮的因素 ──

隨著3月結束，也帶走了冬天的寒意，華爾街洋溢著清新的氣息。聯準會幾乎默不出聲，市場宛如無人監管的遊樂場。過去兩年的牛市雖然已經讓股市漲了40%，債市漲了約20%，但交易員和投資人都認為漲勢才剛開始。他們滿腔熱血地推斷，美國經濟復興的新紀元即將到來，並伴隨著持久的高成長率和低通膨，所以債券和股票會持續飆漲。新聞不管是談什麼內容，都宣稱當前的機會難能可貴，財經記者呼籲投資人不要猶豫驚慌，他們說現在是投資的最佳時點。

市場一片歡欣鼓舞，資金大量湧入華爾街。投資銀行的各部門無論是否直接參與牛市，獲利都紛紛創下記錄。銀行承銷的證券（股票、公司債、抵押擔保債券）免不了價格都大漲了，所以銀行也從未出售的部位賺了一筆。客戶（市場背後的真正金主）坐擁價值大幅上漲的資產，覺得績效很好，對華爾街要求的價格也沒那麼嚴苛了，銀行因而輕鬆獲利。從客戶交易中獲得的額外

利潤加總起來又破了記錄，銀行從業人員都可望獲得豐厚的獎金。

豐厚的獲利讓交易員更難抗拒進一步冒險的衝動。以前交易員可能習慣交易1億美元的債券，現在是交易2億美元，甚至是10億美元。交易部位擴大，加上市場飆漲，交易員的損益（profit and loss statement，簡稱P&L）可能異常龐大。以前交易員每天的平均損益可能是25萬美元，現在可能是37.5萬美元。這差距如果持續一年（平均230幾個交易日），總計會多出2,900萬美元的損益，或許獎金也多了300萬美元。

牛市通常都會出現這種風險上移的現象，不過有一次牛市風險上移的程度，已到了令人難以置信的地步。在最近的房市泡沫中（2002年到2006年間），金融圈經歷的狀況簡直和惡性通膨沒什麼兩樣。在那之前的1990年代，華爾街金童可能交易風險加權相當於5億美元的十年期國庫券，損益介於3,000萬到5,000萬美元之間，紅利獎金約領100萬到300萬美元，真正的明星交易員可領高達500萬美元的獎金。然而，在幾年後的2000年代，金融圈彷彿在他們經手的每個數字後面都加了一個零，舉凡交易部位、損益、獎金等等都是如此，紅利超過5,000萬美元。我自己也曾是績效優異的交易員，習慣承擔大量的風險，做過一些當時在芝加哥商品交易所裡最大的歐洲美元選擇權交易，但是2005年我回去造訪老地方時，幾乎已經認不出那個新世界，我覺得自己像個老頭在提一些裝甲部隊衝鋒陷陣的當年勇，聽眾只會虛應故事，笑而不語。理性觀察家大都認為，房市泡沫期間承擔的風險太危險了，考慮欠周。不幸的是，他們想的沒錯。

只不過，泡沫仍在時，可能充滿樂趣。承擔異常風險而獲得的龐大損益，正是讓多巴胺湧進阿肯柏氏核的情境，這種迷醉物

質很可能在牛市期間提供交易員喜愛的快感。但是隨著市場持續上漲，交易員感覺到別的東西也加入了組合，一種效果更深入、更強烈的東西，彷彿啟動了隆隆作響的大引擎。因為獲利增加時，睪固酮也會增加。事實上，一般認為多巴胺和睪固酮這兩個系統是協同運作的，睪固酮達到興奮效應主要是因為阿肯柏氏核裡的多巴胺增加了。睪固酮是構成快感的低音，多巴胺是高音。事實上，一些證據顯示，睪固酮之類的性類固醇（sex steroid）可能讓大腦對多巴胺的效果更敏銳，讓各種獎勵（運動獲勝、戰爭勝利、大額獲利）更有快感。有更多的證據甚至顯示，類固醇可能讓人上癮。

　　睪固酮是類固醇激素，發揮效果的時間比我們前面看過的多數分子還慢。例如，它不像腎上腺素是預先分泌並儲存在囊泡裡，等著釋放出來，類固醇是無法儲存的。類固醇是可穿過細胞膜的分子，甚至滲透皮膚（許多類固醇是以膠狀塗抹，例如睪固酮）或穿透實驗室人員的橡膠手套。想把類固醇分子存在囊泡裡，就像想把鬼魂鎖在房間裡一樣，它們會直接穿過細胞壁，所以只有在需要時才會生產，然後釋放到血液中，過程很耗時。荷爾蒙傳輸訊號的流程（從下視丘到類固醇激素的生產）光是啟動就要15分鐘。

　　類固醇發揮效用的時間更久，需要幾小時，甚至幾天。那流程可能很慢，但類固醇在人體內的運作方式很獨特。它們會穿過細胞膜，進入細胞核，導致基因轉錄（gene transcription）。換句話說，類固醇會促成蛋白質（身體的組成要件）的製造。此外，不像有些荷爾蒙只對一、兩種組織發揮效用，類固醇在體內每個有核細胞裡幾乎都有受體。從這些類固醇的屬性，大略可以知道它的強大威力。只要一種類固醇（例如睪固酮）就可能讓人產生

多種生理變化，提升骨質密度和淨肌肉量，增加血液裡的血紅素和凝血因子，心情好轉，充滿性幻想，行為更冒險。睪固酮藉此規劃專注與協調的身體反應，以因應眼前的競爭和機會。所以在牛市中，交易員的生理狀態開始大幅提升他們的冒險程度時，他們會感覺到比較深遠的轉變。

人類構造

　　把睪固酮視為分子或嚴謹的科學與醫學研究議題可能很難，因為大家對它充滿了迷思和刻板觀念。光是提起這個詞，似乎就足以抹殺任何科學的客觀性。性荷爾蒙從早期研究開始，其研究結果就很容易偏離科學家和臨床醫師之手，遭到江湖郎中的濫用，他們往往宣稱自己握有永保青春的祕方、終極春藥、神奇藥水，就像《阿斯泰利克斯歷險記》（Asterix）漫畫書裡高盧人握有的東西一樣，可以讓人在戰場上所向無敵。不幸的是，許多發現睪固酮的科學家也促成了這股誇大的迷思。

　　1889年，法裔美國籍的神經學家查爾斯‧愛德華‧布朗—瑟夸（Charles Edward Brown-Séquard）以青蛙和天竺鼠的睪丸調製出一種巫師藥水。布朗—瑟夸是一位備受敬重的醫生，他發現一種神經系統失調的症狀，直到今天仍以他的名字命名。但是當這位72歲的科學家喝下自己調製的動物睪丸藥水時，卻完全失去科學的公正性，宣稱他發現了「回春仙丹」，還自豪地向一位巴黎的觀眾透露，當天他「寵幸」了妻子。如今大家認為他之所以吹噓性能力，大都是因為安慰劑效應，但他的言論卻對荷爾蒙的一般研究烙下深遠的影響，尤其是睪固酮，從此以後大家對荷爾蒙產生了瘋狂的奢望。後來，1920年代和1930年代，尋找動物睪丸

內的活性成分變得跟軍備競賽沒什麼兩樣，全球各地的科學家都紛紛加入這股熱潮。那年代的荷爾蒙研究似乎承諾大家，透過化學可以過著超凡的神仙生活。該項研究相當熱門，所以報章雜誌和流行文化常看到這類的研究報導。喜劇大師諾維‧考沃（Noël Coward）曾經拿這個當話題，他1932年的劇作《愛情無計》（*Design for Living*）中有個角色名叫恩內斯特，恩內斯特在劇中說：「我希望你告訴我，是什麼讓你不開心。」對方回應：「我想是腺體吧，現在什麼東西都可以扯上腺體，前幾天我才在一本書裡讀到。」

　　就在前一年（亦即1931年），科學家才分解出第一個雄性激素（睪固酮所屬的類固醇激素類別）。德國科學家阿道夫‧布特南（Adolf Butenandt）設法從柏林警局捐贈的2.5萬公升尿液中提煉出50毫克的雄固酮（睪固酮的弱型），他和其他人認為這種化學物質有重要的醫療和商業應用，但應該有更好的製造方式。藥廠投入大量的時間與資金，想從原始分子（膽固醇）合成睪固酮。1935年，布特南和克羅埃西亞的科學家利奧波德‧盧齊卡（Leopold Ružička）成功了，還因此在1939年一起獲得諾貝爾化學獎的殊榮，是科學界的最高肯定。然而，科學上的突破仍持續伴隨著誇大不實的宣傳：布特南向諾貝爾委員會說明睪固酮時驚呼：「各位，這是炸藥，純炸藥！」

　　到了1930年代末期，這種分子已經運用在診所中，以治療憂鬱症，當時稱為「更年期憂鬱症」，指男性進入中年後活力消沉的現象，通常是睪固酮自然減少的結果。如今藥廠把這種症狀（如果是自然老化，或許不該稱為症狀）視為男性更年期，不過稱法尚未獲得醫學界的肯定。

　　所以，撇開誇大不實的說法不談，究竟睪固酮是什麼？一般認為睪固酮是雄性荷爾蒙，但女性體內也有，不過兩性之間有很大的差異。男性的睪固酮是由睪丸產生，少量是由腎上腺產生，女性則是由卵巢和腎上腺產生。更重要的是，男性的睪固酮分泌量約是女性的十倍，所以展現較明顯的效果。事實上，男性睪固酮的效果非常廣泛、強大，男性幾乎是睪固酮創造出來的，這點請容我說明如下。

　　每個人都有23對染色體，第23對染色體決定胎兒是男是女。這個染色體可能是XX（胚胎會發育成女性）或XY（發育成男性）。所有胚胎的預設性別都是女性：除非有Y染色體，否則都會發育成女性。Y染色體其實異常的單純，上面鮮少基因，其中一個基因造成男女之間的主要差異。那個基因稱為SRY，是Sex Determining Region of the Y chromosome的縮寫（Y染色體性別決定區）。

　　SRY基因的功用很簡單，它為蛋白質激素的形成編碼。那個蛋白質激素名叫睪丸決定因子（Testis-Determining Factor），它把原始性腺從發育成卵巢的路徑移開，轉往發育成睪丸的路徑。一旦開始發育，睪丸就開始產生睪固酮，睪固酮會滲入血液中，開始完成其他工作，進入全身的受體，把組織轉變成男性形體，而非女性形體。整個過程大概就是這樣，一個基因，一種蛋白質激素，生出睪丸，然後睪固酮幾乎完成後續的一切，從夏娃的肋骨創造出男性。最近科學家發現其他的基因也為兩性的差異編碼，尤其是他們的大腦，不過睪固酮還是負起大部分的工作。正如布朗—瑟夸和布特南所言，睪固酮是相當強大的化學物質。

　　這個Y染色體潛藏著問題，染色體通常會交換遺傳物質，這種流程稱為重組（recombination）。這個交換流程可巧妙地修復

任何受損的遺傳物質，確保我們持續健康。基因重組就像你幫車子做定期保養一樣，以新零件取代舊零件。我們的染色體在重組時也是如此，以新的遺傳部分取代老舊毀損的部分。X染色體可和另一個X染色體交換物質，確保每一代都有新零件，但是孤立的Y染色體就無法這麼做了，它沒有東西可以交換，所以久而久之就像從來沒保養過的車子，問題日益複雜，壞損持續累積，直到基因逐一死去。有些動物的Y染色體上只剩下少許幾個基因（例如袋鼠），牛津大學的遺傳學家布萊恩·賽克斯（Bryan Sykes）把Y染色體的緩慢死亡稱為「亞當的詛咒」，他預測男性再過5,000代就會滅絕。

　　男性一生中，睪固酮的濃度波動很大。懷孕第八週與第19週之間會出現睪固酮激增，胚胎就是在這時候男性化，睪固酮擴散到全身和大腦，創造出影響成年男性行為的組織、化學迴路和接受域。接著，睪固酮的濃度降低，在嬰兒出生不久後又飆升，原因不明。之後又降低，在青春期以前，這個荷爾蒙因為休假，讓小男孩宛如天使般可愛。到了青春期，睪固酮又大量湧現，在男孩的體內奔馳，啟動睪固酮當初創造後就放著休眠的組織（像特務組織裡的臥底間諜），這時它開始發揮強效，創造肌肉，製造精子，降低嗓音，長出鬍鬚，刺激皮膚的皮脂腺，常導致皮膚冒出青春痘。後來，從30歲出頭開始，男性的睪固酮濃度又下降了，持續降到這輩子結束。荷爾蒙濃度的持續降低，或許也調整了他選擇承擔的風險，以配合身體持續降低的因應能力。

　　青春期睪固酮的濃度飆升，可驅動許多青少年嘗試危險行為。不過，這不能完全怪罪荷爾蒙，因為青少年的大腦尚未發育完全。有些證據顯示，阿肯柏氏核（大腦的快感中心）在20幾歲以前都成長得比理性的前額葉皮質快。無論是什麼原因，十幾歲

的青少年都是危險分子。每個成年男性（包括我自己）都心知肚明，能安度那幾年算是很幸運了。

睪固酮激增還有另一個顯著的效果，那就是性慾。在動物體內，這種荷爾蒙讓男性準備好在繁殖季節奮戰及交配。這種雙重行動再次顯示，類固醇如何在生活的重要時刻把身體和大腦合而為一。在人體內，睪固酮對男性和女性也有大致相同（但比較緩和）的效果──提升性慾和性幻想。不過，這裡需要注意的是，睪固酮雖會影響男性的慾望，卻和勃起的機制沒有直接相關。勃起是由休息與消化神經系統控制的（這也是壓力大時難以勃起的原因），射精則是由非戰即逃的神經系統控制的，所以性愛需要荷爾蒙和兩套神經系統的同步化。不過，睪固酮對男性的主要影響包括：男性的性慾，每隔幾分鐘就容易想起性愛，到處都可以發現性暗示，產生令人發狂的幻想。

什麼因素決定胎兒在子宮內接觸多少睪固酮？胎兒接觸的睪固酮濃度，正如大家的臆測，大都是遺傳的結果，但有些證據顯示，出生的順序也會影響睪固酮的濃度。在動物界裡，同一胎中第一個出生者具有獨特的優勢，提早一、兩天出世的動物比較強壯，體型也比較大，較有能力搶占食物，甚至會把後面出生的手足推出窩外。不過，大自然有一種平衡生存機率的方式。套用某研究團隊的說法，母親的身體「似乎會『記住』之前懷孕的孩子」，或許是因為每個孩子都留下印記，亦即所謂的「HY抗原」。例如母鳥會在比較晚出生的雄性小鳥中存入濃度較高的睪固酮，這些小鳥剛出生時可能比較小，但牠們比較凶猛，可以彌補體型小於兄長的劣勢。有些報告指出人類也有同樣的機制，比較小的兒子通常比兄長更有幹勁。

比較晚生的雄性在身體方面享有什麼優勢？發育生物學家把

睪固酮的效果分成兩種：合成代謝效應和男性化效應。男性化效應包括長鬍鬚，嗓音變低沉，睪丸和精子生成細胞的成長。合成代謝效應包括淨肌肉量、血紅素、骨質密度增加。運動員違法服用類固醇就是為了獲得合成代謝效應。

　　如今有大量資金投入人工合成雄性激素的設計和製造，結果出現大量的合成代謝性荷爾蒙（anabolic hormone），健身房裡對這種合成荷爾蒙有多種稱法，例如「固醇」、「活力」、「刺激」、「幫浦」、「健身糖」或「阿諾」。從電影《力挽狂瀾》（*The Wrestler*）中可以一窺這個非法使用類固醇的世界，劇中米基‧洛克（Mickey Rourke）扮演一位日益老化的摔角手，依賴藥物維持身型和氣力。運動員濫用合成類固醇時，常把體內睪固酮的濃度提升到自然濃度的四、五倍，這可能產生一些意想不到的副作用。例如，血液中的睪固酮濃度過高時，睪丸可能以為那是不需要再分泌睪固酮的訊號，因此萎縮到葡萄乾的大小。此外，在身體和大腦的許多組織中，睪固酮因為演化上的奇怪轉變，必須先讓一種名叫芳香酶（aromatase）的酵素轉換成女性荷爾蒙雌激素，才能在身體中運作。在這種酵素中，脂肪組織（adipose tissue）特別飽滿，所以體內有許多這類細胞的男人（例如肥胖者），或睪固酮很高的人（例如使用合成類固醇的人），可能會長出胸部，稱為男性女乳症（gynaecomastia）。睪固酮這個男性分子的濃度升到某個很高的水準後，會讓舉重選手開始詭異地女性化。

　　不過，當濃度適當時，合成類固醇讓運動員享有明顯的優勢，這也促成了高科技的貓捉老鼠遊戲：運動科學家試圖非法提升睪固酮的濃度，國際奧委會之類的主管機構積極取締這類非法行徑。睪固酮賦予運動員的明顯優勢，也促成一種爭議性更高的

檢測形式：檢測運動員的性別。有些人懷疑，奧運會中某些女子賽事的金牌得主其實是男性，於是奧運開始檢測女性運動員，確定她們是否真的是女性。一開始這項檢測看起來像是尋找Y染色體那麼簡單，如果一個運動員檢測XY時呈陽性反應，他就是男性，簡單明瞭。這項檢測導致1992年巴塞隆納奧運和1996年亞特蘭大奧運有幾位女性運動員失去資格。

不幸的是，這些檢測背後的推理大有問題。如果一個人有Y染色體，他的確從胎兒階段開始就會分泌睪固酮，但是，萬一那個人是因為遺傳缺陷而對睪固酮不敏感呢？萬一他的睪固酮受體無法運作呢？這樣一來，他的睪固酮不會產生效果，雄性激素失敏症候群（Androgen Insensitivity Syndrome）就有這種現象：有Y染色體的人雖然分泌睪固酮，卻無法讓他們男性化。由於胎兒的預設性別是女性，這些人在外界看來就是女性。他們是女人嗎？他們覺得是，誰有資格說他們不是呢？最後，確認性別這件事變得太棘手，充滿了政治意味。許多女性選手覺得那項檢測的攻擊意味太高、太公開了，給人近乎中世紀的羞辱感，就好像在展現新婚夫妻的床單一樣。所以，從2000年雪梨奧運起便取消了性別檢測。

從避險交易中取消避險

對國庫券交易桌來說，這個時候是很風光盡興的時刻：流量大，市場波動又樂觀。國庫券交易員承作的部位愈來愈大，獲利也比以前多。不過，他們承擔的風險跟其他的交易桌比起來有如小巫見大巫。對銀行的資本及償付力來說，真正的風險通常是來自於有信用風險的證券，例如股票、公司債（私人企業發行

的）、垃圾債券（瀕臨破產的私人企業發行的）、抵押擔保債券。

不過，有個交易桌是公司授權他們交易這些高風險的證券，當然，他們也常成為引爆金融危機的核心。這個交易桌的位置就在馬丁那個走道的另一端：固定收益套利桌（fixed income arb desk）。arb是arbitrage（套利）的縮寫，這是一種巧妙複雜的交易，為的是從錯價的證券中獲利。套利交易員和馬丁或葛雯之類的代客交易員不同，他們不需要對客戶報價或為客戶提供服務，而是為銀行的自家帳戶交易，買進看似便宜的證券，賣出看似昂貴的證券，有時會累積龐大的槓桿部位，亦即以借來的錢投資。該部位最後可能是銀行全部價值的好幾倍。為了更清楚說明這種槓桿操作，大家可以把這些交易員的部位想像成屋主以價值50萬英鎊的房子做抵押，貸款2,000萬英鎊，以便購買某個出租物業。出租物業的價值只要下降2.5%，屋主的資金就化為烏有，讓他徹底破產。2008年，雷曼兄弟投資銀行就是因為如此大規模的槓桿操作而破產。

套利交易桌有所謂的計量天才，他們設計模型，以便從殖利率曲線或選擇權市場的波動中發掘價格異常。這個交易桌的主管是史戴凡，他擁有莫斯科大學的物理博士學位，曾研究超弦理論（Superstring Theory）。超弦理論是量子物理學中令人迷惑的分支，描述次原子物件在十維空間中的振動。套利交易員都是不可思議的天才，他們享有行事隨性的特權，例如鬍子不刮、穿著隨便、中午才來上班。不像代客交易員必須打扮得乾淨利落，穿著體面（但不會太華麗，是Brooks Brothers服飾的風格，而非Prada），跟客戶應酬時還要注意基本的餐桌禮儀，套利交易員在交易廳裡儼然是自成一格的怪咖。他們是否真的有那種人格特

質該有的頭腦與個性並不重要，反正交易廳向來喜歡把人分門別類（交易廳裡有人負責搞笑，有人是運動傳奇，有人是聰明的怪咖），不管那個人是否真的屬於那一類。所以大家對套利交易員都有刻板的印象，對他們特別包容，即使管理高層不懂他們在做什麼，也會選擇相信他們。

套利交易員史考特有個特別厲害的專業技能：發現公司股票和公司債之間的價值落差。通用汽車（GM）、奇異或IBM的股票可能反映了對未來盈利的樂觀預期，但他們的債券則可能反映出對公司財務狀況的擔憂。在這種情況下，股價可能太高，債券價格可能太低，如此一來就出現套利機會。史考特對這種交易特別在行，因為他之前是公司債交易桌的代客交易員，有評估信用品質的豐富經驗，所以他是債券部裡少數獲准積極投入股市的人。當史考特發現兩種證券之間有錯價現象時，他會買進其一，賣出另一個，做所謂的價差交易（spread trade）或對沖交易（又稱避險交易，hedged trade）——這兩個詞彙大致上同義——這也是套利交易桌及避險基金最常見的交易策略之一。馬丁之類的代客交易員也會廣泛使用這種策略。

究竟什麼是價差交易？什麼是對沖？什麼是做空？由於銀行業以外很少人真正了解這些交易策略，或許這裡需要先說明一下。這些觀念也很值得大家了解，因為金融機構承作的有害部位常導致金融危機，那些部位大都是這種價差交易或對沖交易。這個事實也帶了點諷刺意味：價差交易或對沖交易的目的，原本是為了減少市場風險。因為價差交易是從兩種證券的相對錯價中獲利，那獲利原則上不是依賴市場的漲跌，而是依賴兩種證券之間的價差回歸正常，一般認為這是風險較低的交易類別。為了說明價差交易的運作方式，我們來看看水果市場的例子。

假設柳丁的價格平均比蘋果高10便士，如果柳丁的市價是一顆60便士，蘋果的價格通常是一顆50便士。試想，即使水果價格上漲或下滑，這10便士的價差依舊不變：水果價格可能因通貨膨脹而上漲，使柳丁價格變成1英鎊，蘋果也會漲至90便士。這價差相當穩定，即使兩種水果的價差偏離10便士，變成20便士，你還是相信最終價差會恢復到正常的10便士。

現在想像你在市場中閒逛，發現柳丁的售價是60便士，但蘋果是40便士，價差是20便士。你很肯定價差一定會恢復正常，你先天腦筋動得快，想趁機撈一筆。你可以用40便士買進看似便宜的蘋果，但是萬一水果因為大豐收而降價，蘋果的價格可能降至20便士。在這個例子中，即使柳丁價格降至30便士，使蘋果和柳丁的價差恢復為10便士，你的蘋果還是賠了20便士。同理，你也可以用60便士的價格賣出看似太貴的柳丁，但是萬一產區因霜害歉收而導致水果價格大漲，柳丁可能漲至1英鎊，蘋果漲至90便士。這裡的價差也恢復正常了，但你的柳丁賠了40便士。想從價差恢復正常中獲利的唯一方法，是建立價差或對沖部位，它的獲利和市場的漲跌無關，所以對沖部位是市場中性的（market neutral）。

那怎麼運作呢？你身為交易員，如何以市場中性的方式從水果錯價中獲利？你可以結合三種交易：第一，以40便士從一個水果攤買100顆蘋果。第二，以60便士把100顆柳丁賣給另一個想買柳丁的水果攤，賣出你未持有的資產叫賣空。如果你沒有柳丁，要如何交貨？賣出你沒有的東西算是詐騙，所以你必須想辦法交貨才行。為了避免違法，你必須做第三筆交易：你去另一個水果攤，把老闆拉到一旁偷偷對他說：「我需要跟你借100顆柳丁幾天，我不想買，只是借個幾天。如果你肯借我，我幾天後就會還

你，並為你的借用服務每顆支付5便士。」這個老闆看著他的柳丁，覺得這筆交易可讓原本乏人問津的水果多賺點錢，不無小補，所以他借你100顆柳丁，你就把那些柳丁拿去交貨了。

現在你做了一筆價差交易，來看看你這個小型避險基金的財務狀況：你以40便士買了100顆蘋果，所以你付出40英鎊；你也以60便士賣出100顆柳丁，所以你收到60英鎊，你可以用那60英鎊去支付買蘋果的錢。這個套利部位完全不需要本金（雖然你在金融市場中需要支付一點保證金或抵押），這表示你原則上可以累積巨大的部位，最終主宰當地的水果市場。這個簡單的槓桿遊戲讓長期資本管理公司（Long Term Capital Management）把資本槓桿化到極大的部位，當他們操作錯誤時，不僅整家公司化為烏有，也威脅到整個金融體系。

上述的交易即使跟最小的避險基金相比，也顯得微不足道。不過，後續幾天，水果市場出現大幅轉折：某天市場上出現豐收的傳聞，讓水果價格跌了25%。另一天採收的外勞罷工，導致水果價格上漲50%。總之，蘋果和柳丁的價格一起漲跌，所以你對沖部位的一邊虧損剛好由另一邊彌補。不過，中間有一度蘋果的價格下跌，柳丁的價格上漲，導致價差擴大為25便士，讓你感到不安。在金融市場中，沒有什麼比價差交易中的兩種證券開始變得不相關、價格走勢相反更嚇人的了，偏偏金融危機時特別容易出現這種情況。雖然「對沖交易」是市場中性的，但是那說法其實有點用詞不當，因為這類交易挾帶了很大的風險。

不過，這個星期水果市場裡的相關性依舊強勁，價差拉大幾天後，又恢復原本10便士的價差關係，蘋果價格是30便士，柳丁價格是40便士。現在你決定回補部位，以30便士的新價格出售你以40便士買進的蘋果，總共虧了10英鎊；以40便士的新價格買進

你以60便士賣出的柳丁，一顆賺20便士，總共賺了20英鎊。你把買來的100顆柳丁拿去還給借你柳丁的老闆，付他5英鎊的租金。總計，你靠價差交易賺了5英鎊，風險不高（理論上的思維是這樣），又不需要動用到多少自有資金。

如果你了解這個賣空和價差交易的簡單例子，你已經掌握了高級金融（high finance）的基本原則。價差交易是銀行和避險基金的主要交易策略，在銀行裡不只套利交易桌會採用這種策略，國庫券交易桌、抵押債券交易桌、公司債交易桌的代客交易員也是如此。代客交易員雖然是協助客戶交易，但是他們常利用這些客戶交易來建立大筆的價差交易。例如，如果馬丁覺得他賣給杜邦的十年期國庫券相對於兩年期國庫券或債券期貨來說比較貴，他可以買進兩年期國庫券或債券期貨，建立大筆的價差交易。代客交易桌的目的原本是為了服務客戶，但時間一久，他們持有的套利部位和獲利也急速變大，到了房市泡沫那幾年，甚至比客戶的交易額大出許多。

不過，要從水果市場跳到高級金融市場，你需要發揮想像力，思考國庫券和抵押債券之間、國庫券與股票之間、德國債券與希臘債券之間、黃金與白銀之間的價差交易，甚至加州與堪薩斯州降雨量之間的價差交易。此外，你也必須思考近乎難以置信的數字：部位總值上兆美元，獲利高達數億美元，甚至數十億美元的天文數字。你剛剛那個價差交易賺了5英鎊，如果你把投資部位放大到大型避險基金的水準，買進價值40億英鎊的蘋果，你的獲利即高達5億英鎊，獲利相當不錯。

史考特今年就是在做這種價差交易，主要是做股市和債市之間的價差，他很肯定股市的價值低估了，債市高估了，尤其是公

司債,所以他持續買進股票,放空債券。這種套利方式讓他享有空前的獲利。今年截至目前為止,他的獲利已近1,700萬美元,由於今年才剛過幾個月,成績可說相當優異。史考特心算一下,如果他持續維持這種獲利速度,年底獲利可達到4,000萬美元,他可望領到500萬美元的紅利獎金。

但是史考特因為手氣太順了,開始忽略了套利交易員最重要的特質:謹慎操作。他現在覺得他做的所有價差交易,基本上就是不斷地買進股票。他和許多交易員一樣,把聯準會的訊息視為市場即將大漲的訊號,所以最近他除了以價差交易為核心策略,也花費愈來愈多的時間純粹買股票,等著股票上漲。在這之前,他在預測市場走勢方面近乎神準,所以他的老闆史戴凡也放手讓他繼續操作。

具體來說,史考特買的是史坦普五百指數的期貨合約,名叫電子迷你(e-minis)。他最初的部位是在聯準會宣布消息後做的,總計2,000口合約。若股市變動1%,他就獲利或虧損130萬美元。那交易的規模還算合理,不太危險。結果史考特的成效不錯:股市漲了近100點,讓他賺進1,000萬美元。

冷靜者會覺得,目前比較謹慎的作法是平倉,先獲利了結,或至少把規模縮小,但是這種事似乎不會在牛市期間發生。史考特當然也沒這麼想,他簡直樂不可支,因為他看到眼前出現千載難逢的大好機會,亦即圈內人所謂的「退休交易」,獲利多到只要入袋,以後都不需要再工作了。不過,這裡必須說明一下,退休交易其實是一種迷思。我之所以這麼說,不是因為那種機會不存在,而是因為銀行家雖然聲稱他們夢想下半輩子都在高爾夫球場上度過,但鮮少人真的想離開這個圈子。他們會想念市場的刺激感,想念身處於世界核心的感覺(就某種程度來說,他們的確

是處在世界核心）。很多人發現，出了這個圈子，就很難複製他們從交易中獲得的多巴胺效應。

今年春天股票迅速上漲15%，使股息殖利率低於2%，但是史考特主張：你看看現在總體經濟的狀況吧！亞洲才剛開始起漲，非洲、中東、拉美、東歐也是（1998年俄羅斯倒帳危機已被迅速遺忘），歷史上從來沒有那麼多地理區域一起被納入全球市場的範圍內。這是小布希主張的世界新秩序，在那樣的世界裡，舊的估價工具已經不適用了，史考特認為市場即將重新評價。

類似的情況也曾發生在1980年代初期，當時史坦普指數的本益比比9高出一點，比長期平均本益比15還低，主要是因為許多投資人經歷過1929年的市場崩盤及大蕭條，對股市依舊深感畏懼。但是隨著那一代逐漸年老，在市場上失去影響力，籠罩經濟長達50年的金融危機陰影開始消散。1970年代以後，愈來愈少人記得1930年代的苦日子，開始像他們的祖父母在1920年代那樣，熱絡地消費與投資。從此股市漲了25年，把本益比一舉推到1999年的高峰44。史考特認為，2001年科技崩盤後也出現類似的機會，崩盤後的倖存者依舊對股市充滿疑慮和恐懼，但史考特一點也不擔心，他決定不降低他的核心部位，而是繼續加碼。

贏家效應

牛市期間，交易員的情緒高亢，過度自信，風險偏好大增，可能是「贏家效應」這種生理現象造成的。我第一次接觸那種論點，是網路狂潮那幾年去洛克菲勒大學旁聽演講時聽來的，當時我覺得那是我聽過最有說服力的非理性亢奮模型。那模型促使我開始做研究，我想知道金融市場裡是否也有贏家效應。

　　動物之間的贏家效應是如何運作的？人類也有這種現象嗎？那可以用來解釋網路狂潮那幾年我在華爾街目睹的冒險與瘋狂行徑嗎？

　　實地研究動物的生物學家發現，在打鬥中獲勝或搶贏地盤的動物，比較可能在下次競爭中勝出。我們在很多動物的身上也看過這個現象，其研究結果讓人覺得：光是「獲勝」或許就足以讓人再次獲勝。但是生物學家在做出這樣的結論以前，他們必須先考慮幾種其他的說法。例如，或許動物連續獲勝是因為牠的體型比對手大。為了排除這種可能性，生物學家進行控制實驗，讓體型一樣大，或竭力奮戰時能取用的資源潛力相當（亦即肌肉、代謝、心血管等等）的動物相互競爭。他們也控制動物的動機，因為飢腸轆轆的小動物看到屍體時，可以成功趕走飽食的大動物。然而，即使動物的體型或資源相當、動機相同，還是會出現純粹的贏家效應。

　　贏家效應的相關研究就是從這些統計結果開始的，但缺乏解釋。為什麼獲勝有助於下次繼續獲勝？有些科學家認為，勝利讓動物知道自己相對於對手擁有哪些資源和能力，這資訊讓牠更有能力挑選自己能贏的戰鬥。有些科學家認為獲勝可能在動物的身體上留下遺跡，例如費洛蒙或其他的化學物質，讓外界知道自己最近的戰果，可威嚇後來的對手。不過，有一種最有說服力的說法，凸顯了睪固酮在這些競爭裡扮演的角色。

　　兩隻雄性動物對決時，牠們的睪固酮濃度顯著上升。睪固酮在雄性體內的功用，是為了幫他們應付這種對決，所以對肌肉質量和血紅素有合成代謝作用。科學家也發現睪固酮可加速反應，讓「視動搜尋」技巧（visuo-motor scanning）更敏銳，提升「偽裝突破」（camouflage breaking）的視覺能力。除了身體做好準備

之外，荷爾蒙也會增強動物的毅力和勇氣。畢竟，如果動物不願使用更強大的戰鬥力，讓牠的戰鬥力大增也沒什麼意義。

所以睪固酮幫助動物做好競爭的準備，但是促成贏家效應的，則是後來發生的事。打鬥結束後，獲勝的動物會有更高的睪固酮濃度，落敗的動物則是睪固酮濃度降低。這些荷爾蒙訊號其實很合理：你打輸時，最好退回樹叢裡療傷止痛；如果你贏了，你的社會地位便能提升，預期會遇到更多的挑戰。在動物界，這種效應可能很大，例如有一項研究是追蹤獼猴之間的階級競爭，獲勝者的睪固酮往往增加十倍，落敗者的睪固酮濃度則只剩十分之一，而且贏家和輸家的新睪固酮濃度會持續幾週。這效果非常強大，在有些動物裡，具有主導地位的雄性動物會介入戰鬥，表面上看起來是想保護比較弱勢的雄性，但實際的意圖是不想讓可能獲勝的一方（未來的潛在對手）享有贏家效應。

在許多物種中，雄性動物會展現耀眼的裝飾（例如鮮豔的色彩、花俏的肉垂和雞冠、茂密的交配羽）及招搖的行徑，昂首闊步，威風凜凜。例如，有些蜥蜴準備打鬥時，會不斷地擺頭，前腳上下揚動，像獲勝的運動員對空揮拳那樣，但是輸贏的效果可能改變這些動物的外觀。落敗時，牠們可能迅速撤退，氣勢大減，有些動物甚至會顏色消褪，睪丸和大腦萎縮，陷入暮氣沉沉的低迷狀態。

相反的，贏家可就威風了，牠以更高的睪固酮濃度面對下一輪的競爭，雄激素的增強讓牠享有優勢，更有可能再次獲勝。這種流程讓動物產生良性循環，勝利讓牠們的睪固酮濃度增加，之後又更容易獲勝。

人類身上也會出現這種贏家效應嗎？這問題有些爭議性。

許多社會學家認為連勝效應或運動中所謂的「鴻運當頭」並不存在，他們說相信那現象的人純粹是錯覺使然。但我認為人類身上的確有贏家效應，首先，我們先來看統計數據。我和同事里昂內・佩奇就做過那樣的實驗，為此我們盡量按照生物學家在野外研究動物的方式進行。佩奇尋找身體資源和動機相當的運動員，接著測試獲勝本身是否有助於往後繼續獲勝。佩奇設計出我所見過最嚴謹的運動員贏家效應測試，他設法找到一個職業網球賽的資料庫，裡面記錄了62.3萬場比賽。他從那個樣本中，先選出比數只差一分的球員，接著再由這一小群人中縮減選擇，只挑第一盤比賽進行搶七的人，然後又進一步縮小，挑選以最小差距（兩分）打到搶七的人。總之，他盡可能挑選排名及比賽當天的打球狀態相當的網球選手。他研究這些實力相近的比賽時發現，第一盤獲勝者下一盤再獲勝及贏得整場的機率是60%，所以在體育中，獲勝的確有助於往後繼續獲勝。

　　睪固酮反饋迴路是促成人體產生贏家效應的原因嗎？競賽前睪固酮激增的現象，在有些運動中已有記載，例如網球、摔角、冰上曲棍球；在一些比較不是那麼費力的比賽中也有記載，例如西洋棋比賽。獲勝的運動員在賽後睪固酮濃度也會升高，可見良性循環的確是導致連贏和連敗的生理基礎。順道一提，當運動員在本土參賽時，睪固酮促成的運動勝利似乎更常見，這就是所謂的主場優勢。所以，連勝的運動員和連輸的運動員可能有截然不同的身體化學反應。在所有的動物與人類的實驗中，贏家都會出現睪固酮持續增加的現象。

　　這也難怪有些運動科學家會花很多時間，探索如何有效提升運動員的睪固酮濃度（當然是合法提升）。我們的體內潛藏著可以充分發揮潛能的化學物質——提升戰鬥力、集中注意力、取

用新陳代謝的資源、讓我們進入心流狀態——但是我們偏偏無法隨心所欲地取用這些物質，真是很可惜！我們的體內明明握有通往勝利的鑰匙，但是我們通常找不到那把鑰匙。我們也想自己分泌這些物質，卻無法靠意志力辦到，你不能光說：「我現在想要大量的睪固酮！」或「我現在想要發揮最好的實力！」那都行不通。我們必須投入各種令人費解的程序和身體運動，身體才會考慮我們想要更多力量的請求。那就好像我們把錢存在寶庫裡，無法隨心所欲地觸碰金錢一樣，你必須先跳某種通關舞蹈，保護你財富的大門才會開啟。

我們需要先經歷什麼儀式，身體才會讓我們取用這種生理資源？體育科學家或許比任何人更了解需要做些什麼，他們使用的技巧包括改變有氧與無氧運動之間的平衡，改變有趣與辛苦訓練之間的平衡，改變訓練的時點、長度、重量（一般而言，重量愈重，訓練的時間愈短，合成代謝的結果愈大）、膳食、睡眠時間等等，直到運動員達到恰當的睪固酮濃度。我們剛剛也看到，獲勝是有效提升睪固酮濃度的方法。事實上，研究發現，對冰上曲棍球員重播以前獲勝的影片，可以提升他們的睪固酮濃度，讓他們更有機會在即將參與的比賽中獲勝。

另一個影響睪固酮濃度的因素是競爭對手：艾爾頓・洗拿（Ayrton Senna）和艾倫・普羅斯特（Alain Prost）在一級方程式賽車中對決，穆罕默德・阿里和喬・佛雷澤（Joe Frazier）互爭拳王寶座，約翰・麥肯羅和比約恩・博格（Björn Borg）在網球場上爭冠。運動員常把競爭對手視為眼中釘，但對手其實可以刺激他們充分發揮最佳實力。博格退出網壇後，麥肯羅坦言：「感覺有個空缺，從此以後我必須靠一己之力製造自己的強度。」很多運動員在賽前會做一件事：製造強度，讓活力大振。他們雖然

不知道這牽涉的生理層面，但他們通常會在賽前想辦法自己製造挑戰感，甚至勝利感。例如，美式足球運動員會猛力垂打衣物櫃的門，拳擊手大搖大擺地走進拳擊場，瞪著對手。就連商場上的人在談判之前及談判過程中，也會擺出所謂的「威風姿態」（兩腳岔開，挺胸，兩臂在胸前交叉、或兩腳抬上桌面，手放在後腦勺；基本上是占用更多空間的姿勢），讓自己做好準備，這些作法也可以提升睪固酮的濃度。士兵在出戰前也會做類似的儀式，促使荷爾蒙分泌，祈求戰神阿瑞斯的加持。在這個流程中，音樂可以扮演重要的角色。拿破崙曾經抱怨，哥薩克的野蠻音樂讓他們群情激昂，一舉打敗了他的精英部隊。尼克萊・利涅維奇將軍（Nikolai Linevich）後來表示，音樂對俄軍來說是「非凡炸藥」。

遠離運動和戰場，當狩獵季接近時，你也會感受到鄉野間的活力為之一振。秋天在加拿大和美國北部的小城鎮裡，五金行會擺出來福槍、圈套、誘餌、迷彩裝；雜貨店會開始販售成籃的老蘋果和胡蘿蔔，那是給現在公然到農民田裡啃食的鹿吃的誘餌；在地人在狩獵季開始前幾週就紛紛穿上狩獵裝。在這些小鎮裡，你可以感受到隱約的興奮感，就像萬聖節來臨前孩童雀躍的心情，驚嚇的快感。但是在接近北方寒帶森林的小鎮裡，過了秋分，換成10月的滿月懸掛在收割完畢的田地上空時，那時的感覺充滿了殺戮氣息，令人不安。狩獵季節來臨以前，在森林中擁有小屋的城市人，大都是趁著林中子彈開始竄飛前，就連忙離開當地。

睪固酮的濃度升高後可以持續多久？在動物界，不同物種的贏家效應長短不一，有些物種只持續幾分鐘，有的可持續幾個

月。一整年間，睪固酮的濃度也有很大的變化，尤其是在繁殖季。探索人類長期荷爾蒙變化的研究並不多，這方面的研究顯示，睪固酮基礎濃度的升降可能是長期的。例如，男性在配偶生育後，睪固酮濃度可能降低長達六個月；恢復單身的離婚男性，睪固酮濃度可能居高不下好幾年。一份研究玻利維亞艾馬拉（Aymara）族人的研究顯示，城市男性的平均睪固酮濃度比鄉下男性高。一份國際研究顯示，波士頓居民的平均睪固酮濃度比剛果的萊斯（Lese）、尼泊爾的大芒（Tamang）、巴拉圭的阿契（Ache）居民高出許多。這些研究的資料都是取自小樣本，所以這些有趣的結論還需要進一步的研究，不過它們的確顯示：比較競爭的環境（例如自由市場）可能導致睪固酮濃度較高。總之，睪固酮濃度可能長時間上升或下降，甚至長達好幾年。

　　有些證據顯示，荷爾蒙濃度的短期波動也會影響他人。例如，運動員的睪固酮濃度升降可能跟隊友一致，只要一個比利（Pelé）或馬拉度納（Maradona），也可以激勵一支落魄的球隊發揮最佳實力。球迷也很容易受到影響：一群科學家在1994年世界盃足球賽巴西對義大利的總決賽前後，對一些球迷的睪固酮取樣。兩隊球迷賽前的睪固酮濃度都升高，但巴西獲勝後，巴西隊球迷的睪固酮濃度又升高了，義大利球迷的睪固酮濃度則下滑，由此可見，觀察者可以間接感受到運動員難以駕馭的睪固酮濃度週期，政治人物和軍隊領袖也有同樣的現象。這個機制可讓一大群人一起體驗信心持續增強的感覺。

　　探討動物與運動員贏家效應的文獻讓人懷疑，睪固酮反饋迴路也出現在金融市場中。睪固酮的濃度會跟著獲利上升嗎？那會導致我們承擔更高的風險嗎？我想解開這個問題，為此我在倫

敦市一家中型公司的交易廳裡進行實驗。那個交易廳裡共有250位交易員，其中只有三位女性。他們都是做第3章提過的高頻交易，亦即買賣的證券只持有幾小時或幾分鐘，甚至幾秒鐘，有時規模高達10億或20億美元，所以他們投入的市場利基和黑盒子一樣。

這些交易員面對的是全球最複雜、資本最雄厚的競爭對手。他們雖然沒有大銀行那些代客交易員的大量資本基礎和資訊優勢，也沒有黑盒子的雄厚本錢和飛快的處理速度，但他們的績效都相當驚人，猶如小蝦米對抗大鯨魚、約翰・康納（John Connor）對抗魔鬼終結者。事實上，他們是我見過最優秀的交易員：高度自律、穩定可靠、獲利非凡。

我從這些交易員體內抽取睪固酮的樣本，記錄他們兩週內的獲利狀況。我們發現他們獲利高於平均時，當天的睪固酮濃度明顯較高。不過，更有趣的是我們觀察早上睪固酮濃度的結果，因為這些數據可預測交易員下午的獲利。交易員早上的睪固酮濃度高時，下午的獲利遠比早上睪固酮濃度低時高出許多（請見圖9）。此外，睪固酮濃度高與濃度低時的獲利差異很大，在統計上多達一個標準差，把差額年化以後，有些交易員的薪資差距甚至超過50萬英鎊。

這個發現令人苦惱。效率市場理論家告訴我們，市場是隨機的，所以我們的任何特質都無法影響交易和投資報酬，不管你有多聰明，學校成績多好，受過多完善的訓練，這些對你的報酬率都沒有多大的影響，就像那些因素不會影響你擲骰子的能力一樣。果真如此的話，睪固酮這分子究竟是如何影響你的獲利？

同事和我發現進一步的證據顯示，睪固酮會影響交易員的

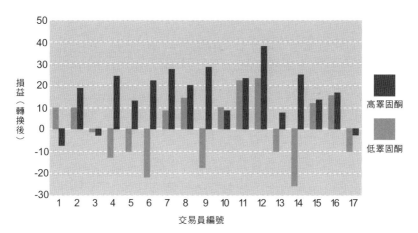

圖9　早上的睪固酮濃度可預測交易員下午的獲利。這17位交易員是列在橫軸上，淡色長條
　　　顯示交易員上午的睪固酮濃度低於他的中間值時，他在下午的損益狀況。暗色長條顯
　　　示睪固酮濃度高於中間值時的損益狀況（損益數字已經轉換過了，這結果以縱橫斷面
　　　資料〔panel data〕來顯示比較精確）。

獲利，這項證據算是我們意外發現的。我到交易廳做第一個研究
時，順便帶了一疊科學論文，利用空檔時間閱讀。其中一篇論文
是約翰・曼寧（John Manning）描述他對一群足球員做的實驗，
他取了這些足球員的手印，發現他們的能力和成績可從食指和無
名指的長度預測，尤其是兩者的比例。那比例稱為2D：4D（意
指第二根手指除以第四根手指的長度），可預測體育能力，因為
曼寧宣稱那比例衡量了運動員在子宮內接觸的睪固酮量，無名指
比食指長表示接觸的雄激素較多。我一開始覺得這個論點有點瘋
狂，但我一時興起，也開始收集交易員的手印。後來，當交易公
司的後台把這些交易員的損益報告寄給我時，我意外發現他們的
2D：4D比例預測了前兩年的獲利。更令人驚訝的是，2D：4D比
例也預測了這些交易員在業界發展的時間長短。結果顯示，這些
人在出生前接觸的荷爾蒙濃度，竟然可以預測他們在高頻交易中

的終身績效。

　　這究竟是怎麼回事？我們探索2D：4D背後的科學時，得到以下的結果。還記得前面提過產前有段時間睪固酮會激增嗎（發生在懷孕第8週到第19週之間）？這個荷爾蒙對胎兒的男性化有強大的效果，在他的全身都留下遺跡，往後出生可做為衡量產前雄激素暴露量的標準，就像防波堤的高水位標記一樣。2D：4D只是其中一種遺跡，還有其他的遺跡也都很奇怪，例如耳聲傳射（內耳裡聽不見的聲音，類似聲納，其頻率和出生前的睪固酮濃度相關）、指紋的脊紋數不對稱、肛門至生殖器的距離等等。如今許多醫院已經把新生兒的肛門至生殖器的距離列為例常檢查，以確定嬰兒是否接觸異常的產前類固醇環境。環境荷爾蒙干擾物可能製造出那樣的環境，換句話說，就是我們釋放到環境中、有類似雌激素功能的化學物質，可能導致男性發育問題，例如隱睪症，往後可能罹患攝護腺癌。但很可惜，肛門至生殖器的距離不是我們可以輕易從交易員收集到的資料，雖然有人說在辦公室的聖誕派對中放一台影印機，或許可以收集到一些樣本。

　　排除那個選項後，想為行為研究衡量產前的雄激素接觸量，2D：4D已證實是最方便的方法。有些研究主張那是衡量胎兒睪固酮分泌的可靠方式，因為有一類基因名叫hox-a和hox-d，是手指、腳趾、陰莖的代碼。

　　但是有個重要的問題依舊存在：睪固酮如何影響損益？可能是因為睪固酮影響交易員對風險的偏好或信心，從而影響他們的績效。同樣的，睪固酮也可以穩定他們的視覺注意力，避免無關的資訊分散注意力，維持搜尋持久性，或提升視動技巧，例如搜尋和反應速度，從而讓交易員比對手更快發現價格異常。我們需要在實驗室裡完成控制更嚴謹的研究，才能確定他們是哪種技巧

受到影響。

　　但是我們在前面討論的研究中，觀察交易員的夏普指數（亦即他們獲利的持續性，風險調整後的損益），的確有助於回答這個問題。在這項研究中，我們使用交易員的夏普指數做為衡量技術的指標，直接問睪固酮是否改善交易員的技巧，或是增加交易員承擔的風險？我們發現睪固酮不會改善他們的夏普指數，但的確會增加他們承擔的風險。我們也認為睪固酮會影響交易員的視動搜尋力和反應速度，但無法實地測試。不過，我們在交易廳的實驗顯示，睪固酮這個身體訊號對交易員的風險承擔有很大的影響，使他們承擔更多的風險，獲得高於平均的獲利。所以，這些實驗為「金融市場裡確實有贏家效應」提供了不錯的初步證據。

亢奮

　　後續幾天，史考特把核心部位加倍成4,000口史坦普合約，這也觸動了銀行風險控管部門的警訊，他們要求史考特為他的投資決定提出理由。史考特向風控經理說明他的邏輯，就像他對史戴凡和艾許說的那樣。風控經理了解他的推論，可能也認同他的說法，但依舊非常擔心。萬一發生危機怎麼辦？萬一市場開始擔心信用風險，那會發生什麼事？目前大家似乎都對該項風險渾然不知。

　　風控經理對這些事情通常都很敏銳，他們大都是交易員出身（正所謂「以毒攻毒」），而且對統計相當在行，偏偏他們缺乏影響力。討論到最後，還是艾許和交易桌的經理說了算。不幸的是，我們發現銀行的管理方式與獎勵方案也強化了生理效應，促使交易員承擔更多的風險。過去幾年史考特的獲利都很不錯，今

年更是鴻運當頭。管理者自問：何必侷限他呢？更明確地說，侷限他對我們有什麼好處？對個別交易員和管理者來說，他們的年終獎金都是損益的某個百分比，他們當然想在這個年度賺得愈多愈好。有誰在意投資部位或策略會在明年爆了？反正之前的獎金又不必歸還，所以承擔愈多的風險對史考特和他的老闆來說都有利。事實上，交易廳裡有些隱隱約約的壓力會逼迫你不斷地投入市場，承擔風險。我曾經有段期間是在休止狀態，在交易廳裡像哈姆雷特一樣來回踱步，猶豫不決——究竟要不要交易？我的老闆無法了解我的存在性焦慮，他只會告訴我：「科茨，別占著茅坑不拉屎。」

後來，史考特獲准增加部位，某天市場因不利的經濟消息而下跌1.5%時，他又加碼買進1,000口。現在他的核心部位有5,000口合約，如果市場上漲或下跌1%，他的獲利或虧損將是325萬美元。如果市場漲跌幅是10%，他的獲利或虧損則是3,250萬美元。光是那龐大的風險，就讓他清醒時始終都抱著一絲恐懼，但是在恐懼底下蘊藏著更大的信心，他堅信自己可以主導世界。這種逆勢操作的方式讓史考特充分意識到自己的存在，生活步調似乎也加快了。史考特就像剛發現個人實力的青少年，想要好好發揮一番。他的大腦迅速靈巧地運作，輕易切換不同的想法，儘管外人覺得他的想法太過跳躍。他現在需要的睡眠更少了，腦中的多巴胺和睪固酮讓他充滿愉悅的快感。

交易桌的其他人也感染了他的心情，學他做類似的交易，他們一起沉浸在風險的快感中。艾許帶了一位新來的女業務員到她的座位，在她身後，就在她視野看不到的地方，套利交易員都紛紛從螢幕上抬起頭來打量她。

通常這種獲利與驕傲的時刻會累積一段時間，接著時起時

落，但牛市期間則不然，完全看不到消退的跡象。當交易員手氣好、持續獲利的時候，他們的生理狀況沒機會恢復正常，這時他們會進入一個階段，或許可稱為贏家效應的尾聲。

非理性亢奮

贏家效應的賦權效用很大，讓人覺得自己可以獨自征服世界，這種反饋循環可以持續多久？當然是無法永遠持續下去。生物學家發現，睪固酮對動物承擔風險的影響也是呈∩形曲線，跟前述的柏齡丘狀曲線一樣。睪固酮濃度低時，動物缺乏動機、激發、能量、速度等等；但是睪固酮濃度上升時，動物競爭與打鬥的績效也改善了。當睪固酮的濃度達到曲線頂端時，動物的表現最佳，處於顛峰狀態。不過，此時，若睪固酮的濃度持續增加，動物的績效反而會開始下滑，承擔的風險愈來愈愚蠢。雄性動物的睪固酮長期高漲時，比較容易打架，會巡邏比較廣大的區域，更常到野外冒險，忽略養育子女的責任，這些現象都會導致掠食行為增加，生存率降低。當睪固酮在這些動物的體內累積到某個時點，自信的冒險會轉變成自負和莽撞的行為。

文獻記載，運動員和偶爾使用合成類固醇的人也會出現同樣強大的心理效應。哈佛精神病理學家波普（H. Pope）和卡茲（D. Katz）發現這些人常有狂躁症（一種精神失調狀態，患者感到亢奮，有妄想），腦中思緒奔騰，愈來愈不需要睡眠。例如，有個服用類固醇的大學運動員在買下自己負擔不起的跑車後，深信自己所向無敵，還叫朋友幫他拍下開車撞樹的影片，以證明自己堅不可摧。另外，有些服用類固醇的人犯罪以後，把一切歸因於睪固酮作祟，意圖為自己脫罪，這種法庭策略後來被稱為「傻瓜辯

護」（dumbbell defence）。我們必須謹慎解讀這種案例，因為運動員服用的類固醇濃度，遠比體內自然產生的類固醇濃度高，然而他們的行為跟我在網路狂潮期間看到的許多交易員沒什麼兩樣。

睪固酮濃度高還有另一個代價。睪固酮濃度升高，支應的身體愈大時，非常消耗能量，最終可能讓動物筋疲力盡。雄性動物去勢後，最多可多活30%的時間，所以睪固酮高的雄性動物反而會因為氣力更多和獲勝連連，而付出死亡率較高的慘痛代價。這些威力強大的雄性總是伴隨著不幸的榮光，俗話說：「蠟燭兩倍亮，只撐一半久。」或許我們可以說，阿基里斯和馬克白並不是毀在神的手中，而是為高睪固酮付出了代價。如今一些極端的男性依舊抱持這種悲劇精神，竭盡所能想反抗失敗，證明自己，彷彿他們明知自己注定失敗似的。很多男人在運動場、戰場、交易廳以外都有那種感覺，睪固酮在職場或社會中不再發揮有益的功用，他們覺得年老和服務型經濟遲早會摧毀他們。

在金融界，睪固酮的反饋迴路一旦啟動，交易員會先經歷刺激和興奮的階段，最後變成深信自己絕對錯不了。當週期達到愉悅的高點時，這些交易員（通常是年輕的男性）開始判斷失衡，做出危險的蠢事。交易獲利時，交易員的睪固酮濃度上升，產生贏家效應，使他們信心大增，對風險的偏好增加，下次便做出更大的交易。如果後來的交易又獲利了（在市場上漲期間很有可能），他們的睪固酮濃度會再次上升，直到某個時點，自信變成了過度自負，交易部位擴大到危險的規模，交易的「風險─報酬模式」開始對他們不利。但是他們覺得無所謂，在過度自負下，他們深信自己終究會大獲全勝，管理者也這麼想。交易員獲利愈來愈多時，管理者會迅速放寬他的風險限度。所以交易員就像走

動的不定時炸彈，銀行難免會自己點燃眼前擺動的導火線：龐大的風險限額及超過1億美元的紅利獎金。這也難怪那些害銀行嚴重虧損的交易員，通常是被公司捧在掌心上的明星。銀行業是個奇怪的世界，我沒看過醫生或航空管制員有類似的行徑。

不過，這裡必須指出，睪固酮濃度上升並不會啟動牛市，牛市通常是靠技術突破或開發新市場啟動的，但睪固酮可能是讓漲勢變成泡沫的催化劑。同理，睪固酮也可能是鼓動其他自負表現的化學物質，例如接近泡沫顛峰時，我們常看到規模過大及考慮欠周的企業收購案，或是興建破記錄的摩天大樓，例如帝國大廈就是在狂囂20年代的尾聲委託興建的，而杜拜塔（破產後更名為哈利法塔〔Burj Khalifa〕）則是在最近的房市泡沫期間興建的。睪固酮可能是非理性亢奮的分子。

旺季

史考特加碼投資幾週後，股市的波動特別大，他的每日損益波動也比以前高出許多。一天賺400萬美元，隔天賠300萬美元，然後又賺700萬美元，之後又賠500萬美元。史考特覺得這種波動令人振奮，因為這讓他有機會向眾人展示，他可以吸收這些震盪，依舊穩如泰山。某天市場特別糟時，他賠了近800萬美元，他為了讓其他人見識他的勇氣，又加碼買進1,000口，做到艾許和風控經理同意的風險上限（6,000口），而且這是他做了幾個月的股債市價差交易以外，又額外多做的交易。史考特趁機突襲低迷的市場，因為明天即將公布房市狀況的統計數據。市場擔心這些數字，因為房價已經走跌幾個月了，法拍件數增加，目前都看不到新屋的買家。但是史考特覺得這一切好極了，因為這樣一

來，他更容易加碼買進。

這是個瘋狂的賭注，交易規模大到離譜，風險─報酬更是驚人。這時股價從歷史觀點來看已經太貴了，在房市走跌時加碼投資更是愚蠢。馬丁和葛雯之類比較冷靜的交易員聽到史考特持有的部位時，不禁交換會意的眼神。牛市就像泛洪的河流，幾乎什麼都能沖走，交易廳裡沒跟著瘋狂加碼的少數人開始覺得自己像個局外人。那氣氛就像令人興奮的派對，充滿各種可能性及熱絡的對話，但是你聆聽那些對話時，卻聽不懂或插不上話，甚至不知道那些話題有什麼趣味。最後你才發現，你和派對中的少數人是沒吸毒狂歡的。市場泡沫期間，銀行裡的感覺大概就是那樣。少數不受迷幻效應影響的人，在休息時或下班後，偷偷談論那些可能拖垮整家銀行的瘋狂行徑，但其他人都無動於衷。再多的統計數據、本益比歷史、理性談話，都無法把他們從天邊拉回地面。對他們來說，那些潛在獲利意味著許多夢想的實現：曼哈頓上東城的頂層豪宅，私人飛機，甚至政治影響力──天啊，我可以呼風喚雨了！這一切看起來近在咫尺。那些人完全陷入贏家效應的妄想階段。

然而，隔天早上卻響起了警鐘。經濟數據顯示房市有惡化的趨勢，銷售下降3%，全美房價下滑2.5%，股市應聲下跌1.5%。但是恐懼並未持續太久，後來市場又對史考特展露微笑，止跌上揚。房市疲軟意味著聯準會肯定已結束這段景氣循環的升息，事實上，聯準會現在可能被迫降息，這個可能性對已經充滿燃料的市場來說，猶如一把烈火。

在泡沫期間，投資人似乎都配戴了特殊的眼鏡，可把所有的經濟消息都看成利多。經濟成長疲軟意味著利率較低，所以股票和風險資產大漲。經濟成長強勁意味著企業與家戶的資產負債

表都很穩健，所以股市和風險資產也大漲。美元走強意味著外國人喜歡美國資產，所以市場上揚；美元崩跌，有助於出口商和振興經濟，所以資產上漲。面對這種自圓其說的方式，任何新聞都無法壓抑動物本能太久，所以到了中午，股市慶祝即將出現的降息，開始上漲，而且漲勢強勁。當天收盤時，史坦普漲了3%，史考特沉迷於自己的風險管理系統中，緊盯著螢幕，因為螢幕上會即時計算他的史坦普期貨合約和股債市價差交易的損益。收盤時連他都無法保持平靜了，因為他的獲利近乎1,500萬美元，今年至今的總獲利已近3,200萬美元，破了他以前全年的最佳記錄。

　　這樣的消息讓史考特進入另一個新境界，他的每個預測都成真了，他做的每筆交易也都獲利了。只有真正冷靜的人，才不會受到這種接連不斷的驚人獲利所影響，今天他和其他幾位交易員都晉升到宇宙主宰的境界，沒什麼事情是他做不到的。他獲利龐大的消息開始在交易廳裡流傳開來，交易員和業務員都偷偷地窺探這個新英雄。史考特對著交易廳深呼吸，聆聽裡頭的騷動和各種財富——市場本身的聲音及所有世俗的榮耀。史考特接受了同仁的讚揚，確定自己應該可以升任常務董事後，在交易廳的走道上昂首闊步了起來（許多銀行稱這個舉動為孔雀闊步），邁向充滿機會的紐約夜色中。

　　在古羅馬，將軍凱旋而歸時，會獲頒凱旋式（遊行穿過市中心的慶祝儀式）。不過，古人很聰明，為了避免將軍因傲慢自大而毀了自己，他們在將軍的戰車上放了一名奴隸，奴隸的任務就是在將軍的耳邊低語，提醒他不是神。奴隸提醒：「切記，你是凡人。」為了讓將軍聽進去他的話，他會在將軍的視線前提著一顆頭顱，名叫「死之象徵」（memento mori），鮮明地標示他也

不免一死。但很可惜，銀行裡沒有這種標誌，所以鮮少有東西可以讓鴻運當頭的交易員維持謹慎踏實的思考。

　　後續幾個月，史考特的損益數字再創新高，逼近4,500萬美元，照這樣下去，年底應該可以突破6,000萬美元，為他賺進800萬美元的紅利。雖然史考特獲利連連，但他還是決定先結算6,000口股市指數合約，這決策並不是來自於他難得展現的謹慎一面。他仍相信那些交易會繼續賺錢，也仍相信牛市尚未終結，他之所以平倉是基於一個很重要的原因，8月快到了，那表示把狂歡的地點從華爾街移到漢普頓的時候到了，史考特可以在漢普頓盡情地玩樂，和其他明星交易員相互吹噓。儘管有一些統計數據持續顯示經濟正在惡化，史考特和其他人都對那些消息視而不見，他留下價差交易的部位（股債市之間的價差交易就像印鈔機一樣，就讓它繼續印鈔票吧），交給助理看顧。

　　在高速公路的快車道上，皇后區和長島逐漸消失在視野中，松樹和橙色的沙灘映入了眼簾，蟬鳴聲聲入耳，史考特卸下平日的煩憂，現在正值盛夏，是一年中的靜止點。史考特沉浸在幻想中，心想這是他與人合租度假屋的最後一個夏天，來年他就可以擁有自己的濱海別墅了，那種1920年代留下的露明木構傑作，散發著超逸脫俗的氛圍。

7

──華爾街的壓力反應──

　　有時候，當世界在不知不覺中移到了深淵的邊緣，大自然似乎刻意拉長了特別輝煌的夏天，彷彿預告著災難即將來臨，或是讓未來的史學家在解讀這序幕時更覺得諷刺。以1914年的美好夏季為例，那正好是悠閒年代的尾聲，亦即大家懷念的「愛德華夏天」（Edwardian Summer）❶，之後就爆發了第一次世界大戰。1929年紐約的秋季也是一例，當大家紛紛從海灘度假回來時，熱浪依舊在紐約徘徊。

　　今年9月，宜人的小陽春仍不願離開寧靜的大海，不過馬丁、葛雯、史考特、羅耿等人曬了一身古銅色的肌膚，紛紛回到了工作崗位，準備為年底的紅利做最後的衝刺。

譯注❶：指英國一次大戰前的黃金年代。維多利亞女王的長子愛德華統治英國期間，是貴族奢華的黃金年代，眾人喜歡在悠長的夏日午後開花園派對，那也是道德寬鬆的時期。愛德華夏天套用在股市上，是指股市風光的背後存在著下跌的風險。

風險追進與趨避

不過，對羅耿來說，這個暑假並未如他所願那般悠閒。他的妻子不時舉高他的手機揮舞，要他上岸接聽電話。他接了電話後，常必須和交易桌通話一、兩個小時，因為整個8月，他交易的抵押債券市場好像在坐雲霄飛車，屋主與抵押貸款機構的信用升降幅度愈來愈大。

抵押擔保債券是由大量的個人房貸組成，以債券的形式發行（亦即銀行家所謂的「證券化」），然後賣給投資人。這種債券和國庫券有幾點不同：如果你用1萬美元的存款買進殖利率5%的十年期國庫券，每年可收500美元的利息，十年到期後，可拿回1萬美元，美國政府承諾你能全數拿回投資的老本（雖然最近有些人質疑該承諾）。抵押擔保債券則是由房貸的屋主給付，屋主如期支付房貸費用時，你每年便可以收到利息。理論上，十年後，如果那抵押債券背後的房貸在那天到期的話，你可以拿回投資的錢（美國多數房貸是30年期）。十年後你可能拿回所有投資的錢，但是萬一屋主付不出房貸，你能拿回的資金很少。因此，抵押擔保債券的賠錢風險比國庫券高，需要提供較高的殖利率才能吸引投資人購買。今年抵押擔保債券大都必須提供6.10%的利率才有人買，比十年期國庫券的5%高出1.1%。那種殖利率水準才能吸引投資人，每次抵押擔保債券的殖利率比國庫券多1.10%以上時，投資人都會迅速搶購。

不過，今年春夏期間，這個型態變了：抵押擔保債券的市場疲軟，即使提供較高的殖利率，常見的買家也沒出現。市場上盛傳屋主的財務狀況出了問題，付不出每月的房貸，法拍件數迅速增加，還有兩家大型的抵押貸款機構宣告破產，投資人開始擔心

他們可能拿不回借給屋主的貸款，所以現在抵押債券的殖利率比國庫券高出1.6%，比以前更有吸引力。

8月出現幾次驚險的狀況，不過到了9月中，房貸市場的恐慌已大致回穩。交易員思考抵押債券的較高收益，覺得很有吸引力，尤其是史考特，他覺得這個價格實在太便宜了。他和羅耿沒互拋網球時，會一起討論一些交易的點子。他們腦力激盪後，決定加碼承擔信用風險。羅耿選擇做價差交易：買進抵押擔保債券，賣出國庫券避險。他預期抵押債券的價格會相對國庫券上漲，不過——這也是這筆交易真正吸引人的地方——他等候這個情況發生時，可以從抵押債券賺取6.6%的利息，賣出的國庫券則只賠5%的利息。換句話說，他幾乎是收取無本的利息。這是非常有吸引力的投資部位，所以當投資人和交易員不再擔心屋主倒帳時，他們都急著承作這種價差交易，把抵押債券相對於國庫券的價格又推得更高了。

抵押債券交易桌發生的情況，也發生在交易廳內其他信用敏感證券（credit-sensitive securities）的交易桌。其他交易員也買進公司債、垃圾債或新興市場的政府公債，賣出國庫券。史考特已經重新建立了股市的多頭部位。問題是，危機爆發時，這些交易都會連環引爆，他們的績效會跟著大家對信用與風險的普遍偏好升降。最近，記者把這種金融市場的升降交替現象稱為「風險追進與趨避」（risk on, risk off）。

9月中是風險追進（risk on）的時刻。牛市大漲幾年後，房市傳出的不利數據並無法輕易地澆熄市場。事實上，過去十年，不，是20年，每次市場出現恐慌和大幅賣壓，日後證實都是逢低買進的機會，所以交易員也如此看待目前的市場回檔。過去的操作習慣讓他們確定，未來幾週史坦普五百指數還會站上新高點。

信用價差再次縮小，抵押債券相對於國庫券漲了近3美元。

　　史考特和羅耿從股市和抵押債券獲利後，變得更加大膽，現在他們考慮增加在信用市場的曝險，尤其是反彈力道沒其他抵押貸款市場明顯的次貸債券市場。當貸款人無法還款的機率較高，可能連每月房貸都無法償還時，這種房貸稱為次級房貸，這些債券需要提供更高的殖利率才能吸引投資人。這些次貸債券根據房貸違約的風險，不只支付6%～7%的利息，而是支付高達10%～15%的誘人利息。

　　史考特難以抗拒那麼高的殖利率，決定賣出股市的多頭部位，買進一些這種風險債券，他覺得這些債券更有價值。不過，由於這些債券的流動性不高，不容易買賣，所以他決定買進一種指數，名叫ABX，那是追蹤一籃子次貸債券的平均價格，類似史坦普五百指數追蹤500檔股票的平均價格那樣。ABX指數的原始發行價格是100，現在已大跌至41，跌幅高達59%。史考特買了這個指數3億美元，他覺得那金額並不多。萬一出現最糟的情境，指數跌至37，他的虧損是1,200萬美元，但他覺得未來幾週比較可能漲回55～60的區間。

　　羅耿不喜歡錯失這樣的機會，所以他也買進次貸債券，但他只投資1億美元。他已經以價差交易買進抵押擔保債券了，況且身為抵押擔保債券的代客交易員，他覺得自己已經持續從客戶那邊買進，而且買進的金額通常比他想要的多。所以羅耿雖然對這個交易有信心，平常也做得很大，但他現在不想持有太大的部位，主要是因為現在是10月，這個年度就快結束了，今年截至目前為止的損益高達2,900萬美元，可以領到不錯的獎金——或許可以領個400萬美元吧，何必在年底拿自己的損益冒險呢？1月才是再度冒險的好時機，因為萬一失誤，還有一整年的時間可以彌

補。到了秋末，多數交易員都覺得是輕鬆駛回終點的時候了。

　　此外，未來兩週做大筆的抵押債券交易可能特別危險，羅耿也深知這點。未來兩週會公布幾個市場焦急等候的經濟報告：美國新屋銷售、凱斯—席勒房價指數（Case-Shiller house-price index）、美國GDP，還有最新的聯準會決議。這些資訊都會清楚顯示房市狀況，很多人擔心房市正在內耗美國的經濟。

　　不幸的，後續幾週，交易員擔心的事情都成真了。發布的訊息確實都很糟，簡直糟透了。成屋銷售一個月內跌了近8%，凱斯—席勒房價指數也出現有史以來最大的跌幅，全美房價下跌8.5%。這些壞消息震撼了已經因次貸違約的件數破記錄而受創的市場。史考特和羅耿的抵押債券部位幾乎從他們投資那天開始就一路虧損，不久ABX指數跌至37，已經到達史考特預設的最糟情境，虧損1,200萬美元。

　　羅耿很氣自己在年尾還虧損那麼多錢，抵押擔保債券的交易方式令他恐慌。他從業務員那裡只看到賣單不斷湧進，所以他結清他的次貸部位，專心為客戶持續賣給他的抵押擔保債券避險。

　　不過，史考特一點也不絕望，因為其他市場似乎對那些經濟數據比較樂觀。股市和公司債市場從容地接受這些消息，稍微有一些交易，但基本上市況是穩定的。交易員雖然緊張不安（包括史考特在內），但他們把市場的穩健反應解讀成利空出盡，經濟應該會開始好轉。隔天10月31日公布的GDP報告顯示，儘管房市走軟，美國的經濟仍強勁成長，這消息讓他們對上述的解讀更有信心。不僅如此，聯準會還降息一碼，在新聞稿中指出：「第三季的經濟成長穩健，金融市場的壓力已獲得舒緩。」這一切對始終看多的交易者來說意味著一件事：牛市回來了。股市又漲回高點，投資人受到激勵，覺得可以離開避風港，開始拋售國庫券。

抵押擔保債券並未反彈，令人不安，但是既然經濟成長強勁，聯準會又有信心，交易員覺得抵押債券市場反彈補漲是遲早的事。交易廳裡可以明顯感受到大家鬆一口氣的氣氛。

當天接近收盤時，市場累積的興奮感轉為慶祝萬聖節的氣氛。有一、兩桌開始擺出南瓜，另一桌擺了墓碑，大家開始期待小孩挨家挨戶索取糖果的習俗，或是前往化妝舞會，這時的曼哈頓看起來像《活死人之夜》（*Night of the Living Dead*）的電影場景。但是市場收盤不久，大家還沒下海狂歡以前，發生了意外狀況。新聞跑馬燈開始冒出一些臨時發布的消息，讓華爾街陷入恐慌。加拿大某投資銀行的分析師調降花旗未來的營收評估，並在措辭強硬的報告中提及花旗握有大量的房貸壞帳。一個分析師，一家投資銀行，況且又是加拿大的銀行，有什麼大不了的？然而，那消息在盤後驚嚇了市場，喧騰了一整夜。

10月究竟有什麼特別？為什麼股市最可怕的月份總是落在10月？史上每次崩盤，至少英美市場的崩盤，幾乎都是發生在秋季，也大都是落在10月。1907年的恐慌，1929年的大崩盤，1987年的黑色星期一，1997年的大崩盤（和亞洲金融風暴有關），2007年和2008年的大崩盤（和信貸危機有關）統統都是發生在10月。十九世紀和二十世紀初，大家覺得崩盤之所以發生在秋天，是因為農夫需要現金收割農穫，從銀行領錢出來，導致銀行出現擠兌現象，股市崩盤，或許那型態仍殘留在我們的集體潛意識中。但我想提出另一種可能性，許多動物的睪固酮濃度在一年內會出現波動，人類的睪固酮濃度會持續上升到秋天，之後轉而下降到春天。睪固酮濃度在秋天開始下降，可能導致動物產生「雄性焦躁症候群」，變得喜怒無常，孤僻消沉。所以，或許——我的意思是說有可能——秋天的時候交易員的動物本能渙散，冒險

意願降低，導致股市下跌。趁著我們思考這個論點時，我想再指出股市另一個奇怪的現象：根據觀察，股市在晴天比較容易上漲，在秋分和冬至之間通常表現低迷，有些人把這個現象歸因於季節性情緒失調（Seasonal Affective Disorder）。或許這也可以歸因於睪固酮濃度，因為睪固酮濃度會隨著日照增加，在秋冬季降低。這倒是一個耐人尋味、值得深思的議題。

隔天早上，交易員零零散散地來上班，很多人還帶著宿醉，今天的市場感覺不太一樣。彷彿每個單獨來看可以忽視的壞消息都已經累積到了某個臨界點，股市一開盤就不太妙，國庫券的需求突然熱門了起來，抵押擔保債券市場看起來不太穩定，雪恩透過對講系統解釋市場上的消息，說明銀行對市場的看法：銀行認為目前房市的狀況很糟，但出口和製造業仍挺住，所以他預期GDP不會受到太大衝擊。馬丁接在雪恩之後發言，他預期國庫券會持續上揚，因為信貸問題現在才開始發酵。這時交易廳開始氣氛緊繃，交易員感到不安，提高警覺，對壞消息敏感了起來。

接著就出狀況了！馬丁才剛評論完，螢幕上又跳出兩則消息，交易員和業務員看到新聞時都愣住了。摩根士丹利和瑞士信貸（Credit Suisse）的分析師都調降了花旗銀行的評級，確認花旗受創的程度。就在此刻，整個華爾街終於恍然大悟，美國房市正從懸崖上墜落，而且拖著銀行體系一起下墜。交易廳裡沒人料到會發生這種事，就連最悲觀的看空者也沒料到。大家愣了半拍……之後群起騷動。雪恩想透過對講系統評論，但是全球各地的業務員都透過該系統大聲地拋售抵押債券、公司債、以及任何有信用風險的東西。有些業務員則是懇求馬丁和葛雯提出大額國庫券的報價。馬丁的迷走神經依舊穩定地運作，他在報價以前先暫停下來，眼看著抵押債券市場像自由落體般下跌，十年期國庫

券漲了0.5%。馬丁抓好價格後，就像熟練的航空管控員一樣，迅速因應大排長龍等候報價的客戶。隨著波動性逐漸擴大，馬丁和葛雯逐漸變成交易廳的主角，他們是交易廳中唯二有獲利的交易員。

相反的，史考特一臉錯愕地盯著螢幕，他持有大量的次貸債券，次貸債券剛剛在沒什麼交易下，跳空下跌了2美元，他剛賠了600萬美元，而且上週他已經虧損了1,200萬美元。他大腦深處的古老迴路記下了這個異狀及大事不妙，從此以後，史考特的身體和大腦開始產生深遠的變化，一個龐大的電子與化學網絡就此啟動了。他的杏仁核（大腦的情感中心）把這個事件標記為特別危險，並觸發了「壓力反應」的初始階段。

交易廳裡的非戰即逃反應

壓力反應是指身體和大腦從日常運作迅速切換成緊急狀態，以因應迫近的身體威脅，例如在森林裡覓食時意外碰到美洲獅。為了幫特殊的肌肉施展做好準備（無論是為求生而打鬥或迅速逃離險境），我們的身體會竭盡所能地徵召一切的葡萄糖和氧氣，同時暫停身體中比較消耗代謝的長期功能。壓力反應是一種非常驚人的體驗，長期的演化史證實這是讓我們存活下來的必要條件。碰到美洲獅時，壓力反應的確很管用，但是在職場上，壓力反應卻常幫倒忙。事實上，職場壓力正好清楚地說明，我們的身體對於危機的處理自有一套打算，大腦意識幾乎無法掌控它。

壓力反應是分成幾個階段展開的：兩個快速階段是採用電脈衝，兩個緩慢階段是採用荷爾蒙。首先，杏仁核必須先記下危險，透過電訊把警告傳送到大腦的其他部位，這個迅速的流程只

花幾毫秒。第二，杏仁核透過腦幹傳到內臟器官（例如心臟和肺臟）的電訊，會加速心跳、呼吸及提高血壓。這些訊號會在一秒內發生效用，不過它們完全發揮效用需要稍長的時間。所以身體和大腦中最初產生的電訊反應像閃電一樣迅速，如果反應得宜，可以讓我們脫離風險。但是這反應很消耗新陳代謝，如果沒有補充燃料，很快就會精疲力竭。較緩慢的荷爾蒙反應（例如腎上腺素）會提供燃料，在幾秒到幾分鐘內發揮效用，這些壓力反應的初期階段構成「非戰即逃」反應，任何需要迅速代謝能量及集中注意力的情境都會啟動這種反應。餓狼追逐麋鹿，驚恐的麋鹿拚命逃離時，也是經歷類似的非戰即逃反應。史考特和馬丁也是如此，雖然他們其中一人已經失控，一人仍在掌控中。馬丁和史考特現在的情況，其實和狼與麋鹿沒什麼兩樣，一個是掠食者，一個是獵物。

不過，在壓力反應的最後階段，馬丁和史考特的生理狀況並不相同。當危機延續的時間比非戰即逃反應還久時，腎上腺的外層（名叫腎上腺皮質，皮質意指外層）會分泌愈來愈多的皮質醇。這種荷爾蒙是壓力反應的主角，它會幫我們度過長期的難關，效用持續幾分鐘到幾小時，甚至好幾天。皮質醇對大腦和健康有強大的影響，現在馬丁的皮質醇適量增加，因其激勵效果而受惠；史考特則是因為皮質醇太高而受害，判斷力受損。

現在史考特得面對賠錢的投資部位，我們來看看其壓力反應的每個階段。首先，他需要處理從眼睛和耳朵湧進的大量資訊，知道自己面臨的危險。大腦中第一個幫他得知危險的部位是視丘（請見圖10），位於從眼睛與耳朵往內投射的交會區。視丘的作用是在景象和聲音進入大腦時讓它成形，以便解讀，就像資料需要先轉化成某種格式，電腦才能解讀一樣。重要的是，視丘的成

形速度很快、很籠統，產生模糊的半成形影像或表達不清的聲音。如果視丘接收到的是視覺提示，它會把這個概略的圖像傳到感覺皮質進一步處理，讓圖像對焦以便理性分析。不過，在此同時，視丘也會把粗略的圖像傳到杏仁核，杏仁核會迅速試探性地評估其情感意義：這是我喜歡的圖像嗎？還是我應該感到害怕？我應該快樂、悲傷、恐懼或憤怒嗎？

我們幾乎無法辨認視丘的圖像，那為什麼還想評估圖像的情感意義呢？因為它很快，我們前面看過，大腦必須在速度和精確度之間取捨，碰到緊急狀況時，我們會以前意識的處理速度為重。在林間健行時，萬一發現黑色的移動物體，那可能是樹葉搖曳的陰影或是一頭熊。我們的理性大腦只要有時間，都會確認那個東西究竟是什麼，但是那會花上好幾秒，萬一那是熊，理性大腦可能占用了我們逃命的瞬間。所以大腦進化出資訊處理的「高層次路徑」和「低層次路徑」（李竇的說法）：視丘—皮層迴路是緩慢但精確的高層次路徑；視丘—杏仁核迴路無法區分陰影和熊，是快速的低層次路徑。在低層次路徑的幫助下，我們先反應，之後冷靜下來才發現是虛驚一場，覺得剛剛有點蠢，竟然被搖曳的樹葉嚇得半死。

所以當新聞跑馬燈冒出分析師的驚人報告時，杏仁核先處理史考特最初的驚訝，默默地記住：糟糕！接著杏仁核把壞消息傳給藍斑和腦幹，腦幹被杏仁核的警訊喚醒，在房市數據發布以前，就加速已經啟動的非戰即逃反應（在低層次運作）。我們來回顧整個過程，並加入更多細節。

電脈衝迅速穿過史考特的迷走神經，順著脊髓神經而下，擴散到身體的其他部位，刺激他的呼吸系統和心血管系統。他的心跳加快，血壓跟著飆高，挹注戰鬥到底或迅速逃離所需的額外血

液。血液流量激增的目標是選擇性的，通往骨骼肌的動脈擴張，讓更多血液流到大腿和手臂的大肌肉群。在此同時，皮膚的小動脈收縮，萬一受傷可減少出血，這讓史考特的皮膚產生濕悶感，臉色蒼白。胃裡的血管也會收縮，因為現在不需要消化東西，這讓他的胃部產生糾結不安感。他的呼吸加速，因為肺臟想為增加的血液流量提供足夠的氧氣。皮膚開始冒汗，在預期開始消耗體力以前，就先幫他的身體降溫。他的手心和腳底也開始冒汗，或許這是因為早年演化時期逃命需要迅速爬藤或爬樹的緣故。他的瞳孔放大，以便接收更多的光線，唾液分泌停止，以節約用水，令他口乾舌燥。在極度恐慌下，體毛底部的豎毛肌會收縮，導致毛髮豎立，沒毛髮的地方則是泛起雞皮疙瘩。

　　這些生理變化都發生得很快，史考特還來不及意識到這些改變，意識也幾乎沒參與身體的第一反應。過了片刻，他的理性大腦跟上了，確認杏仁核剛剛迅速做的籠統評估：他的確陷入很糟的狀態。約莫在此同時，非戰即逃的荷爾蒙階段啟動了，釋放腎上腺素。當腎上腺素開始在血管中流動時，它開始運用以前為了支援非戰即逃反應所儲存的能量，主要是分解肝醣（用來儲存醣類的分子），把它轉化為葡萄糖。腎上腺素也會促進血液凝固，萬一他受傷流血了，會迅速凝結。為了進一步避免受傷，免疫系統會把大量的自然殺手細胞釋出到血液中，以對抗任何感染。

　　史考特需要清楚思考他的持有部位和市場，但怪的是，現在他的身體卻好像返回了古代的原始情境，幫他做好和大熊搏鬥或逃離大熊的準備。壓力反應在這方面就像史前時代一樣笨拙，它不會清楚區分生理、心理、社會的威脅，反正每種威脅的身體反應都差不多。壓力反應在森林裡很寶貴實用，但是在交易廳或任何工作場合上卻顯得過時奇怪，畢竟這時我們該做的是思考，不

是逃跑。

目前為止，史考特的壓力反應雖然讓他覺得有點不舒服，但並未嚴重損害他因應老闆的能力。年底虧損1,800萬美元肯定是個壞消息，但史考特以前也賠過很多錢又賺了回來。多年的交易經驗已經把他練就成抗壓的冒險者，他曾經在這樣的時刻，證明自己可以抵抗壓力反應的持續施壓並有效地交易。

抵押債券交易桌的糟日子

風控經理現在正在套利交易桌那邊走動，從史考特的肩後觀望，交易廳裡到處都是計畫泡湯的憤怒聲——壓抑的尖叫聲、飆髒話、怒掛電話的聲音。羅耿受到的衝擊特別嚴重，正在發脾氣。套利交易桌的主管史戴凡正在處理自己投資衍生性商品的虧損，總計虧了近6,000萬美元，他匆忙召開部門的臨時會議。他們現在究竟該平倉，壓低年尾的虧損？還是加碼，期待賺回所有的虧損，或許還有獲利？交易員以類似電報的短句你來我往地交換意見，後來都決定加碼。他們推論，避險基金一直在放空抵押債券，現在跌幅那麼大，他們鐵定會想要回補部位。此外，房市崩盤下，聯準會肯定會持續降息，這樣的作法通常會促使抵押債券、股市，及其他信用敏感市場止跌反彈。現在交易員預期隨時都會出現反彈，所以他們決定加碼。風控經理一臉擔憂，想起亞洲金融風暴與俄羅斯倒帳風暴期間也出現過類似的論點，不過根據今年交易桌的記錄，最後他還是同意讓交易員擴大交易的規模。風控經理再次陷入棘手的情況：如果他拒絕放寬交易規模，之後市場漲了，他會因為公司錯失獲利的機會而遭到指責。

史考特把椅子滑回桌邊，從電腦中叫出即時的圖表工具，

這些圖表工具據稱可以幫交易員發現證券價格撲朔迷離的曲折變化。尤其，這些圖表據稱可以顯示出市場（抵押債券、股市、貨幣市場等等）的「支撐線」，亦即投資人會進場承接、使價格止跌回升的價位。很多人（包括史考特）都知道那些圖表是學術背景不明的人繪製銷售的：那些支撐線大概是根據費氏數列（Fibonacci numbers）繪製的。費氏數列是從自然現象中發現的數列，例如貝殼的螺旋型態，但是那些數列不知怎的後來時常出現在流行文化中，例如《達文西密碼》（*The DaVinci Code*）之類的小說，有種隱藏型態的神祕感。這些圖表近似神祕數字，但是只要有夠多的人相信它們，久而久之也會弄假成真。史考特知道很多交易員會跟著這些圖表交易，所以他以34的價格（下一個主要的支撐價位）加碼買進2億美元的ABX抵押貸款指數，使他的總部位高達5億美元。隨著抵押債券市場持續走跌，史考特今天的虧損已高達900萬美元，他的買單不久就補完了。史考特瞄了一下其他的套利交易員，他猜測其他人也都加碼了。

　　股市又迅速下跌0.5%，抵押債券市場跟著下挫，把大家嚇了一跳，但後來市場回穩，漲回史考特剛剛買進的價位。現在史考特和整個套利交易桌，還有交易廳的其他1,000多位交易員，以及世界各地數百個類似的交易廳，都在等候市場反彈的上拉感。股市、抵押債券、公司債等市場暫時恢復了信心，聚集了買家，市場謠傳聯準會今天稍後會發布公告（無疑是宣布力挺市場的決心），所以市場初期的反彈開始加溫。抵押債券市場上漲了2%，縮小了史考特的虧損幅度。史考特抖著腳，鼓動著市場，感覺到熟悉的手感又回來了，整個套利交易桌似乎都鬆了一口氣。如果市場持續上漲，或許他今天還能獲利。

　　但是市場牛步上拉一小時後，漲勢似乎無以為繼，其他謠

言又為市場的前景蒙上了陰影，有傳聞指出，房貸創始機構有流動性問題，避險基金虧損，銀行大規模沖銷壞帳，英國的銀行體系崩解，漲勢戛然而止。不久，拋售潮再度湧現──美國中西部的避險基金，蘇黎世的避險基金，日本銀行的夜間交易桌──對講系統持續傳來業務員詢問抵押債券和公司債的買價。投資人的信心瓦解，市場開始失靈，價格先是慢慢下跌，接著速度加快，摜破34的支撐線，穿過33.75，後續45分鐘直下33.05。史考特迅速察覺變化，拚命拋售部位，但是買單在他來不及接手以前就消失了，半小時內他的虧損擴大到1,600萬美元，幾乎是全年獲利的三分之一。即便如此，他甚至無法確定自己的損益，抵押債券的價格波動太大了，沒人能確定價位。他也無法確定自己的真實部位：他交易得太快太急，連他自己都不確定所有的交易都輸入了，或正確輸入了。現在他慌了陣腳，一臉錯愕，毛孔滲出酸臭的汗水，茫然地看著市場暴跌，陷入死亡漩渦，螢幕上偶爾閃著持續下跌的價位──32.50，32.15，32.27，31.90，31.35──交易廳裡哀鴻遍野，彷彿置身夢境，到了下午3點左右，價格回落，新聞顯示ABX破記錄重挫12%。交易後台確認史考特的部位，他的債券大都是多頭部位，價值約4.15億美元。他在風險管理系統裡的部位也穩定了下來，他恐懼地看了一下電腦螢幕右下角的損益數字，看到虧損2,400萬美元時，不禁倒抽一口氣，那幾乎一舉抹除了他過去六過月的獲利。這項消息在他的腦中就像深水炸彈般引爆開來，使他的呼吸加速，血壓飆升，腸內液化。

　　當我們身陷可怕的事件時，身體以為我們需要快跑保命，因此逼迫膀胱排除尿液，逼迫結腸排出鬆散多水的糞便，以拋除額外的重量。通常，未消化的廢物離開小腸時是液態的，穿過大腸時水分會再吸收，以維持身體的水合作用，讓糞便凝結乾燥。

但是，如果結腸迅速清出東西，並沒有時間完成這個流程，所以大致上是腹瀉狀態。當交易廳的虧損持續累積時，可以看到焦慮的交易員快步邁向洗手間，男廁開始散發出恐懼及屠宰場般的惡臭。

熊市的壓力反應

史考特的杏仁核記下情況的嚴重性，現在身體充滿了皮質醇，以啟動壓力反應的大引擎。在新聞發布以前，皮質醇已少量釋放，提振史考特和其他交易員的精神，但現在皮質醇不斷地大量釋放後，改變了壓力反應的特質，導致他的身體和大腦進入長期抗戰的狀態。現在皮質醇效應讓史考特完全無法振奮起來，從此以後，他想保持冷靜與理性都很困難，就像學生想在消防演習中完成考試一樣心神不寧。

生理變化是以下面的方式展開：杏仁核傳訊給控制身體荷爾蒙的下視丘。下視丘叫它下方的腦垂體分泌一種化學傳導物質到血液中，這種物質會衝去找適合的受體，它很快地在腎上腺的邊緣找到這些受體，指示細胞分泌皮質醇。現在皮質醇從史考特的腎上腺湧出，把訊息傳送到身體的遠處：非戰即逃反應持續得比預期還久，為了幫這漫長的掙扎維持需要的能量，身體會暫時關閉長期功能，匯集所有可用資源（大都是葡萄糖），以便馬上運用。腎上腺素啟動了這個流程，但只有短暫的效果，現在換皮質醇接手，維持高血壓和加快的心跳，把消化、繁殖、生長、能量儲存等功能的能量轉移到其他地方。

皮質醇壓抑消化酶，引導血液離開胃壁以減緩消化。它進一步壓抑生長激素的分泌和效用，阻礙承受壓力的年輕人成長。重

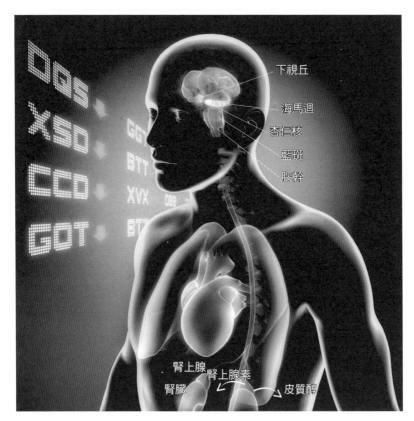

圖10 壓力反應。壓力反應的最初快速階段稱為非戰即逃反應,是由杏仁核和藍斑啟動。非
　　 戰即逃的電訊沿著脊髓而下,傳到體內,加快心跳、呼吸、血壓,從腎上腺的核心釋
　　 放腎上腺素。壓力反應的更持久階段則涉及下視丘,它會透過血液裡一連串的化學訊
　　 號,指示腎上腺的外層分泌皮質醇。皮質醇接著對身體和大腦產生廣泛的影響,指示
　　 它們壓抑長期功能(例如消化、繁殖、成長、免疫系統),以便長期抗戰。

圖片來源:CLIPAREA.com,客製化媒體。

要的是,皮質醇也會壓抑身體的合成代謝流程。合成代謝流程會
累積能量的儲存,分解代謝流程則是分解儲存的能量,以便馬上
運用。皮質醇是分解代謝的類固醇,它會阻礙睪固酮和胰島素的
效用,把肝醣分解成葡萄糖,把脂肪細胞分解成游離脂肪酸(另

一種能量來源），把肌肉變成胺基酸，然後轉送到肝臟，轉化成葡萄糖。皮質醇還有另一個效用是幫我們準備好應付危機：它會壓抑男性體內睪固酮和精子的生成，以及女性體內的雌激素生成和排卵，壓抑生殖道。

最後，萬一危機讓人受傷，出現傷勢，皮質醇是醫學界所知最強大的抗炎物質之一。皮質醇幫我們準備好因應傷勢時，另一個強大的化學物質「腦內啡」（endorphin）會輔助它。腦內啡是一種鴉片劑（有些人說傳說中的跑者愉悅感就是它造成的），在長期壓力期間會釋放到身體和大腦內，做為鎮痛劑，以減少疼痛感。在戰爭中，偶爾會看到這種自然止痛劑的效用，受傷的士兵常在渾然不知自己受傷下繼續奮戰。

馬丁聽到史考特的虧損金額後，往他的方向看去，建議他：「這東西就像貨運火車疾駛而來，快閃為妙。」史考特明智地聽從建議，整個下午努力地拋售手上那些考慮不周的部位，皮質醇的濃度持續上升。他和馬丁的體驗全然不同，馬丁對波動感到亢奮，史考特則是完全被擊垮了。事實上，整個交易廳裡，交易員因生理狀況、訓練，以及對信用市場的曝險程度不同，對市場波動展現出不同的生理反應。史考特有如殘骸，承受著嚴重的壓力反應；葛雯因交易大增而亢奮，展現輕度的非戰即逃反應，腎上腺素和皮質醇都處在讓她亢奮的恰好濃度，就像她在網球賽中習慣面臨的情境。馬丁因身強體壯及經驗老到而受惠，今天需要用到的皮質醇不多，甚至沒有多大的非戰即逃反應，他的迷走神經只鬆開心臟和肺臟的閘門，以身體原有的自然餘裕，輕鬆地應付整個下午的運作，連一滴汗也沒冒，運氣不錯。

迷走閘（vagal brake）是如何完成這種奇妙反應的？當你放鬆時（例如看書），呼吸和心跳是緩速進行，但是心跳和汽車不

同，放鬆的心跳率不是心臟的預設狀態，預設的心跳率比較快，介於放鬆與狂飆之間。心臟沒加速到那個自然的預設速度，是因為迷走神經使用迷走閘，讓心跳和呼吸放慢下來。如果緊急事件打斷你的悠閒狀態，它會啟動你的非戰即逃神經系統，加速心跳，但是較小的壓力源不會如此，在放鬆的心跳和非戰即逃反應之間，還有中級的心臟激化，那是由迷走神經控制。面對較小的壓力源時，迷走神經只會鬆開閘門，讓心臟自己加快。這對心臟是比較溫和與精確的掌控方式，代謝上也比全面啟動非戰即逃反應更有效率。事實上，我們一整天都依賴迷走神經對心臟進行微調，把非戰即逃的加速反應留到真正遇到大麻煩時才啟動。這是一種很棒的設計，把小事交給迷走神經處理（它就像我們信任的助手），讓我們不必動不動就擔心。生理狀況特別優異的人更能享有這方面的優勢：他們有良好的迷走神經張力（vagal tone），即使面對強大的挑戰，也不需要用到太多的皮質醇，甚至不太需要腎上腺素，只要鬆開迷走閘就夠了。馬丁的運氣很好，他就是這種生理狀況特別優異的人。

史考特則不然，今天他面對危機所需的生理資源，遠比身體的自然餘裕還多，所以身體啟動了強大的壓力反應。現在他體內湧現的壓力荷爾蒙不只是大量虧損造成的，也是市場撲朔迷離的波動性促成的。波動性意味著不確定，不確定性對身體的影響和實際傷害一樣大，這點對了解現代生活的壓力非常重要。

早年研究壓力時，一些科學家──諸如1950年代在麥吉爾大學從事研究的匈牙利人漢斯・謝耶（Hans Selye）──認為，身體大致上只會對實際的身體傷害（例如飢餓、口渴、體溫過低、受傷、低血糖等等）產生防禦性的壓力反應。另一些科學家則注意到，下視丘和腎上腺對預期傷害的反應，比對傷害本身的反應

還大，這些科學家裡有一些是心理學家，例如耶魯的約翰・梅森（John Mason）。此後，研究人員發現有三種情境會發出威脅訊號，引起強烈的生理壓力反應。這三種情境是：新奇、不確定、無法控制的情境。

　　我們先來看新奇。科學家把老鼠放進新籠子，讓牠們接觸新奇的環境時，老鼠的壓力反應會增強，皮質酮（老鼠的皮質醇）濃度升高，即使沒發生任何異狀、環境中無明顯威脅時也是如此。這結果讓科學家懷疑壓力反應本質上是一種準備：在新奇的環境中，我們不知道該預期什麼，不知道會發生什麼事，所以腎上腺分泌壓力荷爾蒙（腎上腺素和皮質醇），讓我們的注意力更敏銳，增加可用的葡萄糖，只為了讓我們做好準備。

　　不確定性也對皮質醇的分泌有很大的影響。1970年代，內分泌學家約翰・亨尼西（John Hennessey）和西摩・列文（Seymour Levine）做了一系列有趣的實驗，他們發現動物對輕微電擊（不危險，只會讓動物縮回爪子）的壓力反應，是看電擊的時點而定，而不是看強度而定。如果電擊是定期或間隔時間可預測，或是伴隨聲音的提示，實驗後動物的皮質醇濃度可能維持正常或稍高一些。不過，如果電擊的時間點不斷更改，愈來愈難預測，動物的皮質醇濃度會上升。當電擊的時間點變成完全隨機，完全無法預測時，皮質醇的濃度達到最高。這些動物在每次實驗中受到的電擊量一樣，但產生的壓力反應卻大不相同。電擊時間點不確定所引發的壓力，比電擊引發的壓力還大。這反應其實我們都能體會，因為恐怖電影就是如此：當我們不確定怪物潛藏在哪裡時比較害怕，怪物終於冒出來對我們大吼時，我們反而沒那麼害怕了。戰爭期間，壓力型態也對傷害有不同程度的影響。例如，二

次大戰的閃電戰期間，倫敦市居民天天都預期遭到轟炸，市郊居民則是面對間歇性、不可預知的襲擊，市郊的醫生發現居民罹患胃潰瘍的比例較高。

　　無法控制性也對壓力大小有很大的影響。在一連串的「共軛」實驗中，兩隻動物受到等量的電擊，但其中一隻可以推開控制桿，讓兩邊的電擊都停止。換句話說，一隻老鼠有掌控力，另一隻沒有。實驗到最後，兩隻動物受到的電擊量相同（因為是共軛相連），但是沒掌控力的動物有比較強烈的壓力反應。在後續的實驗中，即使不再通電，什麼也不做，控制桿依舊有減輕壓力的效果。控制力，即便是控制的假象，也可以減輕壓力反應。相反的，在有威脅的情境中失去掌控，則可能引發最駭人的壓力反應。

　　新奇、不確定性、無法控制性，這三種情況很類似，因為碰到這三種情況時，我們都無法鬆懈下來，一直處在備戰狀態。交易員每天有很多的時間都是處於這種狀態，這些環境特質對交易員的影響，跟動物的情況一樣嗎？答案是非常肯定的。那也是我和同事對交易員做一連串實驗後得到的結論。我們在上一章提過其中一項研究，那時我提到睪固酮對交易員損益的影響。在那個研究中，我們除了收集睪固酮的資料之外，也收集交易員的皮質醇濃度，並衡量市場的波動性，以評估交易員面對的不確定性。我們推斷，波動性愈高，交易員愈不確定未來幾天的市場價格。實驗結果發現，他們的皮質醇濃度會跟著市場波動性大增，可見他們的皮質醇的確會跟著不確定性增加。事實上，交易員的皮質醇濃度非常敏感，跟衍生性金融商品的價格有非常密切的關係，而衍生性金融商品正好是用來避險的證券。這現象不禁讓人聯想到一種有趣的可能性：壓力荷爾蒙是衍生性金融商品的生理基

礎。

　　我們也觀察交易員的損益變化，那變化可顯示他們對個人交易的掌控程度。結果發現損益變化增加時，他們的皮質醇濃度也增加。此外，交易員的荷爾蒙波動特別大。在正常情況下，早上醒來時，類固醇激素的濃度上升，那種類固醇的作用就像早餐的咖啡一樣，後續一整天的濃度開始下降。在這個實驗中，我們原本應該看到交易員的皮質醇濃度從上午到下午約下滑50%，但是在市場波動大的日子裡，他們一整天的皮質醇濃度不減反增，有些人甚至激增500%，那種濃度通常只出現在臨床病患的身上。

　　今天下午，史考特發現自己陷在前所未見的新奇狀態中，他這輩子從來沒看過市場出現類似的變化。事實上，其他人也沒看過。想找類似的例子，亦即尋找牽涉所有的信用市場、甚至危及政府償付能力的危機，那必須回溯至1929年的大崩盤。史考特也從來沒對事件的未來走向如此茫然過，其他交易員對這種不確定性也有同感。恐懼指數VIX就是集體不確定感的最佳證據，夏季時VIX仍在11%徘徊，今天升破了25%，後續幾個月甚至漲到了驚人的80%。最後，史考特的虧損創下了記錄，也就是說，他已經失控了。虧損的累積效用，再加上市場的新奇、不確定和無法控制性，讓史考特和華爾街其他交易員的皮質醇大量湧現。

　　到了下午四點，艾許已經要求史考特結清所有部位，但是他很難平倉，也很難集中注意力。部分問題在於他的藍斑已經產生很大的變化。當天稍早得知驚人的分析師報告以後，藍斑讓他特別關注市場，也特別注意預測抵押債券後勢發展的相關資訊。但現在，在承受大量的壓力下，藍斑的神經發訊模式變了，從簡短頻繁的發射變成持久的發射。這種型態出現時，人就無法再集中

注意力了，轉而開始掃視環境，因為當我們面對新奇環境時，再也不知道什麼有關，不知道該注意什麼。我們的掃視變得匆忙，不加區別，近乎恐慌。史考特的壓力大到無法清楚思考，他的注意力開始跳躍，他就這樣虛耗到下班，無法交易獲利。

後續幾天，銀行業傳出的消息讓局勢變得更加悽慘，交易員失落地得知信用市場不可能在短期內反彈。史考特把手中最後的抵押債券部位平倉以後，發現他的股債市價差交易也有大量的虧損，因為股市也跟著抵押債券市場暴跌，國庫券市場出現史上最快、最久的漲勢。到了週五，史考特發現他不僅把整年的獲利都吐回去了，還額外虧損了900萬美元。

史考特原本期待週末帶女友去漢普頓度假，享受晚秋的景色及清涼的海風。但現在，他成天寢食難安。他夢想的個人濱海別墅成了泡影，甚至不知道明年夏天還能不能租得起。整個週末他幾乎都和同事在電話上聊天，回顧這一週的經歷，收集其他交易員的故事（其他人肯定也賠了不少）。到了週日，他的心情已稍微好轉，他或許回吐了今年的獲利，但他覺得老闆應該還是喜歡他的。套利交易桌上週雖然虧損1.25億美元，但整年仍有1.8億美元的獲利，而且銀行今年的獲利也不錯，他可能領不到預期的800萬紅利獎金，但是他還是可以分到一點套利交易桌的共同獲利，或許可以分到150萬美元吧。女友安慰他，銀行也不希望看到他投效競爭對手。為了安全起見，他開始比平常更早上班，穿上最好的西裝和領帶，乖乖地和他以前不屑的業務員出去應酬。如果你沒賺錢，至少還要有業務員挺你。

但是後續幾週，史考特的樂觀開始幻滅。市場陷入前所未見的金融危機，造成極大的痛苦，摧毀任何的希望。聯準會再次降息，未來幾個月還會繼續這麼做，但是此舉並未促成風險資產的

反彈。套利交易桌在無法平倉下,以驚人的速度虧損,不僅回吐了全年的獲利,又額外虧損了3.75億美元。銀行本身的狀況也不太好,幾乎每個部門都有破記錄的虧損。在交易廳另一頭的抵押債券交易桌,羅耿也陷入這個信貸危機的漩渦。他雖然卯足全力因應,但客戶的交易全都是賣單,使他不斷持有抵押債券的多頭部位,他現在的虧損已經大於過去五年的獲利。

在這種危機中,就像黃昏入夜後,神經近乎繃斷的關頭,難免會傳出裁員的傳言,不確定感和無法控制感上升到了令人無力的新境界。即使是以前的明星交易員也感到脆弱,無法指望這時還有其他的銀行來挖角,更別說是誘人的簽約獎金了。有傳言指出,政府打算關閉每家銀行的套利交易桌,甚至阻止代客交易員建立套利部位。於是交易員開始從銀行轉往避險基金發展,避險基金還可以滿足他們對風險的偏好。交易桌的主管開始欺凌一些比較資淺的交易員,暗示交易桌將會有所變革,甚至在銀行宣布裁員以前就先開除一、兩人。靈長類動物學家羅伯‧薩波斯基指出,猴子領袖面對無法控制的壓力源時,會開始欺負下屬,那舉動可降低牠的皮質醇濃度,管理者似乎了解這個險惡的生理特質,利用這種方式把皮質醇加諸到屬下身上,連續效好的下屬也不放過。在金融危機的所有亂象中,管理高層最能有效改善的狀況,就是降低中階管理者製造的不確定感和無法掌控感。

時序即將進入12月,股市持續下挫,各種信用價差都處於史上的高點,牛市氣氛已完全消失,交易廳裡籠罩著慘澹的氣息。整個華爾街,以及海外的倫敦、東京、上海、法蘭克福、巴黎等金融中心都一樣低迷。有報導指出許多黑盒子都已經關閉了,那些運算法和人類一樣,都難以理解當前的金融亂象。投資人紛紛趨避風險,避險基金只能眼睜睜地看著資金大量贖回,連續效好

的基金也不例外。史考特和多數交易員因為壓力反應持續太久，開始出現負面效應。這時皮質醇對大腦和身體的傷害最大，用足以害死我們的方式扭曲想法，破壞身體。

慢性壓力和趨避風險

想了解壓力對金融市場的危害，需要先了解急性接觸壓力荷爾蒙（亦即短期接觸適量）和慢性接觸壓力荷爾蒙（亦即長期接觸大量）的差異，因為這兩種情況有非常不同、近乎相反的效應。皮質醇的劑量—反應曲線是∩形，亦即適度的劑量對認知與身體的性能有益，但過量則有害。

在分析師發表報告以前，適度接觸皮質醇有助於提升交易員的警覺性、訊號偵測、代謝準備、動作表現，讓他們的心情好到近乎亢奮。這種急性反應帶給他們不錯的優勢，但過去一個半月的慢性反應正緩緩地殘害他們，破壞他們的心血管和免疫系統，很可能也破壞了他們評估風險的能力。這種效果差異是因為壓力反應是迅速、短暫的肌肉反應，目的就是為了快速啟動，並在短時間內關閉。如果不這樣，各種毛病也會隨之而來，因為壓力反應很消耗身體的代謝，它讓身體維持在高度的準備狀態，長期下來會破壞許多身體組織，就像燃燒家具讓屋子變暖一樣。

可惜，金融市場和社會上的壓力可能持續很久，因為大腦控制壓力反應的古老區域（杏仁核、下視丘、腦幹）無法清楚區分身體威脅（通常短暫）和心理或工作相關的威脅（可能持續幾個月，甚至幾年）。

史考特目前就是處於後者的情況，長期接觸皮質醇已經開始破壞他的思考和冒險能力，讓他幾乎無法交易。部分問題出在他

的記憶方式出現大幅變化，皮質醇對杏仁核的受體密集區及附近的海馬迴產生作用，藉此影響記憶。這兩個大腦區域有如摔角雙人組，輪番上陣，記住令人緊張的事件，但是它們各自為記憶的不同面向進行編碼：杏仁核是記住事件的情感意義，海馬迴則是記住真實的細節。

　　這種神經分工就像小孩子學騎車一樣。犯了多次錯誤以後，孩子終於會騎了，你看！她在沒人協助下在街上馳騁，多麼興奮。不過，她騎得太興奮了，看也沒看就直接闖過十字路口，差點被汽車撞到。她剖析分散在大腦內（從大腦皮質到腦幹）的經驗和故事片段，騎車的動作掌控可能是存放在小腦裡，以免歲月摧殘而忘卻。人類即使完全失憶，小腦依舊會繼續運作。所以，說到你不可能忘記的事，有些人常說：「就像騎單車。」學習經驗的概念部分——例如小女孩發現騎得愈快，愈容易在雙輪上平衡——可能是存在她的理性大腦內，亦即新皮質。至於和騎單車有關的事實——例如時間、地點、天氣、跟誰在一起等等，亦即自傳式記憶（autobiographical memory）——則是儲存在海馬迴裡（但是過一段時間以後，會從這裡移到新皮質的深層儲存區）。差點引發車禍而造成的恐懼，可能是存在杏仁核裡。如果小女孩幾年後返回同一個十字路口，但因為海馬迴受傷，她可能想不起那件事，但是杏仁核會讓她充滿恐懼，產生以下的莫名反應：「我好害怕，我不喜歡這裡。」如果她回到現場時，海馬迴健康無損，但杏仁核受損了，她可能還記得那驚險事件的每個細節，卻對回想起來的事件毫無情緒反應，因為海馬迴面對事件的態度是：「主人，這不過是事實罷了。」

　　大腦區域及儲存的記憶類型中，受壓力荷爾蒙影響最大的是杏仁核和海馬迴。幫我們身體應付壓力挑戰的壓力荷爾蒙，靠

著化學工程的威力，也會指示杏仁核和海馬迴記住那事件，以便未來迴避類似的風險。面對搶劫、車禍、碰到蛇、九一一恐怖攻擊報導等等事件，皮質醇都會做標記以便儲存，這些事件會永遠成為「閃光燈記憶」（flashbulb memory）。多年後，即便是老年，我們似乎還是可以回想起事件周邊的每個細節。腎上腺素透過迷走神經的作用，幫皮質醇記下這些記憶。有人提議，在創痛事件發生後，馬上注射抑制腎上腺素效果的 β 阻斷劑（beta-blocker），可避免產生閃光燈記憶，或許可以降低未來陷入恐慌及創傷後精神壓力障礙（post-traumatic stress disorder）的風險。總之，這星期當抵押債券市場崩盤，一筆勾銷史考特的整年獲利時，這事件已經烙印在他的記憶裡了。

正如高濃度的皮質醇會幫我們記下創痛事件一樣，以後它也會幫我們擷取這些事件的記憶。隨著皮質醇的濃度增加，我們接觸荷爾蒙的時間變長，逐漸回想起當初儲存的事件。史考特現在覺得他老是想起一些令他不安的回憶，容易回想起一些不愉快的經驗，例如高中微積分被當，在更衣室和人打架，網路狂潮泡沫化的虧損等等，而不是一些愉快的回憶，例如和女友相處，去瑞士的韋比爾度假，或獲利的交易等等。更重要的是，史考特現在評估交易風險時，老想起之前的負面案例，這種選擇性想起以往錯誤的現象，讓他更容易變成非理性趨避風險。

長期皮質醇濃度太高也對思考有其他的影響，除了影響記憶外，更重要又令人不安的是，那也會改變大腦不同區域的形狀和大小。杏仁核與海馬迴的皮質醇受體比大腦其他的區域還多，所以特別容易受到影響。皮質醇的高濃度持續夠久時，會扼殺海馬迴裡的神經元，使其體積縮小多達15%，就像罹患庫興氏症候群（Cushing's syndrome）的病人一樣。庫興氏症候群是腎上腺或腦

垂體的腫瘤導致壓力荷爾蒙長期分泌過量的症狀。幸好，海馬迴是少數可再生神經元的大腦區域，所以壓力解除後，它會再長回來。一些神經學家（尤其是麥克尤恩）認為，海馬迴的體積暫時縮小是為了減輕壓力對大腦的傷害，海馬迴就像在困難期間進入了休眠狀態。

史考特的海馬迴可能在皮質醇的影響下萎縮，但他的杏仁核則出現相反的現象。杏仁核的神經元受到皮質醇的滋養，分枝開始旺盛地成長，使史考特的思考更加情緒化，更不重視事實，破壞他的理性分析能力。有些研究甚至指出，在承受極大的壓力下，前額葉皮質就像進入離線狀態，破壞分析思考，讓大腦照著儲存的反應行動，那些儲存的反應大都是情緒性及衝動的。

精神受創的交易員在杏仁核過度活躍的影響下，容易受到謠言及假想模式所害。在最近的研究中，兩位心理學家讓健康的受試者觀看隨機又無意義的型態，受試者看不出那些型態有什麼意義。接著心理學家又拿同樣的型態給承受壓力的人看，他們卻可以從那些無意義的東西中看出型態。在壓力下，我們會自己想像出不存在的型態。保羅・福塞爾（Paul Fussell）在其著作《世界大戰與當代記憶》（*The Great War and Modern Memory*）中，提到這種現象的驚人實例。第一次世界大戰期間，軍方發行的報紙大都是不精確的宣傳，沒什麼真相，所以住在戰壕裡的軍隊無法得到戰爭相關的可靠消息，處於難以想像的恐懼和不確定的狀態中。軍隊在欠缺可靠資訊又亟欲了解實情下，深受一些中世紀以來就沒再見過的謠言所影響。例如，謠傳有幽靈般的間諜和前線部隊交談後，便消失在霧中；索姆河❷的上空出現天使；名叫

譯注❷：位於法國北部，曾是一戰和二戰的戰場。

「毀滅者」的敵軍陣線後方有一間工廠，把協約國士兵的屍體熬煉成脂肪；一些逃兵一起住在無人地帶，吃傷兵為生。金融危機中的交易員也很容易受到謠言的影響，開始出現陰謀論，例如一家或多家銀行即將破產，大型的避險基金密謀做垮市場，中國拋售國庫券，英國的主權債務違約，經紀人自殺等等。大家看待這些謠言的方式，就像看待經濟數據一樣，信以為真，所以謠言對市場也產生很大的影響。

　　壓力大時，杏仁核會分泌另一種化學物質「皮質釋素」（corticotropin-releasing hormone，簡稱CRH）❸，加重皮質醇對大腦的致命影響。腦中的CRH會讓人焦慮，產生「預期焦慮」，讓人對外界普遍感到畏懼，行為膽怯。CRH也會聯合皮質醇，一起壓抑睪固酮的分泌，睪固酮是激勵史考特在牛市期間展現自信、積極探索、承擔風險的荷爾蒙，現在他變得很容易恐懼，會特別注意令人難過和沮喪的事實、帶有不祥預兆的消息，覺得處處都是危險，即使危險並不存在。這種妄想症影響了他的每個體驗，晚上搭計程車回家時，他發現連他心愛的紐約市也不再像以往那樣充滿機會和刺激，最近顯得格外險惡。史考特在承受長期的壓力下，就像多數同事一樣，開始非理性地趨避風險。

　　到了12月中旬，金融業已經歷一個半月的波動和虧損。聖誕節前夕原本是一年中最樂觀、最歡欣的時候，眾人期待佳節和滑雪假期的來臨，接著新年又有紅利獎金入帳。但如今公司在聖誕節前狠心宣布裁員，歡樂氣氛頓時煙消雲散，近乎15%的業務員和交易員遭到資遣。今年鮮少人能分到紅利，馬丁和葛雯等幸

譯注❸：又譯「腦下垂體釋放激素」。

運兒可以領到一些獎金，但他們的心裡都很不是滋味，充滿了怨懟，因為今年他們的獲利不僅破記錄，還幫公司度過了危機，史戴凡等交易員去年領了2,500萬美元的紅利，今年卻讓公司虧了一屁股，也賠光了他們的紅利。史考特一毛紅利都領不到，甚至不知道公司還會留他多久。華爾街與倫敦的公司也紛紛傳出裁員的消息，很多公司已經宣告倒閉，關門大吉，金融圈紛紛吹起了熄燈號。

　　史考特之類的交易員在飯碗不保下，亟欲獲利，卻不知怎的做不出交易，即使標的看起來充滿吸引力，他們卻好像被力場拉住似的，出不了手，所謂一朝被蛇咬，三年怕井繩。在正常情況下，交易員減少風險承擔是可喜的轉變，但是在崩盤時，卻可能危及金融體系的穩定。經濟學家假設經濟行為的主體（economic agent）會理性地行動，所以對利率之類的價格訊號會產生反應。他們的推論如下：市場崩盤時，央行只需要降息，就能鼓勵大家買進風險資產，因為這些風險資產的報酬比國庫券的低利率更有吸引力。但實際上央行降息後，卻無法遏止崩盤的市場持續下墜，原因之一可能是金融圈長期處於高濃度的皮質醇下，認知受到強大的影響。壓力大時的類固醇濃度，會讓交易員非理性地趨避風險，甚至對價格變得不敏感。相較於如今令交易員噩夢連連的極度恐懼，降息1%或2%顯得微不足道。央行和政策制定者在思考金融危機的因應之道時必須了解，金融圈與投資圈碰到嚴重的熊市時，會很快變成一群病人。

　　在交易員罹患的症狀中，最不幸的就是「習得無助感」（learned helplessness），對掌控個人命運的能力完全失去信心。研究發現，動物一再承受無法控制的壓力時，會沮喪到無法自己走出已打開的籠子。交易員經歷數週和數月的虧損與波動後，可

能也會就此放棄，癱坐在椅子上，對剛出現的獲利機會無動於衷。事實上，有些證據顯示，交易員可能特別容易出現這種崩潰現象。銀行和避險基金在挑選交易員時，是看上他們的堅韌、冒險、樂觀態度。樂觀通常是一種可貴的特質，尤其是交易員，因為樂觀讓他們樂於接納風險，更蓬勃發展。但不見得永遠都是如此，如果他們長期承受不可預知的壓力，就沒辦法做到了。研究顯示，習慣事事一帆風順的樂觀者可能無法因應一再的失敗，最後導致免疫系統受損，身體常出毛病。銀行家在牛市中如魚得水，他們本質上可能對熊市不知所措。

習得無助感的明顯跡象是交易廳的怒氣消退，怒氣其實是一個人預期自己可掌控局勢的健康徵兆。危機期間，當交易廳裡逐漸聽不到飆髒話、摔話筒的聲音，沖沖怒氣已然不再，取而代之的是認命、退縮、消沉時，很可能交易員已經得了習得無助感。金融界的壓力一旦衍生出這種病態，政府就必須介入，像2008年～2009年那樣，接手交易員無法再執行的任務：買進風險資產，降低信用風險，引導陷入谷底的交易員走出絕望的深淵。

金融業裡的壓力相關疾病

長期沉重的壓力不只危害金融體系而已，對於金融從業人員以及受金融業波及的其他產業人員的個人健康，更是嚴重的威脅。在職場上，急性與慢性效應的差別最為明顯。長期的壓力反應會關閉身體諸多的長期功能，破壞身體維持運作的能力。血液被引開了消化道，所以較容易得胃潰瘍。免疫系統在壓力反應的初期是超速運作，但是長期接觸皮質醇以後，免疫系統受到抑制（可能是因為太耗能量），所以有人壓力一大，就深受上呼吸

道疾病所苦，例如流行性感冒和其他反覆發生的病毒（例如疱疹）。生長激素及其效用也會受到壓抑，生殖系統和睪固酮的分泌也是如此。

生殖系統受到抑制，再加上肌肉緊繃，阻止血液流入陰莖的海綿體，使史考特從牛市期間慾求不滿的交易員變成難以勃起，甚至毫無性慾，因為睪固酮是讓人產生性慾的化學誘因。長期壓力也容易讓人產生毒癮（主要是透過皮質醇和多巴胺系統的互動），而且皮質醇的濃度增加會讓人縮短睡眠時間，尤其是「眼球快速移動期」（REM sleep），剝奪身心健康需要的休息，因此又進一步擴大上述的所有效應。類固醇原本負責協調各種生理效應，但此時則讓一切陷入混亂狀態。

長期壓力造成的最大破壞，或許是加速心跳和提升血壓，亦即高血壓症狀。高血壓對動脈不斷施壓，可能導致動脈管壁輕微撕裂。撕裂傷會引來負責修復的巨噬細胞，亦即俗稱的白血球。這些有黏性的凝血劑會群集到動脈受傷的地方，包住經過的分子（例如脂肪和膽固醇），形成愈來愈大的溶菌斑，還會鈣化，導致動脈硬化。溶菌斑持續擴大時，會阻塞動脈，減少流往心臟的血液，導致心肌缺血或心絞痛，造成胸部經常疼痛。溶菌斑大到一個程度後會脫落，產生血栓或血塊，流入愈來愈小的動脈，最後塞住通往心臟的動脈，導致心臟病發；或是塞住通往大腦的動脈，導致中風。

隨著金融危機逐漸惡化，皮質醇的分解代謝作用讓高血壓造成的問題更形嚴重。胰島素通常會從血液擷取葡萄糖，以儲存在細胞中，如今胰島素被壓抑了幾個月後，高濃度的葡萄糖和低密度的脂蛋白（所謂的壞膽固醇）在交易員的動脈裡流動。肌肉也被分解成養分，產生的胺基酸和葡萄糖不斷地在血液中流動，在

努力抗壓的身體中尋找出口。人類的壓力反應原本是為了幫助肌肉施力，但現在我們面對的壓力大都是心理與社會壓力，主要是坐在椅子上承受。這些未使用的葡萄糖最後囤積成腰圍的脂肪，囤積這類脂肪的最大風險是心臟病。在極端的情況下，承受壓力的人因血糖升高、胰島素受壓抑，可能促使腹部肥胖，以致罹患第二型糖尿病。庫興氏症候群的病患體型改變就是典型的例子，他們的手臂和腿部肌肉萎縮，脂肪在軀幹、頸部、臉部囤積，讓他們看起來像一顆蘋果插在牙籤上。金融危機發生一年後，這些原本在牛市裡身材健美的鐵人，各個看起來愈來愈浮腫。

很多文獻都提到職場的不確定性和無法控制性會導致心臟病。羅伯·科若賽克（Robert Karasek）和托瑞斯·西歐瑞爾（Tores Theorell）的《健康工作》（*Healthy Work*）一書，對工作的壓力提出了開創性的見解，他們發現工作量多又無法控制工作的人，比較可能罹患高血壓、高膽固醇、心臟病，這些都是壓力荷爾蒙長期過高的跡象。同樣的，英國也有一系列的「白廳研究」（Whitehall Studies）是觀察公務員的壓力，尤其是那些正在民營化的政府單位。研究人員發現，工作不確定性最高的員工，膽固醇的濃度較高，比較可能變胖，中風的機率也比較高。最後，流行病學的證據也顯示，經濟衰退對勞工的健康有普遍的傷害。瑞典曾對四萬人做過為期16年的實驗，結果發現健康和景氣循環密切相關。不景氣時，因心血管疾病或癌症過世及自殺身亡的案例都增加了。

金融業的資料很少見，但英美兩國的私人健康保險公司都指出，2007年秋季信貸危機開始後，因消化性潰瘍、壓力、憂鬱所提出的保險求償激增。例如2008年7月，英國最大的私人健康保險公司英國互助聯合會（British United Provident Association Ltd）

表示，金融業從業人員因壓力及憂鬱求診的人數比前一年增加47%。世界衛生組織也提醒大家，信貸危機及後續的不景氣來臨時，要多注意心理健康問題和自殺的增加。金融危機發生至今已有數年，最近我們開始取得一些信貸危機後的流行病學資料。一項研究發現，2007年～2009年間倫敦的心臟病病發率激增，相較之下，同期英國其他地方的心臟病病發率反而減少了。研究人員估計，倫敦的心臟病病發率增加導致死亡人數多了2,000人，他們認為那是金融區的信貸危機帶來的衝擊。所以市場崩盤不只造成經濟災難而已，也是醫療災難。

　　壓力反應在幾週和幾個月內逐漸累積擴大，以前述的多種方式使信貸危機日益惡化。身體為了因應壓力而啟動的反應，回報訊息給大腦，造成焦慮、恐懼，容易覺得處處都有危險。在這種類固醇的反饋迴路中，虧損和波動性導致大家更趨避風險，更積極拋售，熊市因此更加惡化，最後變成全面崩盤。所以身體—大腦的互動可能在景氣週期中改變集體的風險偏好，動搖經濟根基。經濟學家和央行官員（例如葛林斯班）說這是非理性的悲觀擾亂市場，凱因斯說這是動物本能式微。隨著現代神經科學和內分泌學的發展，我們可以開始為這些豐富的說詞提出科學的解釋：皮質醇是非理性悲觀的分子。

第四部

復元力

8
──強韌──

壓力反應能控制嗎？

　　觀察皮質醇的運作（例如在華爾街看到的情況），讓我們看到許多內分泌學家老早就確認的事實：演化賦予我們的壓力反應，套用到現代社會中，可能衍生致命的缺陷。壓力反應持續太久（工作或社會相關的問題都很容易拖太久），可能從救命良方變成致命毒物。壓力反應的原始設計是為了幫我們安度迫切的危機，但是它就像消防隊一樣，可能需要用足以毀壞房子的大水，才能讓房子脫離緊急狀況。事實上，長期壓力可能是導致現代許多致命、棘手醫療問題的元凶，例如高血壓、心臟病、第二型糖尿病、免疫系統失調、憂鬱症等等。

　　既然壓力反應攸關個人健康和金融體系的穩定，我們不禁要問：我們有辦法關閉皮質醇嗎？我們能控制這種有害的身體─大腦反饋迴路嗎？很遺憾，答案是：非常困難。我們的意識和理

性自我對大腦的下皮質區（例如杏仁核、下視丘、腦幹等部位）幾乎沒什麼掌控力。問題就像李竇說的，我們從腦幹和邊緣系統（情感大腦）到新皮質，布滿了大量的軸突（從神經元傳送訊息的纖維），以確保下皮質的訊號經常影響我們的理性，但是延伸到這些大腦原始區域的軸突數量少很多，所以比例上，我們對原始區域的意識影響比較小。曾經莫名恐慌或愛錯對象的人都知道，刻意改變感覺往往是徒勞無功的，注定會陷入重來與失敗的無盡循環。

以齧齒動物做的曠野實驗，可清楚說明壓力的意識和潛意識表達之間幾乎完全無關。研究人員把齧齒動物放在曠野時（危險的地方，容易遇到掠食者），牠會展現出動物典型的壓力反應：愣住不動、排泄、皮質酮（亦即齧齒動物的皮質醇）濃度上升。不過，當研究人員重複這個步驟幾天以後，齧齒動物逐漸習慣了這個體驗。既然沒發生任何不幸的事，壓力反應的行為就少了，齧齒動物不再愣住不動及排泄。但有趣的是，牠的皮質酮濃度還是很高，牠已經不再意識到壓力了，但荷爾蒙仍記住壓力。

試問：這時究竟是哪種反應比較適合這種情境，是行為或生理反應？齧齒動物不該置身在曠野中，那是危險的地方，所以牠確實應該感到壓力。值得注意的是，牠的大腦意識還不知道這件事之前，腎上腺就知道了。

我們發現我們研究的交易員也是如此。在探討直覺那章，我提到我們對交易員的皮質醇採樣，以問卷詢問他們操作損益或市場帶給他們多大的壓力。結果發現，他們的回答和賠錢、損益大幅波動或市場波動大小都沒什麼關係，但他們的皮質醇濃度的確會如實地反應這些壓力源。我們的發現也顯示，意識和潛意識的壓力反應沒什麼關係，人類經常為自己的行為編故事。我們甚至

會運用這些故事來說服自己沒有壓力，或說服自己對當下的處境感覺好一些。然而，如果你面對的客觀情勢依舊充滿新奇、不確定或無法控制性，生理機能仍會處於高度警戒狀態，不久健康就會受損。下視丘和腎上腺對客觀線索的反應，比對激勵對談的反應大，它們的症狀可能無法用談話治療。

　　即使上述結論令人無奈，壓力反應的生理研究看起來似乎仍有希望。首先，上述研究讓我們看到壓力主要是為了幫身體的行動預作生理準備，所以我們也許可以訓練生理機能，讓自己的身心更強韌，以避免長期壓力所衍生的疲累、焦慮、精神疾病。這種說法乍聽之下或許充滿了未來感，但現在已經有一個科學領域，專門設計那種訓練機制，並且已有驚人的突破，那就是運動科學。第二，上述研究讓我們看到壓力是來自客觀情境，所以我們或許可以改變這些情境，讓那些改變來影響我們的心理狀態和身體健康。我們逐一來探討這兩種減輕長期壓力的方法：生理強韌訓練和職場的客觀改變。

強韌者

　　如今大家比較清楚身體的強韌度，運動科學家對於強度、姿勢、協調和耐力的了解已有長足的進步。相較之下，心理的強韌度則比較少人注意，鮮為人知。這很可惜，因為如今的工作比較不需要用到體力，比較需要勞心勞神，這改變導致許多工作天數因焦慮、精神疲勞、壓力與憂鬱而浪費了。

　　關於心理強韌度的研究很少，主要是來自生理學、神經科學、運動醫學的領域，不過它們仍提供一些引人注目的結果。首先，心理強韌度涉及對新奇事件的態度：強韌的人把新奇視為挑

戰，覺得那是受益的機會；不強韌的人則視之為威脅，覺得那有百害而無一利。強韌度的研究出現一個有趣的結果：這兩種態度（把新奇視為挑戰vs.視為威脅）各有其獨特的生理狀態。

醫學研究人員和體育科學家為了回答幾個醫學上的重要問題，研究過這些生理狀態的差異：什麼神經化學的特質讓人即使害怕，依舊有效因應狀況？為什麼有人面對無法控制的壓力源，還是不太焦慮？荷爾蒙和神經調節物質之間如何平衡，才能讓有些人在缺乏獎勵的環境中（例如金融危機的情境）依舊受到激勵？醫學研究人員認為，找出這些問題的答案可以幫忙減輕長期的壓力，診斷與預防憂鬱，了解與治療創傷後精神壓力障礙（這是一種讓歷經個人創痛的人及退休老兵消沉低落的症狀，他們會難以克制地一再想起過去的恐怖經歷）。

有些科學家發現心理強韌有特定的生理特質，因此進一步詢問：這種強韌可以訓練出來嗎？純粹的體能訓練機制可以讓人心理穩定，提升心理承受力，改善認知能力嗎？有些科學家認為答案是「可以」的，他們的研究是根據一個奇怪的發現：壓力體驗可增進抗壓性。

那概念是由洛克菲勒大學的心理學家尼爾・米勒（Neal Miller）主持的實驗室提出來的。米勒是行為醫學學派的創始者之一。行為醫學學派主張，行為治療可以像醫藥一樣，徹底地重塑大腦，重建身體。米勒和實驗室的同仁做了一些壓力生理學的開創性實驗。在米勒的實驗室裡，他的學生麥克尤恩和懷斯發現大腦裡的皮質醇受體，並在過程中提到大腦與身體之間的荷爾蒙反饋迴路可能對金融市場有很大的影響。米勒也率先發現一些有關強韌性的特質。他和懷斯發現，老鼠長期接觸壓力時（持續不斷的壓力），最後會生病並產生習得無助感，這是因為牠們的大

腦裡已經耗光了正腎上腺素。不過，如果老鼠只是短期承受壓力，即使是斷斷續續地重複，牠們的生理機能反而變得更強了，對更大的壓力源產生免疫力。這些結果一開始令人驚訝，也讓科學家發現，心理強化過程原來和體能強化過程很相似。

例如，運動科學家都知道，運動員想累積淨肌肉量及擴充有氧運動力，就必須忍受訓練的流程，衝擊其肌肉，鍛鍊其心血管系統，直到對組織有輕度傷害的程度，然後穿插休息和恢復的時間。施壓、恢復、施壓、恢復——把訓練的流程調整到幾乎用光運動員的能量，之後再補充能量，如此一來，即可擴充運動員體內多元細胞的生產力。當教練把這種訓練時間抓得恰到好處時，可以在運動員比賽那天，把他訓練到血液中流動的葡萄糖、血紅素、腎上腺素、皮質醇、睪固酮都達到最適濃度。研究強韌訓練的科學家發現，類似的挑戰及生理施壓流程，再接著休息，也可以訓練大腦和神經系統，讓我們更堅韌地面對壓力源，使荷爾蒙、神經調節物質、神經系統啟動達到最適的組合。

這種堅韌的復元力究竟是由什麼組成的？什麼是生理強韌性？如何達到那個境界？為了說明強韌的狀態及強化流程的運作方式，我們應該逐一探討這種生理組合的每個要件：分解代謝荷爾蒙；合成代謝荷爾蒙；胺類（amines），包括腎上腺素、正腎上腺素、多巴胺之類的化學分類；以及迷走神經。

分解代謝荷爾蒙❶。運動科學家和醫生都知道，代謝機制（例如皮質醇生成細胞）必須嚴格控管。前面提過，分解代謝荷

譯注❶：又譯「異化荷爾蒙」。

爾蒙負責分解能源儲量（例如肌肉）以便立即使用。所以皮質醇在我們需要卯足全力時提供能量，但是它在很多方面都太強大了，使用上應該節制一點。皮質醇會分解肌肉，把它轉成馬上可用的能源，實際上就像在開採與消耗體內的營養。如果不迅速停止，幾天後，頂多兩、三週，身體會在其嚴苛的影響下開始崩解，為各種病痛所苦，感到焦慮，也容易把事件視為威脅，而非挑戰。

我們遇到挑戰時，需要皮質醇支援代謝，但我們必須避免它變成末日般的防禦機制，只在當下拯救我們，以免長期造成我們的毀滅。所以皮質醇的生成和釋放應該偶一為之，就像時間恰當的訓練機制，後面要接著休息復元。分解代謝荷爾蒙的濃度經常升升降降有益健康，但居高不下則反受其害。

合成代謝荷爾蒙[2]。我們休息時會關閉分解代謝功能，換成合成代謝荷爾蒙上場，補充消耗的能源儲量，以便下次需要行動時有能源可用。合成代謝荷爾蒙包括睪固酮和生長激素（它們一起把胺基酸轉換成肌肉，把鈣轉換成骨頭）；胰島素（把過量的葡萄糖從血液中移到肝臟儲藏）；類胰島素生長因子（insulin-like growth factor，簡稱IGF，活化全身和大腦的細胞）。健康的人及鍛鍊過的運動員，合成代謝荷爾蒙相對於分解代謝荷爾蒙的比例較高，這比例叫成長指數。成長指數高，表示有健全的能力在破壞期以後重建身體，麥克尤恩、艾麗莎・埃佩爾（Elissa Epel）和珍妮特・艾克維克斯（Jeannette Ickovics）稱這種情況為

譯注[2]：又譯「同化荷爾蒙」。

「蓬勃發展」。

缺乏休息，成長指數就會下降，運動員再怎麼苦練都無法達到效果，成績始終無法進步。年紀較大的人其成長指數可能下降較多，因為他們可能不再分泌睪固酮和生長激素，反倒皮質醇的分泌愈來愈多，因此產生「成長遲緩」現象，皮質醇濃度高，耗用了他們的肌肉和活力。睪固酮對皮質醇的比例，可以輕易由唾液或血液的樣本衡量，這比例可精確衡量我們對日常壓力的免疫力，以及我們對競爭的準備程度。不過，麥克尤恩和同事推薦另一種稍微複雜的衡量方式，麥克尤恩在這個指數裡加入血壓、身體質量指數、臀腰比、膽固醇濃度、血糖濃度、正腎上腺素和皮質醇濃度，從尿液中採樣。他發現，這個指數比單看其中一個組成要件，更能可靠地預測未來的健康。

胺類。身體在壓力與休息之間、合成代謝和分解代謝荷爾蒙之間有節奏地切換時，可以累積耐力。有些研究也初步指出，那樣的訓練也可以提升胺類生成細胞的生產力。這些細胞會製造多巴胺、正腎上腺素、腎上腺素，還有許多其他的化學物質，例如血清素（serotonin），那是百憂解之類的抗憂鬱藥物鎖定的主要目標。胺類會迅速啟動，集中注意力，釋放葡萄糖，促成全面的非戰即逃反應，就像皮質醇一樣。但由於胺類在血液中的半衰期只有幾分鐘，壓力一結束就會迅速關閉。理查‧丁斯特比爾（Richard Dienstbier）是率先研究強韌性的科學家之一，他指出強韌者面對挑戰時，會馬上產生強烈的胺類反應，不需要啟動更長效、更強勁的皮質醇反應。

強韌者休息時，胺類的濃度較低；承受壓力時，濃度上升得比較強勁，之後會迅速關閉。由於強韌者的生理機能可以因應

朝他而來的壓力源，他的體內恆定並未失衡，所以處理壓力時不會情緒不好。生理應對和情緒不好似乎是相對的，畢竟當你的身體能應付自如時，又何需動氣呢？我們在討論體內恆定時看過，當身體無法自動處理危機時，情緒就爆發了，要求我們嘗試其他的行為。強韌性的相關研究顯示，大腦會默默地比較我們接到的要求以及我們能取用的資源（把受過的訓練和技巧納入考量）。如果資源充足，我們會把事件當成挑戰，欣然接受；如果資源不足，我們會把事件視為威脅而閃避。

不過，體內製造胺類的細胞可能工作過量，如果不讓它休息，就會耗盡胺類。胺類耗光後，我們只能在缺乏胺類的激勵下因應日常挑戰。胺類耗盡會導致多種精神病和臨床的失調症狀，例如多巴胺儲量萎縮會讓我們缺乏動力。憂鬱症的症狀之一就是失樂症（anhedonia），無法感受生活的樂趣，即使是最愛的食物或活動，也覺得索然無味。失樂症就是在多巴胺細胞耗盡時發生的。同理，耗盡正腎上腺素可能讓我們長期缺乏激發和熱情。更糟的是，可能導致習得無助感，像史考特和羅耿那樣。當我們不斷地承受壓力（例如戰鬥、離婚或為期兩年的信貸危機），夜以繼日地思索問題，煩惱使藍斑一直處於全面警戒狀態，無法鬆懈，最後耗光寶貴的正腎上腺素時，就會出現那種症狀。有憂鬱現象的人通常正腎上腺素和多巴胺都是在耗盡的狀態，皮質醇的濃度則是長期居高不下。

強韌性研究有一點值得注意：這些胺類生成細胞（例如肌肉）不僅需要恢復期回補存量，也可以透過訓練加強其生產力。這方面的能力愈強，壓力期間愈不可能耗盡這些資源，愈有可能把事件視為挑戰，也比較不會啟動破壞力較強的皮質醇反應。遇到壓力，胺類率先產生強大的反應時，那就是從容因應的跡象；

如果是產生強勁的皮質醇反應，那就是疲於應付了。

　　所以，從胺類和荷爾蒙的相關研究中，我們發現強韌的生理狀態是：強韌者的合成代謝荷爾蒙相對於分解代謝荷爾蒙的比例較高。面對挑戰時，強韌者的大腦和身體內的胺類會迅速大增，接著皮質醇會適度增加。令人意外的是，強韌者的初始反應比不強韌者強烈，不過他可以掌控局勢，讓皮質醇的濃度下降。不強韌者的初始反應較小，但皮質醇濃度居高不下，導致分解代謝傷害。重要的是，強韌者可撐過長期的挑戰，也不會耗盡腦中的胺類或產生習得無助感。這個特質讓人享有胺類的認知和代謝效益，又避免長期接觸皮質醇的傷害，優秀運動員的身上通常可以看到這個特質。

　　優秀的交易員身上也可以看到這個特質。在我們的研究中，我和同事發現經驗最老到、獲利最好的交易員都有極高又多變的類固醇激素濃度，睪固酮和皮質醇都是如此。最初這個結果令我們費解，因為我們和多數人一樣都預期交易老手應該比較冷靜，不會情緒化。他們無論盈虧，的確沒什麼情緒反應，但是在面無表情的背後，內分泌系統正猛力地運轉。至於強韌運動員的研究，結果就完全合理了。奧運運動員可以在需要時啟動荷爾蒙，在挑戰結束後，荷爾蒙濃度會在造成任何傷害以前迅速回歸基線。業餘交易員和業餘運動員則剛好相反：他們長期提高皮質醇的濃度，使他們處於焦慮狀態，把壓力源視為應該畏懼的威脅，而不是等著解決的挑戰。

　　迷走神經。我們現在應該把休息與消化神經系統所扮演的功能也納入強韌生理機能中，尤其是迷走神經系統的角色。非戰即逃神經系統幫助我們為激烈、甚至暴力的行動做好準備，但是

行動結束後，就換成休息與消化系統上場了。套用莎士比亞的貼切說法，這是「生命宴席上的一道主菜」，它連同合成代謝荷爾蒙，一起紓解身體「亂麻般的心事」。

迷走神經的鎮靜作用促使波戈斯把它視為有效節省能源的高度進化工具。波戈斯追蹤迷走神經的進化史，發現它從爬蟲類最簡單的型態演化到哺乳類的複雜型態中，在三種連續的壓力反應中發揮效用：愣住不動、非戰即逃、社交參與。波戈斯研究的歷史值得一提，因為那歷史顯示，原始物種傳承給我們的迷走神經，可能是幫我們減輕壓力摧殘的最寶貴資源。

在爬蟲類的體內，迷走神經對威脅產生的原始反應是愣住不動。爬蟲類愣住不動是為了節省有限的能源，避免被發現。後來這種愣住不動的反應也傳給了哺乳類動物，幫牠們在威脅逼近時裝死。活在水中或在水中覓食的哺乳類動物（例如海豹），也會啟動類似愣住不動的反應，以減緩心跳和代謝率，節省潛入水中深處的耗氧量。迷走神經的愣住不動反應傳承至今，多數哺乳類動物都有這類反應，遇到極度危險的情況時就會出現。當哺乳類動物覺得自己不可能逃離掠食者的魔爪時，就會啟動這個古老的反應，牠的生理系統或多或少會停止運作。移動停止，呼吸變慢，心跳減速，對疼痛的敏感性降低──悲哀的是，動物可能因為這個反應而導致心臟驟停死亡，而不是死於掠食者手中。當野生齧齒動物困在水中，害怕自己無法逃脫時，也會出現類似的現象。這些可憐的動物發現掙扎無益時，通常會愣住不動，心臟驟停，有些甚至會潛入水中深處，將自己淹死。牠們這麼做，大概是想讓潛水誘發愣住不動的反應，以求迅速無痛地死亡。

人類也保留這種愣住不動的原始反應。你把臉浸入冷水中（只有你自己的臉才有效）就可以驗證這點，因為這個動作會觸

發潛水的反射動作，減緩心跳和呼吸，很可能給你天然的止痛效果。人在承受大量壓力時，常會以冷水潑臉以產生這種反應，雖然他們並不知道這種生理學的原理。一些科學家指出，收到震驚消息時，也可能讓人產生愣住反應而猝死。連文獻記載的巫術死亡案例裡也提到，人深信自己剛剛被下巫術時，也可能莫名死亡，剛好應驗了巫術的效用。

在迷走神經的下一階段演化中，它開始和非戰即逃反應配合。在非戰即逃反應期間，迷走神經會放開它對內臟器官的壓抑（波戈斯稱之為迷走閘），讓非戰即逃反應登場，馬丁和葛雯聽到聯準會宣布後馬上行動就是一例。

迷走神經是在第三階段演進時達到最先進的形式：成為處理和調解的工具。波戈斯把人類的迷走神經視為社交參與系統，那是一種可以替代非戰即逃反應的先進方案，在代謝上更有效率，它是主張交際而非對立。以令人放心的平靜口吻，眼神接觸，展現想要合作而非對立的表情，這些都可以避免非常消耗代謝又可能造成傷害的戰鬥反應，也幫忙安撫內臟的激發反應。所以，迷走神經可說是身體的圓融交際核心。

如今我們體內有三種迷走神經反應。當我們遇到嚴重的對立衝突時，可能啟動這些反應，最先觸動的是最近才演化出來的反應，然後是較早之前演化的反應。所以，我們面對挑戰的第一個反應是社交參與，換句話說，我們會用說話的方式，正眼看著對方，讓氣氛平靜下來。如果圓融交際的方式行不通，我們會勉強改採比較古老的非戰即逃反應。萬一連非戰即逃反應都沒有用，當我們眼看不可能獲勝，也不可能逃脫威脅時，會進入古代爬蟲類的反應，愣住不動、放棄或裝死，或是在極端罕見的情況下莫名其妙就死了。在這種對立的過程中，我們倒退了數百萬年的演

化時間。

　　高度進化的迷走神經讓我們跟著身體接收到的要求，調整壓力反應，藉此節省能量。面對日常壓力時，迷走神經只會稍微放開迷走閘，讓身體稍微加快速度以因應普通的挑戰，不需要啟動太耗能量的非戰即逃反應或皮質醇系統。把突發事件視為挑戰的人，可展現有效率的心輸出量（cardiac output），連帶降低周邊動脈的血壓；把突發事件視為威脅的人，心輸出量缺乏效率，血壓高或許也是這個原因。事實上，波戈斯指出，迷走神經功能不好的人，其迷走神經的張力不足，容易對溫和的壓力源反應過度，他們對那些普通情境不是產生輕微的反應，而是全面啟動非戰即逃反應，動不動就大驚小怪。迷走神經張力不好，容易消耗能量，最後損及健康。波戈斯發現，迷走神經張力低的小孩，在往後的人生有較多的行為問題。

　　相反的，真正強韌的人則有絕佳的生理機能，例如世界級的運動員，他們可能天賦異稟，身體和大腦都可隨時應付最難的挑戰，所以他們因應高難度的體力挑戰時，看起來輕鬆自在，只需要稍微鬆開迷走閘。他們真的光靠身體的閒置速度就能表現得那麼優異嗎？

　　迷走神經張力可由心率變異性（heart-rate variability）衡量。吸氣時，心率加速，呼氣時，心率減緩，這種加速與減緩都是由迷走神經控制的。迷走神經張力好的人，心率變異性大。這種變異性是好事，和一些健康指標有關，心率減緩時，讓心臟每次呼吸都像在休息（別把心率變異性和心悸或心律不整搞混了，心悸或心律不整是指心跳不規則，不是每次呼吸都很規律）。相反的，迷走神經張力差或壓力大的人不太有心率變異性，他們的心跳是恆定速率。缺乏心率變異性是造成高血壓和未來心臟病發的

風險因素。心率變異性可用小裝置輕易追蹤，市面上就能買到，可戴在胸前或夾在手指上。

所以，我們可以把迷走神經的張力良好和心率變異性高也列為強韌者的特質。事實上，一項針對軍人的研究發現，「心率變異性高」通常和「合成代謝荷爾蒙相對於分解代謝荷爾蒙的比率高」是共存的。

總之，把新奇事件視為挑戰的強韌者，和把新奇事件視為威脅的人，是使用不同的生理系統，他們的差別反應可說是攻擊vs.防禦。前者充滿活力與愉悅，促成令人嚮往的心流狀態；後者令人筋疲力盡，對外界產生畏懼。

附帶一提，大家可能都低估了挑戰與威脅的明顯生理差異對社會衝突的影響，例如法律糾紛和政治角力。以一群村民為了保留綠地而對抗建商，或是公司管理者面臨惡意收購為例。這些人反抗的對象是建商和收購者，建商和收購者本來就是為了這種爭鬥而生存的，而且還樂在其中。但對抗者則不然，他們是迫不得已參與痛苦的抗爭，沉浸在壓力荷爾蒙中，留下不快的回憶，那些回憶可能讓他們未來對抗爭卻步。俗話說，戰時的最佳防禦就是進攻。或許在政治、商業和運動中，這種好戰好鬥的建議有生理上的依據。

從容不迫的科學

我們能強化生理機能嗎？強韌度大都是取決於基因，例如有些基因讓人比較不受壓力及壓力荷爾蒙的影響。但有些科學家發現，個人成長也會影響日後因應壓力的方式。他們發現早年承

受急性壓力源（亦即溫和的短期壓力），可讓動物在成年後更強韌。幼鼠在人類操控下會發育出較大的腎上腺，但成年後牠們對威脅的壓力反應較小，壽命也比較長，一項實驗顯示，牠們的壽命比沒壓力的老鼠長18%。不過，急性壓力源必須是短期溫和的，該研究顯示早年承受強大的壓力（例如與母親分離），成年後容易焦慮，難以因應日常生活的明槍暗箭。

　　短期、間歇性的壓力訓練或強化效果在成鼠身上也看得到。這類壓力源包括人類的操控、在輪圈上奔跑、輕微的電擊，甚至以藥物耗盡牠們體內的胺類等等。總之，壓力源是什麼似乎不重要，壓力反應是全身普遍的反應，所以任何壓力源都可以做為訓練工具。短暫重複地使用這些壓力源，可以強化老鼠，算是一種苦修。

　　什麼壓力源可以強化人類呢？關於強化機制的研究才剛起步，但文獻中已列出幾種壓力源。最重要的壓力源，毫不意外，就是運動。人類先天的構造就是為了移動，所以我們本來就應該多動身體。隨著身體運動研究的增加，我們發現運動不僅對肌肉和心血管系統有益，也擴充胺類生成細胞的生產力，幫我們抗壓，避免焦慮、憂慮和習得無助感，也讓大腦充滿生長因子，讓既有的神經元保持年輕，促進新神經元的成長──有些科學家稱這些生長因子為「大腦肥料」──讓大腦更強健，以對抗壓力與老化。設計良好的身體運動對大腦就像新兵訓練營。不過，未來醫生可用更明確的方式建議病患運動，以發揮更大的效用。例如，做哪一類運動？合成代謝運動或無氧運動？運動頻率多高？運動科學可有效幫人量身打造運動建議。

　　有一種強韌訓練特別有趣，那就是冷天訓練，甚至冷水訓練。科學家發現，經常在冷水中游泳的老鼠，可培養出迅速啟動

強大激發效應的能力，多依賴腎上腺素，少依賴皮質醇，也可以迅速停止激發效應。受過冷水訓練後，老鼠接觸壓力源時，比較不易產生習得無助感。一些初步研究顯示人類也是如此，經常接觸冷天氣或在冷水中游泳的人，也是經歷同樣有效的強化訓練，讓他們面對長期壓力時情緒更穩。有些研究人員推測，運動再加上急需補充熱量，讓這些人接觸難得的壓力與恢復型態。或許北歐人洗完三溫暖後又去泡冷水的作法，也可以產生同樣的效果。

前面提過溫度調節是哺乳類動物在演化上的一大進步，深深改變了牠們的身體、大腦，以及身體和大腦之間的連結網絡，尤其對早期的人類來說更是如此，他們的身體可以自行降溫，所以在非洲大草原上別具優勢。有些科學家甚至宣稱，支持溫度調節的神經系統為後來的情感激發系統奠定了基礎。丁斯特比爾闡述過這個概念，他認為培養出耐冷力的人或許情緒也變得更穩定了。

熱應力（Thermal stress）是生活中很自然的一部分，少了這個能力，生理機能的某個基礎部分也可能萎縮。偉大的生理學家坎農在1920年代就隱約提過這點，他有過人的先見之明，當時就擔心中央空調、冷氣、熱水的出現可能對人體有害，因為這些便利性讓我們失去鍛鍊溫度調節系統的機會。「先天較弱勢的祖先經過無數世代的演化，讓我們擁有現在的生理機制。如果我們不再鍛鍊這些生理機制，可能失去重要的保護優勢。天天洗冷水澡並工作到出汗的人，也許可以保持健康，因為他沒讓體內的寶貴組織因閒置不用而變得虛弱、缺乏效率。」如今我們可能為了現代的便利而付出高昂的代價。事實上，坎農擔心健康惡化是很有道理的：最近的證據顯示，居家、汽車和辦公室內普遍裝設空調，可能是導致大家普遍肥胖的原因。生活中少了熱應力還有另

一個意想不到的後果：可能也消除了寶貴的強化流程。

　　由於這項研究仍在進行中，現在建議任何強化機制，讓金融界及其他冒險者培養面對工作壓力的復元力似乎仍言之太早。不過，我認為金融機構應該正視一項事實：交易員因應風險的能力，不只牽涉到他們對機率、總經、金融的了解而已，他們還需要訓練，才懂得如何辨識與因應交易盈虧和市場波動所造成的生理變化。這些訓練機制的設計，不光是要讓他們了解理性大腦皮質的運作，還要讓他們了解原始大腦的運作。由於身體對大腦的皮質下區域（sub-cortical region）有深遠的影響，新的訓練方案可能會比現行方案包含更多的體能訓練。銀行和避險基金可以從頂尖運動員的訓練方案中學習，因為運動員為了追求好成績，對控制荷爾蒙和情感最有經驗。

學習聆聽

　　覺得筋疲力盡、疲勞、焦慮或壓力很大時，我們可以做哪些事情？要回答這個問題，我們必須牢記，這些狀況正是身體傳給我們的訊息，告訴我們該採取什麼行動，我們需要了解這些訊息在說什麼，偏偏我們常誤解這些訊息的意思，我們對心理疲勞的了解就是一例。常識告訴我們，那是一種疲憊狀態，能量耗光了，像汽車耗完汽油一樣，這時建議的作法自然是休息或度假以補充能量。這種疲憊很常見，例如跑完馬拉松，你可能筋疲力盡；熬夜一整晚，你可能需要補眠。但通常這些都不是造成心理疲勞的原因，心理疲勞只要改變活動，大都會消失，那和耗盡燃料是不同的。

　　最近神經科學研究出一種模型，為疲勞提出另一種解釋。這

模型指出，疲勞是身體和大腦知會我們的信號，那信號想告訴我們，目前這個活動的預期報酬已經低於它的代謝成本了。大腦靜靜地搜尋注意力與代謝資源的最適配置，疲勞是大腦傳達其搜尋結果的方法。如果我們投入某種搜尋形式卻得不到結果，大腦會以疲勞和分心等方式告知：我們正在浪費時間，並鼓勵我們往別處找。這派理論主張，消除疲勞的方法不是休息，而是轉換新的任務。支持這論點的資料顯示，加班本身不會導致工作相關的疾病（例如高血壓、心臟病），疲勞主要是因為勞工無法掌控注意力的配置所致。應用這個模型可能對勞工和管理者都有益，因為給勞工更多的彈性，讓他們自己選擇想在何時做什麼事，可以減少工作疲勞，管理者也可能欣然發現，新工作讓勞工恢復精神的效果跟度假一樣。所以了解身體訊號可以改變我們的因應方式，這個疲勞模型就是一個很好的例子。

當我們感到疲勞時，新奇感可能讓人恢復活力，但是在有些情況下，新奇感反而有害，例如承受長期壓力的時候。柏齡的∩形曲線顯示，太過新奇和複雜的情境可能令人焦慮。我們回過頭來看長期壓力，觀察新奇狀況對長期壓力的影響，這也是我們時常誤解問題來源的另一個例子。

在新奇的狀況下，我們不知道該預期什麼，所以身體會啟動預備的壓力反應。目前為止的說法，都可以完全理解。比較不明顯的是，我們究竟是喜歡或害怕那個新奇感似乎不重要，因為不管我們喜不喜歡，新奇感都會讓慢性壓力加劇。這是兩位精神科醫生研究的結論，他們整理了一份改變人生的事件，亦即社會再適應量表（Holmes and Rahe Social Readjustment Rating Scale），用來預測未來的疾病和死亡。他們發現所有明顯的壓力源，例如離婚、喪偶或財務困難等等，都可預測生病和死亡的風險增加。但

是，有一些大家樂見的改變也會導致生病和死亡的風險增加，例如結婚、生子、換工作，甚至傑出的個人成就也會。這些事件雖然是我們樂見的，但增加了當事人生活中的新奇度，可能以後對他們的健康有害。我們對於這些事件造成的傷害渾然不知，這也是人稱高血壓和心臟病是沉默殺手的原因。

這類研究結果可能改變我們因應長期壓力的方式。當我們受壓力所困時，最需要做的是減少生活中的新奇度。我們需要熟悉感，但是在現實生活中，我們的作法往往相反。例如，面對工作上的長期壓力，我們會到充滿異國風情的地方度假，以為換個環境會讓我們覺得好一些。在正常情況下的確是如此，但是在壓力很大下則不然，因為國外的新奇感可能只會加重我們的生理負荷。我們該做的不是旅行，或許待在本土，周遭圍繞著親朋好友，聆聽熟悉的音樂，觀賞老電影可以讓我們覺得更好。當然，運動也有幫助，事實上，鮮少有事情比運動更能幫我們的生理機能抗壓。但是當我們承受壓力已久時，波戈斯認為運動大致上只有止痛的效果，那可能是因為運動讓我們產生自然的類鴉片，我們真正需要的其實是熟悉感。

熟悉感除了可以減少生理的激發效應，還有一個好處是：它可以說服迷走神經這個善良的天使充分參與我們的問題，接掌這個疲憊不堪的身體，讓一切平靜下來。迷走神經可讓承受壓力的心臟減緩跳動，呼吸更平順，胃部不再翻騰，甚至救我們一命。但是為了做到這樣，它需要熟悉的環境，更具體地說，是親朋好友的面孔和聲音。前面提過，迷走神經會把面孔和聲音聯想在一起，腦幹負責掌控激發效應。熟悉的聲音和愉悅的的臉龐讓腦幹知道，我們不需要非戰即逃，所以迷走神經通知身體，它可以解除高度警戒狀態了。如果你有幸擁有一群冷靜的親朋好友，他們

的財富跟你的財富無關，在壓力大的時候，光是看著他們的臉龐，聆聽他們開心的聲音，而不是緊盯著黑莓機、咬指甲或老想著過去的不滿，也有很大的幫助。

迷走神經目前仍是個謎，我們還無法完全明白哪些方法可以讓它充分運作。迷走神經刺激（vagal nerve stimulation，簡稱VNS）是把電子裝置植入胸部，以人為方式刺激神經，可有效治療棘手的憂鬱症和慢性疼痛，不過效果究竟是如何達成的，我們尚未通盤了解，只略知一二。

前面提到，當你以水潑臉或是把臉潛入冷水時，會產生潛水的反射動作，那動作會用到迷走神經，減緩心跳、呼吸和新陳代謝。從膈膜做緩慢的深呼吸，而不是從胸部做短淺的呼吸，也可以啟動迷走神經。波戈斯指出，類似的練習也有同樣的效果，例如，「吹奏管樂器，歌唱，甚至延長說話的詞句，都能明顯改變迷走神經對心臟的影響。」控制呼吸法讓人平心靜氣，是著名的生理反饋作法，也是瑜伽、冥想、一些東方宗教的重點，尤其是佛教的正念技巧（mindfulness）教人透過專注呼吸達到身心合一。這個練習還有另一個好處：神經學家瑞德・蒙泰古（Read Montague）與其同事發現，修練佛教禪修的人比較善於運用直覺，所以做金融決策時，選擇更加理性。有關壓力、迷走神經、直覺的研究也因此成了銜接東西方文化的橋梁。

我們現在才剛開始了解與掌握迷走神經的力量。我們可以增加迷走神經的張力嗎？我們可以訓練迷走神經更迅速啟動，效用更強大，讓我們避免動不動就產生非戰即逃反應（太消耗代謝力）或全面啟動壓力反應（皮質醇的濃度居高不下）嗎？由於迷走神經很強大，運作範圍又很廣泛，找出這些問題的答案如同尋找壓力研究的終極聖杯。

職場的壓力

除了個人的強化訓練之外，職場上可做哪些客觀的改變以降低壓力？新奇、不確定性、無法控制性正是市場的特質，銀行該如何減少這些情況？這值得一試嗎？或許不值得。市場中適度的不確定性有助於啟動銀行該做的風險承擔，那不是我擔心的重點。我擔心的是長期壓力對健康、風險趨避、金融市場動盪的破壞效果。管理者可以運用生理學的知識減輕這些病態情況嗎？我覺得可以。

上一章提到的白廳研究，是探討英國公務員的工作不安全感和不可控制性對健康的影響。該項研究發現員工的不確定感導致高血壓、膽固醇濃度和心臟病明顯增加。我和同事也發現，市場不確定性（以交易員損益的波動和不可控制性來衡量）對交易員的皮質醇濃度有非常強大的影響。

降低不確定性，給人一點控制感，即使只有一點點，都對健康有明顯的效益。醫生在疼痛病患的身上也發現這種現象，當病患不知道何時可施打止痛劑時，反而覺得更痛苦。在一個極端的實驗中，醫生讓病人自行施打止痛劑，結果止痛劑的用量反而減少了。移除不確定性和不可控制性，可有效降低對止痛劑的需求。疼痛是一種訊號，叫我們遠離受損組織；在壓力期間，我們可以合理假設，那疼痛訊號是在警告我們可能造成更大的傷害。移除壓力後，或許訊號就不再需要那麼強烈了。許多醫院已經把病患自控式止痛（patient-controlled analgesia）列為標準作法。

要消除職場的不確定性與不可控制性或許不可能，所以勞工應該盡可能降低職場外和個人生活中的不確定性和不可控制性。我們可能無法掌控金融市場，但可以稍微控制自己的身體，例如

吃什麼，上健身房的頻率，花時間和誰在一起等等。如此一來，我們可以在混亂中找到一個小小的立足點，從而說服自己（或騙自己）我們有掌控力。那可能只是幻覺，可能無法避免你虧損或遭到解雇，但可以減少對身體的長期傷害。

另一種避免不確定性和不可控制性對身體造成傷害的有效方法是社會支持。生活中的親朋好友，職場上給予支持的管理團隊，可有效減輕壓力的傷害。瑞典一項有關壓力和死亡率的研究，可看出社會支持的強大效用。研究人員訪問752位男性，詢問他們最近在生活上遇到多少嚴重的事件，例如離婚、解雇或財務困難。七年後，研究人員做後續追蹤，發現有長期壓力的人死亡率是沒壓力者的三倍。不過，那些說自己有壓力的男人，如果也有親友的支持，則看不出那些壓力事件和死亡率增加有任何關係。

轉移掌控力也可以有效降低職場的不確定性和不可控制性。科若賽克和西歐瑞爾在《健康工作》一書中，探討一種影響力很大的管理模式，那模式是讓專業工人以按表操課的模式，執行管理高層下放的計畫。採用這種模式的工作通常工作量較大，控制度較少，壓力相關疾病的發病率也較高。科若賽克和西歐瑞爾想知道，職場上的病痛是不是追求較高獲利所必須付出的代價。他們發現結論不然，健康的勞工不僅更有生產力，醫療成本也少很多，對雇主和整體經濟來說省下的成本更大。他們的研究和其他類似的研究建議，管理者應該重視職場壓力和勞工健康，把這兩者和短期獲利一起列為重要的目標。他們引用瑞典富豪汽車（Vovlo）的個案為例，富豪汽車把控制許多生產細節的權力下放給勞工小組，結果發現壓力相關疾病的發病率明顯下降了。

在銀行裡，不確定性和不可控制性的壓力是來自於市場和交

易損益，以及管理權限（這點跟其他職場一樣）。有些不確定性的來源很容易縮小，例如有些避險基金知道交易涉及兩個不同的階段：構思交易和執行交易。他們知道執行交易可改由執行交易桌負責，不需要由決策者來做。很多交易員懷念交易的執行面，但試過這項創新安排的管理者認為，把決策和執行分開可降低壓力，改善決策。銀行也採用另一種技巧來降低交易員的壓力和無法控制的感覺。金融危機來襲時，交易員往往持有大量的風險資產無法脫手，例如抵押擔保債券或垃圾債。那些虧損的部位就像掛在脖子上的沉重負擔，讓他們無法進行日常的交易。管理高層通常會把這些部位從交易員的個人帳戶中移走，讓他們專注於新的交易上。

在銀行裡，最強大的新奇感、不確定性、無法控制性其實是來自於管理的不穩定。危機來襲導致交易員虧損時，他們免不了會有壓力，但是那壓力還比不上銀行裁員、管理人事改組、別人接管你的職權等謠言所產生的壓力。我覺得這些謠言才是銀行裡的壓力大宗，不幸的是，這類壓力通常出現在我們最無力招架的時候，亦即在危機當下。如果我們想穩定金融業的風險偏好，或至少穩定那些因壓力相關的生理變化而造成的風險偏好改變，就應該盡量降低來自管理者的壓力。市場也許無法掌控，但是管理不穩定所產生的壓力是可以控制的，至少可以控制得比現在更好。

危機期間，中階管理者的行徑常像那些最有權勢的猴子，他們一有壓力就欺負下屬。所以資深管理者應該約束中階管理者，別讓他們把怨氣出在交易員和業務員身上，無論這有多難做到，不管下屬是否應該解雇，都不該遷怒他們。這說法聽起來，好像我在為那些害金融系統崩盤的交易員爭取舒適、鼓舞的工作氣

氣，其實我沒那個意思，我的目的是想穩定金融圈的風險偏好，我擔心危機要是繼續發展下去，這些人可能會變成臨床病患，整體經濟也會遭殃。

不過，最有效減輕金融界壓力的方法，可能是穩定銀行從業人員和交易員的職業生涯。我們應該把金融業的工作打造成長期的職業，而不是在輪盤賭桌上互相推擠卡位。在理想的銀行裡，獎金制度、風控計畫、人才招募政策，應該是為了對抗生理不穩定性、減少波動而設計的。但不幸的是，如今的情況正好相反，紅利獎金、風險限額、人才招募的作法都是緊貼著景氣循環運作，在景氣蓬勃時大幅擴充，在泡沫破滅時大舉緊縮。為了了解這是怎麼運作的，我們可以從紅利發放的方式看起。以下列兩個交易員為例，我們姑且稱之為阿龜和阿兔。

阿龜連續五年每年幫銀行賺進1,000萬英鎊，每年領100萬英鎊的獎金。阿兔連續四年每年幫銀行賺1億英鎊，每年領獎金2,000萬英鎊（獎金比例較高，是為了留住明星交易員，以免他跳槽到避險基金），但是第五年虧損5億英鎊，沒拿半毛獎金。儘管阿兔第五年大虧，他不需要繳回之前領過的獎金。這樣總結下來，我們發現在第五年結束時，阿龜幫銀行賺了5,000萬英鎊，領了500萬英鎊的獎金，阿兔總共幫銀行虧了1億英鎊，卻領了8,000萬英鎊的獎金。

請問，你比較想當哪種交易員？別假設阿兔會失業，金融圈通常把巨額虧損視為「強棒」的象徵，其他銀行或避險基金會捧著工作來找他，所以在金融圈裡，如果要虧損，就要虧大一點。

這兩個交易員的故事很簡單，但是阿兔那種交易型態的背後策略，就像酸性物質一樣腐蝕著金融體系的誠信正直。承擔風險者很快就會發現，把交易結果的波動性最大化，增加獎金發放

的頻率，對自己最有利。這種策略可提升自己拿到高額獎金的機率，例如阿兔每年幫銀行賺1億美元的那幾年。而且，這樣做不只對交易員有利，也對他們的管理者有利，甚至對銀行的執行長有利。他們都認為想讓長期的財富最大化，就應該把焦點放在短期的獲利上。況且，萬一隔年所有的阿兔交易員都大賠，反正整家銀行也垮了，沒什麼大不了。

或許最危險的是，在管理高層的支持下，選用阿兔交易策略的交易員，正好在系統最不需要風險時（亦即牛市）大幅擴張風險。如此一來，風險管理和獎金計算的詭詐邏輯，反而擴大了冒險的有害生理反應。

緩和風險承擔的波動，讓交易員在波動之間做得更安穩的一種方法，是一個景氣循環（約四、五年）才發一次獎金，而不是年年發放。如果交易員連續幾年獲利，就可以開始從累積的獎金帳戶中提領。萬一交易員像阿兔那樣，幾年後虧光所有的獲利，他就喪失了之前的獎金。銀行也可以為持續獲利的交易員增加遞延獎金的金額，持續獲利愈久，領得愈多，例如一年報酬多5%，兩年報酬多7%，三年報酬多10%等等。

風控經理可花更多的時間留住明星交易員，甚至讓他們離開交易廳幾天，讓生理狀況休息一下，就像網球賽中因雨暫停休息一樣。2002年美國沙賓法案（Sarbanes-Oxley Act）的目的，是為了改善公司治理和財務揭露，該法案鼓勵公司強制要求員工休假，並在休假期間完全不接觸辦公室。這些休假可能也正巧打破了生理反饋迴路，讓風險承擔者的身體回歸正常。

人才招募策略也應該改變。市場大漲時，銀行招募人才的方式彷彿市場會持續倍數成長似的。當市場無可避免反轉時，又不分青紅皂白地大幅裁員。我聽過銀行把人才招募政策稱為旋轉

門，我也聽過管理者把高流動率的交易廳稱為自動清潔烤箱❸，這種作法只會增加危機來襲時的壓力。

　　如果銀行雇用較少人，給予這些人長期的承諾，並以較長期的基準來計算紅利，我們可能會看到交易虧損縮小很多，獲利波動變小，不景氣時也不需要裁員。如果交易員知道謹慎交易對他們長期而言更有利，又可保證就業穩定，我相信當經濟正需要有人承擔風險交易時，我們會看到較少的非理性悲觀和風險趨避。

　　總之，先天與後天，生理學和管理學，都會促成金融危機，如果我們想要減少危機，就需要解決這些問題。我和同事發現證據顯示，管理者有足夠的影響力，馴服潛藏在風險承擔者體內的猛獸，因為我們在前面提過的研究中看到，高睪固酮濃度和高夏普指數（亦即高風險產生的高獲利）出現在同一交易員的身上。怎麼會這樣呢？如果睪固酮會增加交易員的風險偏好，難道不會導致他們變成惡棍交易員嗎？可能會，但是在我們研究的交易廳裡，管理者採用一種嚴苛的風險管理系統，迅速認賠殺出虧損的交易，要求交易員在狀況不佳時什麼都別做，並搭配施行獲利分享制度，因此可以有效控制交易員的風險偏好。在這個交易廳裡，先天的特質和後天的制度共同鼓勵謹慎又獲利的風險承擔方式。我們的結論是，交易就像運動一樣，生理機能需要經驗的指引及設計良好的獎勵制度。

　　銀行還可以採取其他的步驟來改善員工的健康，從而穩定風險承擔。他們可以參與「健康計畫」，那是一種預防醫學的形

譯注❸：以超高溫（約攝氏500度）燒光殘留物，不需要用化學劑清洗。

式，差別在於主持這項計畫的診所通常是位在健身房或辦公室裡。英美有一、兩家私人醫療公司已經把這些場地合而為一，在健身房裡設置診療中心，在辦公室裡設置複合式診所，讓員工有機會接觸兼具個人教練、生理學家和醫生等身分的人。這些計畫以獨特的方法調查員工的生活，從工作場所到家庭、娛樂、膳食習慣等等，可以幫他們抒壓。這也幫醫療公司追蹤公司員工的健康趨勢，如果發現某種肌肉骨骼疾病（musculo-skeletal disorder）的發病率高，他們可以從辦公室找出肇因；如果發現壓力相關的疾病發病率高，也可以找出原因。

總之，一旦了解身體傳送給我們的訊號（例如疲勞和壓力），個人可以做很多事情來強化身體以對抗摧殘，管理者也可以做很多事情來減少衝擊。明智又有遠見的管理者，會把健康和穩定風險偏好視為公司的重要目標。

9

——從分子到市場——

管理市場的生理狀態

　　如今金融危機的發生頻率愈來愈高，也比1929年的大崩盤更嚴重。這個不穩定大都是市場的根本改變造成的：利率降到史上低點，金融管制鬆綁，低保證金，高槓桿，亞洲和新興國家開放龐大的新市場，華爾街、倫敦與其他地方的合夥制逐漸式微，大家把關注的重點從長期獲利轉為短期獲利等等。但是，風險承擔者的非理性亢奮和悲觀，又把這些牛市與熊市的改變大幅擴大了。我認為這些是對超乎尋常的機會和威脅所產生的生理反應。在牛市和熊市期間，荷爾蒙以及其他有如荷爾蒙觸發器的分子可能在交易員和投資人的體內累積，導致他們改變風險偏好，擴大景氣循環。

　　事實上，在荷爾蒙濃度異常升高的影響下，處於泡沫尖峰或崩盤谷底的交易圈可能已經變成一群臨床病患，在此狀態下，他

們可能對價格和利率缺乏敏感度，導致市場失控暴走，促成納西姆・塔雷伯（Nassim Taleb）所謂的「黑天鵝」事件。或許這可說明為什麼央行難以駕馭牛市或在崩盤時撒出安全網。所以，風險管理者在建構銀行或經濟面臨的風險模型時應該謹記，極端情境下的交易圈是處於一種臨床的病狀。例如，萬一明年股市下跌50%，我們可以放心假設交易圈會處於重創的狀態，可能對低利率沒什麼反應。

　　有一位經濟學家非常了解非理性決策的挑戰，那就是凱因斯，他以獨到的見解描述「動物本能」如何驅動投資和市場情緒，但他沒受過生理學的訓練，所以從來沒明確說出這些動物本能究竟是什麼。不過，當他覺得動物本能很重要時，他愈來愈覺得利率並不適合用來管理經濟，那也是他後來比較相信財政政策的原因：當經濟無法自己穩定時，國家應該承接起穩定經濟的任務。凱因斯對於理性選擇所指引的理想生活和公共政策抱持懷疑的態度，有一次他和超級理性主義的哲學家伯特蘭・羅素（Bertrand Russell）聊天時，幽默地暗示了他的疑慮。他說羅素宣稱政治問題是出在行動不理性，解決方法就是開始理性運作。凱因斯冷冷地回他，聊那些話題實在很無聊。直到今天仍是如此。

　　所以我們該如何因應非理性亢奮和悲觀呢？銀行、基金經理人、央行官員能管理風險承擔者的生理狀態嗎？這裡我們已經跨出理性選擇理論（rational-choice theory）的範圍了。我們活在柏拉圖和笛卡兒理想所主導的文化中，他們的理想主張是：理性是決策與行為的終極仲裁者。如果人類確實是如此打造的，想戒除非理性的行為，風險管理者和政策制定者只需要提供更多的資訊給交易員及投資人，或幫他們從已知的資訊中擷取正確的結論

就行了，他們為非理性冒險所建議的療法是談話治療。此外，政府及央行可以改變市場的價位（例如利率），讓理性的經濟行為主體據以重新配置消費和投資。可惜，根據理性選擇理論所做出的決策都無法有效地穩定市場，理性選擇的理想讓我們（個人也好，政策也好）無法培養出因應人類生理亂象的技巧。

不只金融市場有這個難題，其他領域也面臨同樣的挑戰。資深英國政治家兼神經學家的歐文一直在研究政治圈的這個問題。在他投身英國上下議院的漫長歲月裡（從1960年代至今），他看到很多政治領袖也受到類似非理性亢奮的影響而逐漸傲慢，對國家造成很大的傷害。歐文發現這種在執政期間罹患的症候群，為政治理論製造了一個難題：我們該如何避免這種近似神經病的執政者對國家造成傷害？歐文的擔憂呼應了央行官員的煩惱，央行也面對類似的問題：如何管理與限制市場中失衡的生理狀態所造成的破壞。經濟和政治理論中，能幫我們處理這些問題的論述並不多。

不過，最近神經科學和生理學的研究顯示，其實我們能做的事情很多。上一章提到的一些研究，介紹個人可用來掌控與強化自己因應壓力及荷爾蒙失衡的方法，也提到管理者可幫忙減少職場壓力反應的方法。管理者也要知道，交易員的培訓與管理不只需要提供他們大量的資訊，更需要訓練技巧。風控經理不該只是依賴量化的指標，也應該注意交易員的行為（最好有基本的生理學知識）。光是依賴量化指標已經證明無法預測與管理信用危機了。

想要拆解荷爾蒙和風險承擔這個不定時的炸彈組合，還有另一種方法，那就是改變生理狀態。

金融市場中的女性

這要如何做到呢？如果交易員和投資人的睪固酮反饋迴路會放大牛市，而且我自己的經驗、我和同事對交易員做的實驗、其他荷爾蒙研究也都明顯證實了這種情況，那表示泡沫主要是男性現象嗎？如果是的話，雇用更多的女性和年長者是不是就能減少市場的不穩定呢？我們知道多元意見可促進市場穩定——我們希望市場中有買有賣——所以生理狀況或許也是如此，市場穩定需要生理多元性。女性和年長者的生理狀況和年輕的男性極其不同。

以年長者為例，男性一生中荷爾蒙會持續改變（女性也是），男性體內的睪固酮濃度會持續上升到25歲左右，接著開始緩速下降，到了50歲便急速下降。在此同時，皮質醇濃度則是持續上升。所以，男性隨著年齡的增長，可能愈來愈不受睪固酮反饋迴路的影響，比較不會讓風險承擔變成冒險行為。年長者除了生理狀況改變之外，也可為銀行或基金提供寶貴的經驗。他們經歷過危機，例如1987年的大崩盤，或1980年代末期和1990年代初期的儲貸危機（數百家美國的銀行破產），比較不會在尚未考慮多種可能結果之前就貿然投入風險。不過，交易廳向來比較歧視年紀大的交易員，或許是因為他們的反應時間較久或比較謹慎的態度被誤解成恐懼。但是幾乎沒什麼證據可以證明年齡會破壞投資人的判斷或承擔風險的能力。事實上，多數傳奇的投資人，例如巴菲特和班傑明・葛拉漢（Benjamin Graham），都是在年紀稍長後才建立其傳奇地位，而不是在年輕的時候。

女性和男性的生理狀況截然不同，她們分泌的睪固酮量平均只有男性的10%～20%，並未受過產前雄激素的組織影響，所

以比較不容易有年輕男性的贏家效應。女性的壓力反應也和男性的壓力反應迥異，心理學家雪莉・泰勒（Shelley Taylor）及其同事主張，非戰即逃反應其實是男性反應，並非女性面臨威脅時的預設反應。女性遇到灰熊時，的確也會跟男人一樣，產生非戰即逃反應，但是泰勒認為女性對威脅的自然反應是「照料與友好」（tend-and-befriend），是一種展現善意的衝動。她推論，如果你有小孩需要照料，互動友好比訴諸拳頭或逃跑更合理。

至於長期的壓力反應，女性平均的皮質醇濃度和男性不相上下，也一樣多變，但研究發現女性的壓力反應是由稍微不同的事件引發的。競爭失敗比較不會帶給女性壓力，社交問題比較容易讓她們感到壓力，例如家庭和人際關係。總結這些男女內分泌的差異，結論就是：在獲利與虧損方面，女性比較不受荷爾蒙的影響，所以金融市場中多點女性交易員有助於減少波動。

但仍有一個問題存在：如果女性對市場有那麼重要的影響，為什麼女性交易員那麼少？為什麼女性不勇於邁入交易廳？為什麼銀行和避險基金不大舉招募她們加入？金融圈裡女性交易員頂多只占5%，那還是拜許多大銀行的多元招募政策所賜，才勉強湊出那少得可憐的數字。最常聽到的解釋是，女性不想在那麼陽剛的環境下工作，或是女性比較趨避風險，不適合那種工作。

那些說法或許有幾分道理，但我自己不太相信。首先，女性也許不喜歡交易廳的氣氛，但我相信她們喜歡賺錢，金融圈裡鮮少有工作比交易員的收入更高。此外，女性早就進駐交易廳了，業務員裡約有一半是女性，業務部和交易部比鄰而坐，所以女性早就沉浸在陽剛的環境中因應高風險了，只是沒交易而已。此外，我也不相信女性真的那麼討厭陽剛的環境，很多領域以前都

是由男性主導，現在已經雇用很多女性了，例如法律界和醫藥界一度都是男性專屬的領域，現在男女比例比較平均（雖然管理高層的兩性平衡還不夠），所以我不太相信陽剛環境那個說法。

那第二種說法「男女的風險偏好不同」呢？有些關於行為金融學的研究顯示，做電腦化的投資選擇時，女性比男性趨避風險，但我還是不太相信，因為有關真實投資行為的研究顯示，女性長期的績效往往優於男性，根據正統的金融理論，績效優異代表承擔的風險較大。有一份重要的論文，名叫〈江山易改，本性難移〉，內容是加州大學的兩位經濟學家布萊德‧巴柏（Brad Barber）和泰倫斯‧歐定（Terrance Odean）分析1991年到1997年間3.5萬位散戶投資人的證券交易資料，發現單身女性的績效比單身男性高1.44%。2009年芝加哥的避險基金研究機構（Hedge Fund Research）也發布過類似的結果，他們發現，過去九年女性管理的避險基金績效遠勝於男性管理的避險基金。

巴柏和歐定後來追蹤女性績效較佳的原因，發現她們交易比較不頻繁。相反的，男性常交易過度，巴柏和歐定覺得那種行為是過度自負、自以為可以打敗市場的徵兆。過度交易的麻煩在於，每次你買賣一種證券，就必須支付買賣價差外加佣金，這些成本累積得很快，大幅侵蝕獲利。女性的投資績效較佳是因為交易成本較低嗎？還是因為承擔較高的風險？或是判斷較佳？「女性比較趨避風險」的說法，要如何和「她們實際報酬較高」的結果（意味著她們要不是承擔較多的風險，就是判斷較佳）兜起來呢？有個線索或許有助於解開這個謎。

前面提過，女性約占交易廳的5%，但是當我們離開銀行去造訪他們的客戶（資產管理公司）時，這個數字出現了很大的改變。資產管理公司裡的女性比例高出許多，絕對人數並不多，因

為資產管理公司雇用的風險承擔者比銀行少，但是在英國一些大型的資產管理公司裡，女性占風險承擔者的比例高達60%。我覺得這個數據對了解男女的風險承擔差異很重要。資產管理公司也是在承擔風險，所以並不是女性不愛冒險，只是她們的冒險方式和銀行常見的高頻率冒險不同罷了。在資產管理公司裡，交易員可以從容地分析證券，交易完後可以持有部位幾天、幾週或幾年。所以男女風險承擔的差異，可能不是趨避風險的程度不同，而是他們偏好的決策時間不同。

　　銀行的交易廳以男性為主，或許是因為銀行的多數交易向來是高頻交易，男性喜歡這種迅速決策和交易的實體面。但是如今的交易廳真的需要那麼多快速的交易嗎？銀行當然需要這類交易，但是現在已經有第2章提過的純執行黑盒子，我們可以把交易者必備的幾項特質分解開來（對市場的良好判斷、對風險的適度偏好、反應迅速），讓電腦負責迅速執行。以後，交易員只需要對市場有判斷力、了解交易後的風險就夠了，在這方面男性不見得就比女性優異。重要的是，金融界亟需長期策略性的思考，資料顯示女性在這方面比較在行。當銀行、避險基金、資產管理公司評估目前的需求，又有愈來愈多的資料顯示女性交易員的績效時，我相信金融機構將來會雇用更多的女性。

　　除了讓市場順其自然地發展之外，有一項政策也可以加速公司雇用女性，那就是改變判斷交易員績效的時間週期。這裡要再次重申上一章提到的一點，金融圈目前的問題在於績效只看短期，獎金是每年評估，在這一年內，交易員有很大的壓力必須積極交易——即使不交易可能是恰當的作法，但交易廳的管理者不喜歡看到有人毫無動靜——而且每週都有獲利的壓力。或許這種過度要求短期績效的作法，使銀行未能發掘女性長期獲利較高的

優點。這個問題的解決方法很簡單，就是從長期觀點判斷交易員的績效。為了達到這個目標，獎金的計算週期可以拉長為整個景氣循環的時間。這樣一來，我們可能會看到銀行和基金不再過度擔心交易員在某段期間的獲利不多，只會在意整個週期的報酬多寡。市場會因此更重視女性長期績效的穩定和高報酬，銀行自然而然會開始雇用更多的女性交易員，職場也就不需要婦女保障名額的條款了。

不過，有些人對於這項提議及解決市場不穩定性的其他提案抱持著另一種觀點，那觀點令人煩惱。他們說，我們不該試圖穩定市場，因為泡沫雖然麻煩，卻讓男人有機會把睪固酮運用在非暴力的活動上，蘇利文在第1章提過的文章中也提出同樣的看法。他思考睪固酮在今天的作用，擔心我們面臨的真正挑戰不是如何讓女性更融入社會，而是如何阻止男性脫離社會。這想法令人不寒而慄。凱因斯也思考過類似的想法，他最後推論，資本主義比1930年代的其他經濟體系更適合用來化解我們的暴力衝動，他打趣地說，威嚇你的錢包比恐嚇你的鄰居要好，所以或許讓睪固酮在市場上發洩比在其他地方發洩更妥當。

我覺得那種說法不通，當我們把年輕的男性獨立出來時，容易看到那些讓睪固酮留下惡名的極端行徑。我們可以在動物界看到這個現象，尤其是在大象群裡。在缺乏長者的象群中，年輕的公象會太早進入發情的狂暴狀態，睪固酮的濃度飆升至平常的40倍～50倍以上，開始失控橫行，殺死其他動物，踐踏村莊。在南非，林木管理員發現了一種解決方法：讓一隻比較年長的大象加入牠們，牠的出現安撫了象群的騷動。

這個來自動物界的例子無可否認是比人類社會的情況極端，卻充分說明了我想主張的論點。有些時候我們可能希望年輕男性

不受拘束，盡力衝刺，或許戰爭時是如此。但是在配置社會資本時（金融界的目標），我們可能不希望看到多變不穩的行為。我們想要平衡的判斷和穩定的資產價格，當男女老少統統在場時，比較可能達到那種狀況。

我喜歡以增加女性及年長者的方式來改變市場的生理狀態，我覺得那作法相當明智，直覺那一定行得通。要主張那個論點，不需要宣稱女性和長者比年輕男子更善於承擔風險，只要說他們本質不同就行了。市場中有差異時，就會更加穩定。不過，有一點我不只直覺認同，而且非常確定：當金融圈內男女老少的比率更平均時，不可能比現在的系統更糟。因為我們目前的系統促成了2007年～2009年的信貸危機及持續的動盪，對金融體系來說，沒什麼比這更糟的結果了。

而且，這個作法有充分的科學原理佐證，更是生理學幫我們了解及規範金融市場的好例子，又毫無威脅性。

重拾往日知識

我們很容易受到科學的驚嚇，小說和電影裡經常描述個人受到威脅、自尊受到重創的未來，而且通常是科學造成的，不是政治或戰爭造成的。這類描述在大家的心裡留下可怕的夢魘，電影《千鈞一髮》（*Gattaca*）就是一例，那是一齣叫好不叫座的優質電影，探討我們內心最深層的恐懼：基因對我們反撲的世界。場景是設在不久的將來，個人機會（職業、朋友、配偶等等）都是由DNA決定的社會。飾演主角的伊森‧霍克（Ethan Hawke）想獲得夢想的工作（太空人）和女人（鄔瑪‧舒曼），但欠缺合適的DNA，這個不堪的事實永遠記錄在他的身分證上，也在他的

每根毛髮以及身體脫落的指甲屑和皮膚細胞上，保安人員想驗明正身時，隨時可以擷取這些資料。核災；實驗室培養的病毒入侵不知情的世界；電腦網路出現自我意識，進而想要摧毀人類等等故事，也是描述科學給未來帶來不幸的情景。

但有時候科學界的新發現不會嚇壞我們，有時候科學並未預告可怕的新世界，它只是揭露我們原本就知道、卻無法明確表達的內隱知識。這種內隱知識在身體和大腦之間分享，大都像體內恆定一樣，不為意識所知；有些則像直覺，可以提升到意識的邊緣；有些像疲勞和壓力，讓我們充分意識到它的存在，卻常誤解其意思。我們處在一種奇怪的生物狀態，一方面我們會產生身體訊息，以維持健康和快樂或為移動做好準備；但另一方面，我們有時候並不知道或沒意識到那些訊息是什麼意思。當身體和前意識大腦遇到意識大腦時，就像兩個人在邊界相會，只能以對方依稀聽懂的語言溝通。幸好，我們現在學會破解這些訊號。我們透過生理學發現為什麼我們會接收這些訊息及如何因應它們。

科學界的發現還有另一點令我們放心：它們讓我們回想起一度擁有及討論的知識，但後來我們忘了這些知識的存在。曾有一段時間，我們坦承自己是生物，我們努力思考這個簡單的事實對道德、政治、經濟的意義。這樣思考的人中，最有名的就是亞里斯多德。在他的作品中，我們發現一種思考人生的藍圖，它完全考慮到身體在我們思考中扮演的角色、身體如何讓我們產生喜怒哀樂，以及身體如何讓人在談判桌上聽到其主張。所以我才說，現在的生理學和神經科學讓我們重新了解我們曾經知道卻遺忘的人類狀態。柏拉圖和笛卡兒的理性主義把亞里斯多德的思考方式掩埋了上千年。

西方思想的架構或多或少是亞里斯多德獨自建構出來的，

各種學科裡都可以看到其影響力的遺跡。任何科系的學生可能都在大一讀過一些亞里斯多德的東西，即使只是一、兩個段落，例如政治系的學生可能讀過《政治學》（*Politics*），法律系讀過《倫理學》（*Ethics*），哲學家讀過《形上學》（*Metaphysics*）、邏輯學家讀過《分析論》（*Analytics*）和《範疇論》（*Categories*），生物學家讀過《動物史》（*History of Animals*），物理學家和化學家從《物理學》（*Physics*）引用過一、兩句話，文學系學生以及嚮往當好萊塢編劇的人讀過他的《詩學》（*Poetics*），亞里斯多德在該書中定義了西方敘述的架構。事實上，我們甚至可以說，大學的系所分類方式就是拜亞里斯多德所賜，他把知識根據主題及研究方法加以分門別類。

儘管亞里斯多德的影響力看來無所不在，他有一個觀點幾乎已經完全遭到後人遺忘：有關身心的觀點。當我們看到柏拉圖宣稱，我們腐朽的肉體內閃著純理性的光芒，我們覺得那主張很熟悉，所以不怎麼注意。但是當我們讀到亞里斯多德寫道：「如果你的眼睛是動物，它的靈魂會看到。」我們自然會問，那究竟是什麼意思？我們對那句話感到意外不解，可見我們在過去幾世紀已經偏離了亞里斯多德看待身心的方式。對亞里斯多德來說，身心是一體的。

關於這點，亞里斯多德的主張比較接近我們平常身體影響思緒的體驗，也比較接近神經科學的最新研究。他認為大腦必然是體現的（embodied），如果我們沒有身體，也沒多少東西可想。但是幾世紀以來，反而是柏拉圖那不受身體干擾的完美思想，成了大家依循的方針。那理性燈塔就像希臘神殿的白柱一樣純淨無瑕。就某些方面來說，大家覺得柏拉圖的主張充滿魅力，那一點都不令人意外。他的主張純淨，井然有序，透亮無瑕。至於亞里

斯多德的主張，我們看不到那樣完美的條理。事實上，當我們從柏拉圖看到亞里斯多德時，往往會對亞里斯多德的現實主義感到震驚。彷彿從諸神所住的奧林匹斯山降落到充滿活動、汗水和情感鼎沸的市集。亞里斯多德以生物學家的觀察技巧，研究人類體現的一切繁瑣細節，慾望、貪婪、野心、憤怒、憎恨對我們產生的要求，以及比較高貴的思想和行為模式對我們的牽動，例如勇氣、無私、愛和理性的施展。因為有亞里斯多德，我們更能坦然地欣賞人性扭曲的素質，柏拉圖版的完美人性也許令我們振奮，但亞里斯多德的版本讓我們更自在。

柏拉圖和亞里斯多德之間的理想主義和現實主義分歧也出現在另一個地方，那就是他們的政治思想。柏拉圖的《理想國》（*Republic*）數百年來激勵了無數的哲學家和政治領袖，但是他對美好生活的看法，容易讓人變成不適合自己的角色。我們付出很大的代價才發現，不切實際的理想很容易釀成社會與政治的災難。同樣的，經濟理性（economic rationality）的理想也不切實際，容易塑造出釀成金融危機的市場。

相反的，亞里斯多德的現實主義則建議政治體制接納實際的人，而不是理想的人。亞里斯多德觀察人類的構造和生理細節，然後根據政策和政治適合人類本質的程度，以及讓我們發揮最佳自我並以無害方式疏導危險事物的程度，來判斷政策和政治的優劣。如今，透過神經科學和生理學的進步，我們重新發現亞里斯多德早已理解的事實：大腦和身體合一。我覺得，我們應該再進一步，循著他的架構思考社會學。現在我們對人類生理狀況已有深入的了解，更能創造出一貫的政策，從分子到市場都一貫運作。如此一來，我們也會像亞里斯多德那樣，發現生理學可讓我們更深入洞悉行為。

　　我們會發現更多的東西，會發現經濟開始和其他的學科融合，例如醫學、身體和精神病症的研究、流行病學等。十九世紀的德國生理學家魯道夫・魏肖（Rudolf Virchow）曾說，政治是醫學的明顯表象。如今我們可以把他的名言延伸到經濟上。如果分隔大腦與身體的壁壘已經倒下，許多學科之間的壁壘也消失了。科學家兼小說家的史諾（C.P. Snow）曾說科學和人文是「兩種文化」❶，但我們在人類生理學的協助下，甚至可以把分隔這「兩種文化」的莫大誤解銜接起來。

　　至於個人方面，把生理學融入自我了解中，可以產生更多像亞里斯多德那樣的頓悟時刻，幫我們培養出解讀與掌控亢奮、疲累、焦慮、壓力所需的技巧。德爾菲神殿上銘刻的格言是「認識自己」，如今那句話愈來愈意味著認識你的生物化學狀態。那樣做不僅毫無欠缺人性的感覺，反而讓人更加自在解放。

譯注❶：他指出由於文、理兩個領域長期缺乏溝通與交流，很容易造成彼此專業的褊狹，尤其在大學中，會變成只重專科或專業教育，卻缺乏人文素養。

—— 謝詞 ——

這些年來，許多朋友和同事在研究及撰寫本書上給了我許多幫助。我想在此感謝麥克・尼竇（Michael Nedo）和約翰・麥頓（John Mighton）經常挑戰我對哲學的了解，尤其是德文，謝謝他們用啟發靈感的例子，讓我知道平實的風格能做到什麼。我也要感謝艾德・卡斯（Ed Cass）、蓋文・戈比（Gavin Gobby）、凱西米爾・威辛斯基（Casimir Wierzynski）在研究期間持續給我的支援，尤其是曼尼・羅曼（Manny Roman）總是努力幫我解決抱怨的問題。

此外，我也想感謝以下諸位：蓋文・普曼（Gavin Poolman）、約翰・卡拉貝拉斯（John Karabelas）、維克・拉奧（Vic Rao）、韋恩・費爾森（Wayne Felson）、比爾・布洛克史密（Bill Broeksmit）、史考特・德羅（Scott Drawer）、史坦・雷濟克（Stan Lazic）、約翰・霍頓（Josh Holden）、莎拉・巴頓（Sarah Barton）、凱文・多伊爾（Kevin Doyle）、傑夫・米克斯（Geoff Meeks）、傑夫・哈寇特（Geoff Harcourt）、尚—法藍斯瓦・梅碩（Jean-François Methot）、邁克・歐布萊恩（Mike O'Brien）、馬克・卡德（Mark Codd）、歐力・瓊斯

（Ollie Jones）、吉莉恩‧摩爾（Gillian Moore）、班‧哈地（Ben Hardy）、布萊恩‧彼得森（Brian Pedersen）。

　　感謝英國經濟與社會研究委員會（Economic and Social Research Council）和管理教育基金會（Foundation for Management Education）持續為我的研究提供資金贊助，管理教育基金會的邁克‧瓊斯（Mike Jones）更是惠我良多。

　　我請多位科學家幫我讀過書中提到其研究的段落：丹尼爾‧沃伯特（Daniel Wolpert）的動力電路研究，格雷‧戴維斯（Greg Davis）的視覺系統研究，史蒂芬‧平克（Steven Pinker）的機器人研究，戴維‧歐文（David Owen）的傲慢症候群研究，巴德‧克雷格（Bud Craig）的內感受覺研究，邁可‧葛森（Michael Gershon）的腸道神經系統研究，史蒂芬‧波戈斯（Stephen Porges）的迷走神經研究，保羅‧佛勒契（Paul Fletcher）的正腎上腺素研究，馬克‧格內爾（Mark Gurnell）的睪固酮研究，佐坦‧沙亞（Zoltan Saryai）的皮質醇研究，理查‧丁斯特比爾（Richard Dienstbier）的強韌性研究，布魯斯‧麥克尤恩（Bruce McEwen）的類固醇和大腦研究，以及洛克斐勒大學的研究史，艾旭許‧藍普拉（Ashish Ranpura）讀了整份手稿。我想感謝這些人分享他們的專業，也接受了他們的訂正。不過，許多提及他們研究的部分，後來做了重新編排，萬一過程中出了任何差錯，都是我個人的疏失。

　　我想深深感謝幾位和我密切合作的同事，和他們合作充滿樂趣，也讓我見識到科學的嚴謹：琳達‧威柏瑞特（Linda Wilbrecht）、里昂內‧佩奇（Lionel Page）、格內爾。另外，也謝謝莎莉‧科茨（Sally Coates）的忠實聆聽及巧妙措辭。

最後，我要感謝瓦特公司（A.P. Watt）的喬治亞・加瑞特（Georgia Garrett）、唐納・溫徹斯特（Donald Winchester）、娜塔莎・費爾韋瑟（Natasha Fairweather），還有我的編輯安妮・柯林斯（Anne Collins）、路易斯・丹尼斯（Louise Dennys）、尼克・皮爾森（Nick Pearson）、羅伯・萊西（Robert Lacey）、埃蒙・多蘭（Eamon Dolan）、艾蜜莉・葛拉夫（Emily Graff）、史考特・莫耶斯（Scott Moyers）提供超乎職責範圍的協助。我最要感謝的是內人莎拉・瑪蘭戈妮（Sarah Marangoni），她的古典教育與可靠判斷是我不可或缺的依靠。

約翰・科茨
劍橋，2012年2月

THE HOUR BETWEEN DOG AND WOLF: RISK-TAKING, GUT FEELINGS AND THE BIOLOGY OF
BOOM AND BUST
Copyright © 2012 by John Coates
This edition arranged with A. P. WATT LTD.
through Big Apple Agency, Inc., Labuan, Malaysia.
Traditional Chinese edition copyright © 2013 by Wealth Press
All rights reserved.

投資理財 160

犬狼之間的時刻：冒險、直覺及市場起落的生理學之謎
THE HOUR BETWEEN DOG AND WOLF
RISK-TAKING, GUT FEELINGS AND THE BIOLOGY OF BOOM AND BUST

作　　　　者	／	約翰‧科茨（John Coates）
譯　　　　者	／	洪慧芳
總　編　輯	／	楊森
主　　　編	／	顏惠君
封　面　設　計	／	黃暐鵬
美　編　排　版	／	林婕瀅
校　　　　對	／	呂佳真、李淑芬
行　銷　企　畫	／	呂鈺清
發　行　部	／	黃坤玉、賴曉芳

出　　版　者	／	財信出版有限公司
地　　　　址	／	10444台北市中山區南京東路一段52號11樓
訂　購　專　線	／	886-2-2511-1107分機111
訂　購　傳　真	／	886-2-2541-0860
郵　政　劃　撥	／	50052757財信出版有限公司
部　　　落　格	／	http://wealthpress.pixnet.net/blog
臉　　　　書	／	http://www.facebook.com/wealthpress

製　版　印　刷	／	前進彩藝有限公司
總　經　銷	／	聯合發行股份有限公司
地　　　　址	／	23145新北市新店區寶橋路235巷6弄6號2樓
電　　　　話	／	886-2-2917-8022

初　版　一　刷	／	2013年5月
定　　　　價	／	320元

國家圖書館出版品預行編目資料

犬狼之間的時刻：冒險、直覺及市場起落的生理學之
謎／約翰‧科茨（John Coates）著；洪慧芳譯.
-- 初版. -- 臺北市：財信, 2013.05
　　　面；　公分.--（投資理財；160）
譯自：THE HOUR BETWEEN DOG AND WOLF: RISK-TAKING,
　　　GUT FEELINGS AND THE BIOLOGY OF BOOM AND
　　　BUST

ISBN 978-986-6165-80-1（平裝）

1. 金融管理　2. 風險管理

561.7　　　　　　　　　　　　　　　　102006540